김원학 │ 임경수 │ 손창환 지음

문학동네

　가까운 곳으로 여행을 떠나거나 등산을 하다보면 길가나 숲속에서 나
물을 뜯는 이들을 어렵지 않게 만날 수 있다. 직접 채취한 나물로 만든
요리를 가족과 함께 나눠 먹으며 행복을 만끽할 기대감으로 한껏 부풀어
오른 모습들이다. 그런데 가만히 보면 이름을 잘못 알거나, 아예 이름 모
를 나물을 채취하는 사람들이 많다. 어떤 때는 심지어 독초를 섞어 담기
도 한다. 정확히 어떤 식물인지도 모르면서 주위 사람들에게 약초라고
자랑하며 독초를 권했다가 함께 병원 중환자실 신세를 지는 사고가 발생
하기도 한다. 신문과 방송을 보면 독초를 산나물로 잘못 알고 먹은 뒤 탈
이 났다는 이야기를 어렵지 않게 접할 수 있다.

　한편, 우리가 흔히 먹는 식물 중에도 독이 들어 있어 주의해야 하는 것
들이 있다. 예를 들어 싹이 나거나 빛을 받아 파랗게 변한 감자나, 보신
탕집에 놓여 있는 살구씨, 덜 익은 매실이 그렇다. 원추리나 으아리(사위
질빵)도 제대로 데치지 않은 상태에서 나물로 무쳐먹으면 식중독에 걸릴

수 있다. 피나물이나 동의나물처럼 이름에 '나물'이 들어간 식물 중에도 독초가 있다는 사실 또한 기억해야 한다.

그런데 독초에 의한 사고가 잦아지면서 인터넷에서 독초를 구별하는 법이 자주 소개된다. 주로 역겨운 냄새가 나거나 색깔이 화려한 것, 또 잎에 벌레 먹은 흔적이 없는 식물은 먹을 수 없다는 내용이다. 그러나 이런 방법은 조난과 같은 극한 상황에 놓여서 생명을 연명할 때나 쓸모가 있지 실제로 적용할 수 있는 지표가 못 된다. 대개는 단순한 통계적인 접근 방법일 뿐 검증되지 않은 내용이다. 인터넷에 떠도는 말만 믿고 따라 했다가는 누구도 안전을 보장받을 수 없다.

중독사고는 사람들이 약초라는 사실에만 매몰돼 그것이 독초일 수 있다는 사실을 간과하기 때문에 일어난다. 미처 부작용을 예상하지 못하고 복용한 탓에 사고가 일어나는 것이다. 사실 약초와 독초는 양날의 검이다. 그러니까 유독성분도 사용하기에 따라서는 약이 될 수 있다. 맹독물질이라도 양을 더하거나 줄이면 약이 된다. 이와 반대로 약으로 쓰는 물질도 일정량을 초과하면 생명을 위협하는 독이 된다. 단지 양의 차이일 뿐 독초가 곧 약초이고, 약초가 곧 독초인 셈이다.

어떤 이는 이 책에서 다룬 독초가 나물로 먹을 수 있는 것들이니 유독식물이 아니지 않느냐고 물을 수도 있다. 실제로 감자나 고사리는 독소가 있지만 독초라고 부르지 않는다. 독초 중에는 끓는 물에 데친 후 양념에 무쳐먹거나 말려서 묵나물로 두고두고 먹는 것도 있다. 하지만 독이 있어서 유독식물이 아니라, 탈이 날 수 있기 때문에 유독식물이라는 점을 머릿속 깊이 새겨야 한다. 감자나 원추리를 먹고 탈이 나는 사람들도 많다. 이런 점을 생각해본다면 독초를 활용한 요리를 널리 소개하고 권하는 데에는 너무나 큰 모험이 뒤따른다. 우리나라에서는 고사리를 최고의 나물로 치지만 외국에서는 독초로 구분한다는 점이 이를 방증한다.

같은 약이라도 사람과 동물 간에 큰 차이가 있고, 인종 간에도 차이가 있다는 점도 명심해야 할 부분이다. 누군가 어떤 독초를 먹고 탈이 나지 않았다고 해도 또다른 사람에게는 피해를 끼칠 수 있다.

그런가 하면 같은 종이라 하더라도 유전자나 체질에 따라 약물의 작용이 다른 경우도 많다. 해열진통제인 아미노피린aminopyrine은 백인에게는 혈구 생성 작용을 방해한다고 알려져서 자주 쓰지 않으며, 말라리아 치료에 사용하는 프리마킨primaquine은 흑인에게 강한 독성을 나타내는 경향이 있다. 천식에 사용되는 에페드린ephedrine은 동공을 키우는 작용을 하는데 백인에게는 반응이 강하고 황인에게는 약하며, 흑인에게는 거의 작용하지 않는다. 백인 중에서도 눈의 색깔에 따라 반응이 다른 약도 많다.

이 책은 음식을 먹더라도 주의를 기울이면 사고를 줄일 수 있다는 믿음으로 쓴 것이다. 독초에 대한 다양한 정보를 알려주는 것은 물론, 사진과 함께 정리해서 어느 식물이 어떤 독성물질을 포함하고 있고, 또 어떤 작용을 하는지 쉽게 알 수 있도록 했다. 뿐만 아니라 독초를 나물로 오용해 사고가 발생하는 것을 방지하기 위해 겉모습이 비슷한 식물에 대한 정보도 함께 실었다. 아무쪼록 이 책이 독초 오용으로 인한 희생자를 줄이는 데 기여하길 희망한다.

3부_ 약초가 되는 독초

독초란 무엇인가?

독성물질은 생물의 내부기관에 침투하거나 표면에 닿았을 때 화학적으로 손상을 입히거나 죽이는 물질을 일컫는데, 흔히 독$^{毒, poison}$과 독소$^{毒素, toxin}$로 나눈다. 둘 다 건강이나 생명에 해를 끼치는 성분을 말하지만 독소는 그중에서도 생물체가 만들어내는 물질을 한정해서 일컬으며, 병원성 세균에 의해서 만들어진 유독물질이나 부패한 유기물에서 생긴 유독화합물도 여기에 포함된다.

예를 들어 피마자에서 추출하는 리신^{ricin}은 독이면서 독소이지만, 청산가리는 광물질이므로 독에만 해당된다. 복어의 난소나 간에 주로 분포하는 테트로도톡신^{tetrodotoxin}은 고분자물질이 아니지만 화학적으로 밝혀지기 이전부터 관습적으로 독소라 일컬어졌다.

좀더 자세하게 들여다보면 독소는 단백질을 비롯한 고분자물질로서 정온동물의 체내에 들어갔을 때 유독하며, 항원성을 지닌다. 인체는 독소가 침입하면 혈청과 림프액에서 독소와 결합해 독작용을 무력화하는 항독소를 생성한다. 따라서 독소는 독과 달리 일반적으로 중독 증상이 나타나는 데 일정한 시간이 걸리며, 동물에 따라 반응하는 정도가 다르다.

동물성 독소로는 뱀, 전갈, 거미, 벌에서 나는 물질이 많이 알려져 있고, 식물성 독소로는 피마자 종자에 있는 리신, 투구꽃 종류의 아코니틴 aconitine을 들 수 있다.

세균성 독소는 크게 균체외독소와 균체내독소로 나뉜다. 균체외독소로는 대부분이 단백질 성분인 디프테리아균, 파상풍균 등을 예로 들 수 있다. 균체내독소는 세포벽에서 유래한 당단백질로 이뤄져 있으며, 콜레라균이 이에 해당한다.

식물이 독소를 함유하면 유독식물이라 할 수 있다. 독초는 유독식물 가운데 풀 종류를 일컫는다. 그렇기 때문에 독이 있는 나무는 엄밀하게 말하면 독초라고 할 수 없지만 유독식물을 대개 독초라고 싸잡아 부르기도 한다.

유독식물의 독소는 약품으로 쓰일 수도 있기 때문에 유독식물이라도 약용식물이 될 수 있다. 고사리는 독소를 함유하고 있어 독초라 할 수 있지만 우리나라에서 전통적으로 사용하는 식재료이기 때문에 독초라 부르지 않는다. 반면 외국에서는 고사리를 독초로 여겨 식용을 꺼린다.

1부

독소를 숨긴
식용 식물

독물질이라도 양을 더하거나 줄이면 약이 된다

초와 독초는 양날의 검이다

지양의 차이일뿐 독초가 곧 약초이고, 약초가 곧 독초인 셈이다

유독성분도 사용하기에 따라서는 약이 될수 있다

더하거나 줄이면 약이 된다

맹독물질이라도 양을 더하거나 줄이면 약이 된다

맹독물질이라도 양을

약으로 쓰는 물질도 일정량을 초과하면 생명을 위협하는 독이 된다

단지 양의 차이일뿐 독초가 곧 약초이고 약초가 곧 독초인 셈이다

약초와 독초는 양날의 검이다

감자

학명_ *Solanum tuberosum* L.(가짓과)
다른 이름(이명)_ 하지감자
영명_ Potato, White Potato, Irish Potato
일명_ ジャガタライモ
특징_ 안데스산맥 원산 여러해살이풀, 높이 60~100cm
개화_ 6월(백색 또는 자주색, 지름 2~3cm)
결실_ 7~8월(황록색, 지름 1~2cm)
분포_ 전국 재배
주요 독성물질_ 솔라닌(solanine), 차코닌(chaconine) 등

'악마의 음식'에서 가장 사랑받는 식용 식물로

지금은 세계인의 사랑을 받는 감자. 그러나 감자가 남녀노소의 사랑을
받기까지의 과정은 결코 순탄치 않았다. 남미가 원산지인 감자가 북미까
지 도달하는 데는 자그마치 200년이라는 시간이 걸렸다. 또 스페인 정복
자들이 페루의 감자를 유럽에 처음 소개한 후 본격적으로 재배돼 식용으
로 정착하는 데도 100년이란 세월이 흘렀다.

감자를 처음 접한 유럽 사람들은 땅속의 덩이줄기(괴경)를 먹는다는 사
실을 신기하게 여겨 한동안 관상용 식물로만 재배했다. 또한 감자의 보잘
것없는 열매(괴경 아님)를 보고 실망을 감추지 못했는데, 프랑스에서 최초
로 감자를 재배한 사람은 자신의 수확물을 내팽개치기도 했다고 한다.

감자는 특히 결핵이나 한센병 같은 질병과 연관됐다는 두려움 때문에 거부감을 일으켰다. 1619년 프랑스의 부르군디에서는 "감자를 많이 먹으면 문둥병(한센병)에 걸린다"는 소문이 퍼져서 영주가 감자를 먹지 말라는 금지령을 내리기도 했다. 감자의 울퉁불퉁한 모습과 작은 점은 무서운 천연두를 연상시켰고, 일부 의사들은 감자가 열병을 일으킨다고 주장했다. 심지어 감자를 만지기만 해도 병을 얻는다는 생각이 만연했다.

현재 감자를 가장 많이 소비하는 미국도 1720년까지는 감자가 수명을 단축할 뿐만 아니라 한센병과 매독의 원인이라고 생각해서 먹지 않았다. 스코틀랜드 성직자들은 감자가 성서에 전혀 언급되지 않았다는 이유로 감자를 금단의 열매forbidden fruit라고 주장했다. 이러한 편견은 18세기까지 힘을 얻었다. 더욱이 영국 사람들은 가짓과 식물인 사리풀Hyoscyamus niger과 벨라도나Atropa belladonna가 독소를 함유하고 있다는 사실과 연관지어 가짓과인 감자 또한 독을 함유할 것이라고 생각했다.

이렇게 보면 가짓과에 속하는 토마토가 처음 유럽에 소개됐을 때 유독 식물이라고 여겨 관상용으로만 재배했다는 사실도 그리 놀랄 일은 아니다. 토마토가 독초라는 믿음은 지역에 따라 19세기 후반까지도 받아들여졌다.

이렇듯 다양한 편견으로 감자의 확산이 더뎌졌지만, 실제로 그것이 편견이기만 한 것은 아니었다. 유럽에서는 막 감자가 들어왔을 때 감자를 먹고 탈이 나는 경우가 많아 '악마의 음식devil's food'이란 별명을 얻기도 했다.

감자를 영국제도에 처음 들여온 것으로 알려진 월터 롤리Walter Raleigh는 잉글랜드의 시드머스에서 심은 최초의 감자 잎을 샐러드에 사용했다가

빈센트 반 고흐는 〈감자 먹는 사람들The Potato Eaters〉에서 네덜란드 시골 농촌의 모습을 투박하게 사실적으로 그렸다. 매 끼니를 걱정해야만 했던 빈농에게 감자는 더없이 고마운 작물이었다.

낭패를 봤다. 롤리가 잎을 조금 뜯어 엘리자베스 여왕에게 선물로 보냈는데, 여왕은 감자 잎을 먹고 중독돼 거의 죽을 뻔했다. 롤리는 이 때문에 대역죄로 의심을 받아 체포되기도 했다.

또 1586년 프랜시스 드레이크Francis Drake가 향수병에 걸린 아메리카 대륙의 정착민을 데리고 돌아오면서 버지니아산 감자를 들여왔다는 이야기도 전해진다. 그가 가져온 감자는 남아일랜드 욜에 있는 월터 롤리의 사유지에서 재배됐는데, 하인이 요리한 녹색 감자를 먹는 바람에 롤리가 병을 앓았다고 한다.

감자 꽃. 감자는 덩이줄기로 번식한다. 종자로 자손을 퍼뜨리지 않기에 감자 꽃은 농부에게 그리 쓸모 있는 존재가 아니다. 더욱이 꽃이 피면 감자 알이 잘아지니 꽃대는 가차없이 잘려야 하는 운명이다. 2011년 6월 4일 경기도 분당구 율동공원에서 촬영.

감자 싹. 감자의 싹과 녹색으로 변한 껍질은 솔라닌을 비롯한 유독성 알칼로이드가 상대적으로 많아 중독을 피하려면 요리할 때 아낌없이 제거하는 것이 바람직하다.

감자밭. 생산성이 높은데다 가공 없이 삶기만 해도 그대로 먹을 수 있는 감자는 마땅한 식량작물을 키울 조건이 안 되는 강원 산간지역에 제격이었다. 이로 인해 강원도 사람들은 '감자바위(감자바우)'라는 별명을 얻었다. 2010년 5월 27일 강원도 태백시 귀네미마을에서 촬영.

덜 익거나 싹이 난 감자는 끓여도 독성 제거 안 돼

햇빛이나 자외선 노출 안 되는 곳에 보관 필요

감자 중독사고는 식물로서는 버섯 다음으로 많고 집단적으로 자주 발생한다. 1969년 영국 런던의 한 초등학교에서 급식으로 나온 오래된 감자를 먹은 학생 가운데 78명이 쓰러져 그중 17명이 입원하는 사건이 발생했다. 한국전쟁 때는 오래된 감자를 먹은 북한 주민 여럿이 목숨을 잃기도 했다. 감자를 갈아서 마신 후 입원한 사람도 있다.

감자에서 중독 증상을 일으키는 물질은 솔라닌과 차코닌이라는 알칼로이드 배당체alkaloid glycoside다. 이들 알칼로이드 배당체는 일반적으로 대사가 활발히 일어나는 초록 줄기, 어린잎, 새싹, 괴경의 초록 부분에 많다. 또 괴경은 알맹이보다 껍질 부분에 훨씬 많아, 껍질을 벗겨내기만 해도 알칼로이드를 30퍼센트 이상 제거할 수 있다.

햇감자나 작은 감자는 체적에 비해 표면적이 크기 때문에 알칼로이드 함유량이 높을 뿐만 아니라, 태양빛을 받아 녹색이 되기도 쉽다. 수확한 이후에도 햇빛이나 자외선에 노출되면 알칼로이드가 합성될 수 있다. 슈퍼마켓 진열대에 놓인 감자가 빛에 노출돼 솔라닌이 네 배나 증가했다는 보고도 있다.

이 밖에 높은 온도, 낮은 습도 등 나쁜 보관상태, 기계적 손상, 곰팡이 노출도 감자의 독성물질 농도를 높이는 요인이다. 특히 손상을 입은 감자나 질병을 억제할 목적으로 키운 감자는 더욱 조심해야 한다.

솔라닌과 차코닌은 신경전달물질인 아세틸콜린acetylcholine을 분해하는 역할을 맡은 콜린에스테라아제cholinesterase의 작용을 억제한다. 그 결과 신경 말단에 아세틸콜린이 축적되고, 부교감신경을 자극해 용혈, 운동중추 마비, 국소자극 따위의 증상을 일으킨다.

솔라닌을 가수분해하면 솔라니딘solanidine이 생성되는데, 이것은 적혈구를 파괴한다. 솔라닌은 곰팡이나 세균 같은 외부 물질로부터 식물을 보호하는 역할을 하는데, 그 독성은 현재 사용이 금지된 합성 살충제 파라티온parathion만큼이나 강하다. 태아에게는 잠재성 기형 형성인자로 작용할 수도 있다.

일반적으로 감자 싹을 섭취하면 솔라닌 중독을 일으킨다고 알려져 있다. 하지만 아트로핀atropine 중독에 의한 증상인 갈증, 흥분, 환각, 경련,

빈맥(잦은 맥박), 발열, 피부건조가 나타나기 때문에 견해에 따라서는 감자에 들어 있는 아트로핀의 영향으로 추정하기도 한다.

차코닌과 솔라닌은 열에 매우 안정된 화합물이어서 튀기거나 찌거나 익히는 조리법으로는 독성이 사라지지 않는다. 싹을 도려내고, 녹색으로 변한 껍질을 제거하는 등 위험요소를 없애 조리해야만 안전을 보장할 수 있다. 보관 장소는 어둡고 건조하고 시원한 곳이 좋다. 그러나 너무 기온이 낮으면 솔라닌을 만들 수 있다는 점도 명심해야 한다.

감자는 독성이 강하지만 비교적 안심하고 먹을 수 있는 식물이다. 소비자에게 안전한 감자가 공급되는 것은 물론이고, 솔라닌의 치사량도 체중 1킬로그램당 200밀리그램이다. 그러니까 체중이 50킬로그램인 사람이라면 감자 50킬로그램 정도를 먹어야 죽는다는 계산이 나온다. 다시 말해 신선한 감자를 선별해서 요리한다면 전혀 문제될 것이 없다.

학명에는 어떤 뜻이?

감자의 속명 '*Solanum*'은 옛 라틴어로, 가짓속*Solanum* 중에 진통작용을 하는 식물이 있어 '안정'이란 뜻을 가진 'solamen'에서 유래됐다는 설이 있다. 종소명 '*tuberosum*'은 '혹이 있는'이라는 뜻으로, 감자의 괴경을 일컫는다.

비슷한 식물(동속 식물)

가지속에 속하는 식물을 단순히 이름으로 나누면 감자를 비롯해 가지(가시가지, 가지, 도깨비가지, 둥근가시가지), 까마중(까마중, 노랑까마중,

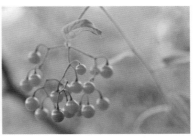

까마중 열매. 집 주변에 흔하게 자라는 까마중의 열매는 시골 아이들이 심심풀이로 즐겨 따먹던 천연 간식이다. 하지만 까마중에도 솔라닌과 같은 유독 성분이 포함돼 있으니 조심하는 것이 좋다. 2009년 7월 18일 경기도 여주군 해여림식물원에서 촬영.

배풍등 열매. 여름에 빨갛게 익는 배풍등의 열매는 겉 보기에는 먹음직스럽게 생겼지만 함부로 먹을 경우 배탈을 일으킬 수 있다. 2012년 10월 1일 충남 당진시 아미산에서 촬영.

미국까마중, 털까마중), 배풍등(배풍등, 왕배풍등, 좁은잎배풍등)으로 구분할 수 있다. 까마중의 검은 열매는 감자와 마찬가지로 솔라닌을 함유하고 있어 조심해야 한다.

버섯은 식물이 아닌 균류

과거에는 생물을 동물과 식물로 단순하게 정리했다. 이에 따라 식물은 자유롭게 운동할 수 없고, 독립영양을 하는 생물을 지칭했다. 그래서 이끼식물(선태식물)이나 양치식물은 물론 버섯, 곰팡이, 해조류도 식물에 포함됐다. 그러나 지금은 선태식물과 관다발식물(유관속식물)만이 식물의 범주에 든다.

식물의 세포가 일반적으로 구형인 반면 버섯의 세포는 실처럼 가늘고 길다. 이런 세포를 '균사' 또는 '팡이실'이라고 부른다. 몸체가 균사로 된 버섯과 곰팡이 무리는 균류에 속한다.

식물은 엽록소가 있어 광합성 작용을 하며, 동물은 식물이나 다른 동물을 잡아먹으며 영양분을 섭취한다. 그러나 버섯은 엽록소도 없고 움직일 수도 없기 때문에 다른 생물이 만들어놓은 영양분을 이용한다. 즉 식물은 생산자로, 버섯은 분해자로서 생태계에서 각자 중요한 역할을 맡고 있는 셈이다.

나물을 씹었을 때 느껴지는 쓴맛의 주인공, 알칼로이드

알칼로이드는 알칼리성(염기성)을 띠는 성분을 통틀어 일컫는 말로, 대부분 질소원자(N)가 들어 있다. 식물 독은 대개 알칼로이드이기 때문에 식물염기(植物鹽基)라고도 하는데, 나물을 씹었을 때 느낄 수 있는 쓴맛은 알칼로이드 때문이다. 알칼로이드 중에는 강한 생리작용을 가진 물질들이 많아 독성이 약하더라도 몸속에 들어가면 빠른 시간 내에 생체반응을 일으킨다.

투구꽃의 아코니틴, 벨라도나의 아트로핀, 화살에 바르는 독으로 사용되는 쿠라레(curare), 미치광이풀에 포함된 스코폴라민(scopolamine), 담배의 니코틴(nicotine) 등이 식물이 갖는 알칼로이드이다. 알칼로이드는 의약품으로도 요긴하게 쓰인다. 양귀비에서 추출하는 모르핀(morphine)이나 커피가 만들어내는 카페인(caffeine)이 대표적이다.

일반적으로 노화조직에서는 알칼로이드의 양이 눈에 띄게 줄어들기 때문에 낙엽에는 그 양이 매우 적다. 따라서 원하는 수준의 알칼로이드를 추출하기 위해서는 식물의 수확 시기를 조절하는 것이 매우 중요하다.

배당체(配糖體)는 당과 유기물의 결합체

배당체는 당과 당, 또는 당과 유기화합물(비당류)이 결합해 생긴 물질을 일컫는다. 즉 당+사포닌, 당+플라보노이드, 당+카로티노이드 등의 형태이다. 이 가운데 당과 당이 뭉친 것을 홀로시드(holoside)라고 하는데 소당류와 다당류가 여기에 포함된다. 당과 당 이외의 성분으로 구성된 것은 헤테로시드(heteroside)라고 한다. 좁은 뜻의 배당체는 이 헤테로시드만을 가리킨다. 식물이 지니는 대표적인 배당체로는 강심배당체, 청산배당체(시안배당체), 사포닌배당체, 플라보노이드배당체, 페놀배당체 등이 있다.

배당체는 당을 저장하고 삼투압을 조절하며, 독을 없애고 식물대사의 노폐물을 제거하는 작용을 한다. 물, 에탄올, 메탄올에 잘 녹는데, 탄수화물 분자가 들어 있어 당분, 알코올, 페놀과 같은 물질로 가수분해된다.

헛개나무

학명_ *Hovenia dulcis* Thunb. ex Murray(갈매나뭇과)
다른 이름(이명)_ 호깨나무, 호리깨나무, 볼게나무, 고려호리깨나무, 민헛개나무
영명_ Japanese Raisin Tree
일명_ チョウセンケンボナシ
특징_ 낙엽활엽교목, 높이 10~25m
개화_ 5~7월(황록색, 흰색, 지름 4~6cm)
결실_ 9~10월(갈색, 지름 8mm)
분포_ 중부 이남
주요 독성물질_ 피롤리지딘 알칼로이드(pyrrolizidine alkaloid) 등

마을에 헛개나무가 있기만 해도 술이 익지 않아

술자리가 끊이지 않는 연말연시가 되면 숙취해소에 관심이 높아지기 마련이다. 어떤 음식이 숙취를 해소하는 효과가 가장 뛰어난지 품평을 하는 모습도 쉽게 찾아볼 수 있다.

숙취해소에 대한 갈망은 비단 연말연시에만 거세지는 것이 아니며, 또한 동서고금을 따지지 않는다. 세계 각국의 숙취해소 방법도 다양하다. 독한 술을 즐기는 러시아에서는 오이피클이나 고추피클 같은 절임 국물로 술기운을 가시거나, 당근, 감자, 양배추, 쇠고기를 넣어 푹 끓인 러시안 수프로 해장하는 전통이 있다. 다양한 차를 즐기는 중국과 일본은 녹차로 숙취를 해결하는데, 간혹 중국에서는 연근즙이나 무즙, 오미자와

알코올의존증 환자이기도 했던 프랑스 화가 툴루즈 로트레크(Henri de Toulouse Lautrec)가 애인 수잔 발라동을 모델로 그린 〈숙취Hangover〉. 음주 후 밀려오는 숙취의 고통은 애주가들의 가장 큰 고민거리다.

율무를 차로 마시기도 한다. 또한 브라질은 코코넛 열매 주스를, 그리스는 커피 원두를 갈아 레몬주스에 타서 마신다. 그런가 하면 가나는 음식에 다량의 후춧가루를 뿌려먹으며 속을 푼다.

　우리나라에서는 요 몇 년 사이 숙취에 시달리는 사람들의 속을 달래기 위해 다양한 음료가 우후죽순으로 쏟아지고 있다. 숙취해소 음료에 들어가는 식물 재료만 해도 무, 사철쑥(인진쑥), 칡, 콩(나물), 감잎, 삼백초, 오갈피, 인동덩굴(금은화), 구기자, 천문동, 치자, 새삼(토사자), 차, 귤, 인삼, 삽주(백출), 택사 등 이루 헤아리기 어려울 정도다. 특히 최근에는 헛개나무가 술독을 풀어주는 것은 물론 술을 많이 마셔 망가진 간과 대장

말린 헛개나무 열매. 헛개나무 열매는 몸속에 쌓인 온 갖 독을 풀어주고 간이나 위, 대장의 기능을 높여주 며, 대소변이 잘 나오도록 도와준다. 2011년 9월 15일 서울시 제기동 한의약박물관에서 촬영.

헛개나무 차. 민간에서는 헛개나무 열매를 차로 끓 여 피로회복제로 복용한다. 하지만 헛개나무 추출 성분을 지나치게 많이 섭취하는 것은 위험할 수 있 다. 2011년 9월 15일 서울시 제기동 한의약박물관에 서 촬영.

을 치료할 뿐만 아니라 간염에도 효과가 좋다는 속설에 힘입어 최고의 인기를 구가하고 있다. 헛개나무의 열매나 잎, 줄기를 차로 달여 복용하 면 평소 주량의 서너 배를 마셔도 취하지 않고, 이미 술에 취한 사람도 금방 깬다고 한다.

이처럼 헛개나무가 마을에 서 있기만 해도 술이 익지 않는다는 명성 을 얻은 데는 중국의 옛 한의서들이 크게 기여했다. 명나라 때 이시진^{李時}^珍이 지은 『본초강목^{本草綱目}』은 약학의 고전인데, 여기에는 헛개나무 열매 로 능히 술을 이길 수 있다는 내용이 나온다. 또 당나라 때 맹선^{孟詵}은 약 용식물을 다룬 『식료본초^{食療本草}』에서 옛날 남쪽 지방에 사는 사람이 집 을 수리할 때 잘못해서 헛개나무 한 토막을 술독에 빠뜨렸더니 술이 모 두 물이 됐다고 소개했다. 송나라 때의 약초서적인 소송^{蘇頌}의 『도경본초 ^{圖經本草}』에서도 집 지을 때 헛개나무로 기둥이나 서까래를 쓰면 집에 있는 술이 모두 물과 같이 된다고 했다. 중국의 또다른 본초서적인 주진형^{朱震}

헛개나무 꽃. 헛개나무는 깊은 산속 개울가에서 자라는 흔치 않은 희귀식물이다. 중국에서는 고대 전설상의 선산인 곤륜산 꼭대기에 있는 신선의 정원에 열리는 배라는 뜻에서 현포리라고 불렀다. 2011년 7월 2일 경기도 오산시 물향기수목원에서 촬영.

헛개나무 열매. 헛개나무의 울퉁불퉁한 과경은 산호를 닮았다. 옛 사람들은 이 과경의 맛이 꿀처럼 달다고 해서 나무꿀, 곧 목밀이라고 했다. 2011년 7월 30일 경기도 오산시 물향기수목원에서 촬영.

亨의『본초보유本草補遺』는 술을 많이 마셔 기력이 약해졌을 때 헛개나무 열매를 넣는 것이 가장 좋다며 "한 남자가 30년 동안 술을 계속해서 마시고 또 여색을 몹시 밝혀서 열이 심하게 나고 몸이 극도로 쇠약해졌다. 그래서 기혈을 보하는 약을 먹인 다음에 술독을 풀기 위해 칡뿌리를 먹였으나 땀만 약간 날 뿐 별 효험이 없었다. 마침내 헛개나무 열매를 달여먹였더니 병이 곧 깨끗하게 나았다"는 일화를 소개했다. 애주가로 유명한 송나라의 시인 소동파蘇東坡도 헛개나무 열매의 효험을 본 것으로 알려지고 있다.

우리나라에서는 세종의 왕명으로 편찬한 의학백과사전인『의방유취醫方類聚』에 "헛개나무는 술독을 없애는 효능이 있어 집밖에 헛개나무가 있으면 집안에서 술을 빚어도 술이 익지 않으며, 또 헛개나무 밑에서 술을 담그면 물처럼 돼버린다"고 기록하고 있다.

신선의 정원에서 자란다는 희귀식물
과량 복용하면 신부전증 유발

이처럼 숙취를 해소하고 술로 인해 생긴 모든 병을 고친다고 알려진 헛개나무는 원래 깊은 산속 개울가에서 자라는 흔치 않은 희귀식물이다. 호깨나무, 호리깨나무라고 부르며 한자로는 지구枳俱, 백석목白石木 등으로도 부른다. 잎은 넓은 달걀꼴로 뽕나무 잎을 닮았다.

헛개나무의 울퉁불퉁한 과경(열매 자루)은 산호를 닮았는데 옛 사람들은 이 과경이 꿀처럼 달다고 해서 헛개나무를 나무꿀, 곧 목밀木蜜이라 했

헛개나무를 원료로 하는 숙취해소 음료가 시장에 쏟아져나오고 있다. 하지만 헛개나무에 대한 열광이 한때의 유행으로 끝날 것이라는 예측도 만만치 않다.

다. 또 고대 전설상의 선산인 곤륜산崑崙山 꼭대기에 있는 신선의 정원에 열리는 배라는 뜻에서 현포리玄葡梨라고도 한다.

한방에서는 헛개나무 잎을 고약처럼 진하게 달여 구토를 멎게 하거나 술독을 푸는 데 쓴다. 열매는 몸속에 쌓인 온갖 독을 풀고 간이나 위, 대장의 기능을 높여주는 데 쓰고, 껍질은 치질을 치료하는 데 썼다.

헛개나무는 이뇨작용을 일으켜서 오줌이 잘 안 나오는 증상이나 고혈압, 동맥경화증에도 어느 정도 효력이 있다고 알려진다. 특히 만성관절염을 치료하는 데 효과가 크다고 한다. 이른 봄철 잎이 나기 전인 곡우穀雨에 헛개나무 줄기에 상처를 내면 달콤한 맛이 나는 수액이 흘러나오는데, 이 수액이 겨드랑이에서 나는 나쁜 냄새를 제거하는 데 효과적이라는 이야기도 전해진다.

그러나 헛개나무를 지나치게 많이 섭취하는 것은 위험하다. 특히 신부전증 환자가 헛개나무 달인 물이나 헛개나무 음료수를 다량 복용하면 신장이 크게 손상될 수 있다. 또한 서울아산병원에서 1992년부터 2008년 5

월 1일까지 급성 독성 간염과 관련된 급성 간부전으로 간이식수술을 받은 환자들을 분석한 결과 헛개나무도 간질환의 한 요인이라는 결과가 나왔다.

헛개나무에 함유된 피롤리지딘 알칼로이드라는 물질은 간정맥 폐쇄성 질환을 일으키며, 간경변에도 영향을 끼친다. 이 물질은 세포 내 DNA에 작용해 유전체 구조에 이상을 일으키고 간암을 유발할 수 있다. 헛개나무에는 또 아리스톨로크산aristolochic acid, AA이 포함되어 있는데, 이는 신부전증과 신장암, 요도상피암을 유발하는 물질이다. AA를 지나친 양으로 반복적으로 투여할 경우 유산 및 저체중 태아 출산 같은 생식독성을 유발할 수 있으며, 생식기능에도 장애를 줄 수 있다.

한의학 전문가들은 기존 처방에 헛개나무를 쓴 기록이 거의 없을 뿐만 아니라 새로운 연구결과도 없는데 헛개나무가 갑자기 각광을 받는 점에 주목할 필요가 있다고 지적한다. 누에, 지네, 매미 허물 같은 다양한 재료를 약으로 쓰는 한의학에서 처방 기록이 많지 않다는 것은 약효가 없거나 미미하다는 것을 반증하기 때문이다. 그래서 헛개나무에 대한 열광도 오갈피처럼 한때 지나가는 유행이지 않겠냐는 예측이 나돈다.

게다가 시중에 판매되는 헛개나무 관련 제품이 단순 식품이라는 점도 주목해야 한다. 헛개나무 제품을 "알코올의존증과 숙취를 없애는 최고의 영약"이나 "간염, 간경화, 간암은 물론 유방암, 위암 등 질병치료에 효능, 효과가 있다"고 알리다가 모두 허위, 과대 광고로 적발됐다는 점을 떠올릴 필요가 있다.

물론 시중에서 음료로 판매되는 헛개나무 제품은 그 함량이 0.2퍼센트 정도여서 거의 효과를 기대하기 어렵고, 부작용에 대한 우려 또한 적은 것이 사실이다. 다만 헛개나무의 효능을 맹신해서 민간에서 헛개나무를 직접 달이거나 끓여먹으면 건강을 해칠 우려가 있으니 조심해야 한다.

학명에는 어떤 뜻이?

헛개나무의 속명 '*Hovenia*'는 네덜란드의 선교사 이름 다비드 호번 David v. d. Hoven에서 유래했다. 종소명 '*dulcis*'는 '달다'는 뜻이다.

생물의 가장 작고 기본적인 분류 단위, 종(種, species)

생물학자들은 생물을 체계적으로 분류하기 위해 종, 속, 과, 목, 강, 문, 계 영역(domain)이라는 단계를 만들었다. 형태나 유전적으로 가까운 종들을 하나의 속(Genus)으로 묶고, 또 비슷한 속들을 엮어 과(Family)로 정리하는 식이다. 종은 가장 작고 기본적인 생물 분류 단위다. 일반적으로 생물의 종류라고 할 때 사용하는 말로, 서로 교배했을 때 자손을 낳을 수 있는 생물집단이라고 정의한다.

고양이와 개는 교배시켜도 자손을 낳지 못하기 때문에 다른 종이다. 한편 수컷 사자와 암컷 호랑이를 교배하면 라이거가 탄생하지만 라이거는 생식력이 없어 라이거끼리 교배했을 때는 자손을 낳지 못한다. 그래서 호랑이와 사자는 동일한 종이 아니다. 그러나 종에 대한 정의는 그렇게 간단하지 않다. 일부 식물은 같은 속에 포함된 종끼리는 물론, 속이 다른 식물 간에도 잡종을 만들기 때문이다. 종의 하위 단계로는 아종(亞種, subspecies), 변종(變種, variety), 품종(品種, form)이 있다.

아종은 같은 종이지만 형태나 지리적 분포가 다른 집단으로, 아종 사이에 유전적 교류가 없이 오랜 기간이 지나면 각기 서로 다른 종으로 분화할 수 있다. 변종은 자연적인 돌연변이로 개체의 일부분만 유전적으로 달라진 종의 집단을, 품종은 인위적으로 개량된 종을 말한다.

고사리

학명_ *Pteridium aquilinum* var. *latiusculum* (Dsv.) Underw. ex Hell.(꼬리고사릿과)
다른 이름(이명)_ 북고사리, 참고사리, 층층고사리
영명_ Brake, Pasture Brake, Hogpasture, Bracken
일명_ ワラビ
특징_ 다년생 양치류, 높이 1m
분포_ 전국 각지
주요 독성물질_ 티아미나아제(thiaminase), 프타퀼로사이드(ptaquiloside) 등

제사상 나물 가운데 으뜸인데 왜 우리만 유독 좋아할까

고사리는 우리나라에서 가장 사랑받는 묵나물 재료다. 또 중국에서 가장 오래된 시집인 『시경詩經』에 "저 남산에 올라 고사리를 뜯노라"라는 문구가 등장한 것으로 볼 때 동양권에서는 아주 오래전부터 고사리를 식용했다는 사실을 짐작할 수 있다.

문인들의 시가나 속요에도 고사리가 빠지지 않는데, 「전원사시가田園四時歌」에서는 "어젯밤 좋은 비로 산채가 살쪘으니/광주리 옆에 끼고 산중에 들어간다/주먹 같은 고사리도 향기로운 곰취로다"라고 읊었다. 「농가월령가農家月令歌」의 3월령에는 "전산에 비가 개니 살진 향채 캐오리라/삽주 두릅 고사리며 고비도랏 어아리를/일분은 엮어 달고 이분은 무쳐먹

말린 고사리순. 고사리는 이른 봄 어린싹을 따서 삶은 뒤 건조시켜뒀다가 수시로 물에 불려 나물로 해 먹는다. 최근에는 가격이 싼 중국산이나 북한산 고사리가 우리나라 시장을 잠식하고 있다.

고사리 나물. 고사리의 뿌리줄기에서는 전분을 취해 떡이나 과자를 만들어 먹으며, 풀의 원료로 쓰기도 한다. 춘궁기에는 '고사리밥'을 짓기도 했으니 구황식물로도 제 몫을 톡톡히 한 셈이다.

세"라는 구절이 나온다.

우리나라에서는 예로부터 산에서 채취한 고사리를 으뜸으로 여겨 제사상 나물 가운데 가장 왼편에 놓았다. 또 계절음식으로 3월에 고사리를 채취해 종묘에 천신하기도 했다. 고사리는 비빔밥에도 빠지지 않는 재료다.

「나물타령」에서도 고사리는 첫머리에 나온다. "칩다 꺾어 고사리 나립 꺾어 고사리/어영 꾸부정 활나물/한푼 두푼 돌나물/매끈매끈 기름나물/동동 말아 고비나물/칭칭 감아 감돌레/집어 뜯어 꽃다지."

고사리는 보통 이른 봄 어린싹을 따서 삶은 뒤 건조시켰다가 수시로 물에 불려 나물로 해먹는다. 또 뿌리줄기에서 전분을 취해 떡이나 과자를 만들어 먹기도 하고, 풀의 원료로 쓰기도 한다. 춘궁기에 '고사리밥'을 먹기도 했으니 구황식물救荒植物로도 빠지지 않는다. 고사리에는 석회질이 많아 자주 먹으면 이나 뼈가 튼튼해진다고 한다. 또 고사리 뿌리줄기를

과거 유월 유두절에 궁실이나 반가(양반집)에서 먹었던 구절판은 화려한 색이 특징이다. 구절판에는 영양소가 골고루 들어 있다. 고사리는 다양한 색의 나물과 어울리며 구절판의 아홉 자리 가운데 한 곳을 차지했다.

고사리는 우리나라에서 가장 사랑받는 묵나물 재료다. 한국의 대표 음식으로, 외국인들에게도 인기를 얻고 있는 비빔밥을 비롯해 각종 전통요리에 빠짐없이 들어간다.

깨끗이 씻어 만든 가루는 자양강장과 해열에 좋다고 알려져 있다.

하지만 고사리의 부작용을 알리는 내용도 많다. 『본초강목』을 보면 고사리를 오래 먹으면 눈이 어두워지고 코가 막히며 머리가 빠지고, 아이들이 많이 먹으면 발이 약해져 잘 걷지 못하게 된다고 했다. 그리고 절대 생식해서는 안 된다고 주의를 주고 있다.

송나라 때 당신미唐愼微가 쓴 본초서『증류본초證類本草』에는 어떤 이가 고사리 줄기를 날로 꺾어먹고 가슴이 답답해지는 증상을 보였다는 내용이 나와 있다.

또 허준의 『동의보감東醫寶鑑』에는 "우리나라 산, 제방, 들판 곳곳에 고사리가 있어 사람들이 많이 채취해 삶아먹는다. 우리나라 고사리는 맛이 매우 좋지만 오래 복용하지 말아야 한다. 양기를 소모시키며 다리가 약해져 걸어다니기 힘들어진다. 눈이 침침해지고 배가 더부룩해진다"라고

단원 김홍도의 〈모당 홍이상공 평생도
慕堂洪履祥公平生圖〉 8폭 병풍 중 회
혼식(回婚式). 평생도는 돌잔치부터 과
거급제, 벼슬길 등 평생의 일을 그린 후
가장 마지막에 회혼식을 그리는 것이
다. 고사리는 돌이나 결혼, 회갑잔치 등
각종 경조사에서 귀한 대접을 받았다.

했다. 그런가 하면 수양산에 들어가 고사리를 캐먹으며 절개를 지키다 죽어갔던 백이와 숙제가 고사리만 먹지 않았다면 더 오래 살았을 것이라며 애석해하는 시를 남긴 이도 있다.

발암물질 프타퀼로사이드 함유
조리 과정서 제거되지만 지나친 섭취는 자제해야

유럽 농부들은 오래전부터 소와 말 또는 가축이 고사리를 먹으면 중독 증상이 나타나 병에 걸린다는 사실에 주목했다. 300여 년 전 영국의 식물학자 니컬러스 컬페퍼Nicholas Culpeper는 『완전한 약초Complete Herbal』에서 "고사리 줄기를 물에 담가 끓여먹으면 회충, 요충 등 몸 안의 기생충을 박멸할 수 있지만 임신부가 갓 돋아난 어린 고사리순을 잘못 먹으면 뱃속의 태아가 죽는다"고 경고했다. 일본의 일부 지방에서도 고사리를 먹으면 임산부가 유산한다고 해서 먹지 않는 습속이 전해진다.

특히 영국에서는 1893년 나라 전역에 큰 흉년이 들었을 때 고사리의 독성이 갖는 위험성을 경험했다. 당시 가뭄 때문에 목초가 말라 죽자 소들이 고사리를 뜯어먹었는데, 하나같이 심한 출혈과 식욕감퇴, 장파열, 궤양, 발작을 나타내며 쓰러졌다. 영국 사람들은 이를 '고사리 어지럼증 bracken staggers'이라 불렀다. 그 원인을 추적한 결과 고사리가 가축에 독성을 나타내는 것은 비타민 B_1 분해효소인 티아미나아제 때문으로 확인됐다. 이 물질은 새순일 때 함유량이 가장 많지만, 잎이 펼쳐지고 나면 급격히 감소한다.

고사리순. 작고 부드러우며 앙증맞은 아이들 손을
일컬어 '고사리손'이라고 표현한다. 고사리는 꽃이
피지 않는 식물이기 때문에 종자식물과 달리 씨앗
대신 포자로 번식한다. 2011년 5월 22일 서울시 홍
릉수목원에서 촬영.

고사리 잎. 고사리에는 소화기계 질병과 암을 유발할
수 있는 유독성분이 들어 있다. 하지만 뜨거운 물에
데치고 햇볕에 말리는 과정에서 대부분 제거된다. 그
래도 지나치게 섭취하는 일은 삼가는 것이 좋다. 2011
년 9월 12일 충남 당진시 두산리에서 촬영.

고사리가 섞인 사료로 사육한 소, 양, 염소, 토끼, 모르모트marmotte는
비타민 B₁ 결핍 때문에 식욕감퇴, 무력감, 체중감소, 신경기능 장애 같은
증상이 나타나는데, 비타민 B₁을 투여하면 그런 증상이 없어지기도 한
다. 그런가 하면 비타민 B₁ 부족은 다리가 붓는 각기병의 원인이다. 초기
에는 입맛이 없고 소화가 잘 안 되며, 팔다리의 힘이 빠지고 늘 피곤하며
감각이 무뎌진다. 나아가 다리 근육이 쓰리고 아프기 시작해 무릎의 반
사작용이 감소하고 근육이 마비돼 걸음을 제대로 걷지 못하게 된다. 증
세가 심해지면 정신착란과 심부전 증세가 나타나며, 잘못하면 사망할 수
도 있다. 이를 보면 각기병의 증세가 『본초강목』과 『동의보감』 등 옛 문헌
에서 경고한 고사리의 부작용과 일치한다는 것을 알 수 있다.

그런데 영국 노스웨일스 대학교의 에번스R. A. Evans 교수는 1958년 가
축에게 고사리를 먹여 키우면 골수손상, 발열, 장 내부 손상 및 궤양 증

상이 나타난다는 사실을 알아냈다. 더욱이 생후 7주 된 흰쥐^{rat}에게 고사리가 섞인 사료를 먹인 결과 수컷 전부, 그리고 암컷은 3분의 2가량이 사망했다. 사망한 흰쥐를 해부해서 장기를 조사했더니 장 내부 벽에 여러 개의 종양이 생긴 것을 발견할 수 있었다. 특히 소장의 전체 부위에 종양이 생겼고, 그중 소장의 말단 부위인 회장의 종양 발생률이 높았다.

흰쥐뿐만 아니라 고사리로 사육한 양에게서도 종양이 발생했다. 게다가 젖소가 먹는 사료에 고사리를 섞으면 젖소에서 나오는 우유에서도 고사리의 발암물질이 나온다는 사실이 보고됐다. 이후 일본 도쿄 대학교 의학연구소 연구진은 고사리의 열탕 추출물에서 암 유발물질인 프타퀼로사이드를 분리했다. 알칼로이드 물질인 프타퀼로사이드에 열을 가하거나 약알칼리성으로 만들면 제논이라는 물질이 만들어진다. 그런데 이것이 유전에 관여하는 DNA^{deoxyribonucleic acid} 속의 구아닌^{guanine}과 결합하면서 돌연변이를 일으켜 암세포가 될 수 있다.

하지만 프타퀼로사이드는 성질이 불안정해 익혀먹으면 독성이 크게 줄어들며, 소금물이나 탄산수소나트륨(잿물)에 삶으면 고사리의 암 매개 기능이 90퍼센트나 감소된다. 또 잿물에 고사리를 재워두면 프타퀼로사이드가 반응(염기성가수분해)해 다른 물질로 변해서 독이 제거된다. 떫은 맛을 우려내면 제논이 물과 반응해 프테로신^{pterosin}이라는 물질로 바뀌면서 구아닌과 결합하지 않으며, 동시에 발암성도 사라지는 것이다.

고사리에는 이 밖에 독성이 강한 시안화합물^{cyanide}과 타닌^{tannin}이 들어 있다. 쓴맛을 내는 타닌은 너무 많이 섭취하면 생명체의 에너지를 만드는 데 필요한 화학반응을 제어하는 세포효소를 교란한다. 심지어 근육조

직과 뼈조직을 변형시킬 수도 있다.

다행히 고사리의 독성물질인 프타퀼로사이드, 타닌, 티아미나아제는 조리 과정에서 대부분 제거된다. 하지만 지나치게 많이 섭취하는 것은 위험할 수 있다. 우리나라 국민을 대상으로 실시한 조사 자료는 없지만, 고사리를 많이 먹는 일본과 영국인의 위암 발생빈도가 다른 곳보다 현저히 높다는 연구결과도 나와 있다.

학명에는 어떤 뜻이?

고사리의 속명 '*Pteridium*'은 그리이스어 'pteron(날개)'의 축소형이다. 잎의 모양에서 연상했다거나 봉의꼬리속*Pteris*과 비슷한 데서 유래된 것이라고도 한다. 종소명 '*aquilinum*'은 '독수리 같은' '굽은'이라는 뜻이다. 꽃말은 '사랑스러움' '신뢰' '신명'이다.

꽃피는 식물(현화식물)과 꽃이 피지 않는 식물(은화식물)

1843년 프랑스의 고식물학자 브로냐르(A. T. Brongniart)는 식물을 꽃이 피는 것과 피지 않는 것으로 나눴다. 이른바 꽃이 피고 종자를 맺는 현화식물(꽃식물)과 꽃이 피지 않고 포자로 번식하는 은화식물(민꽃식물)이다.

이 분류에 따라 종자식물은 현화식물로, 세균류, 조류, 균류, 선태식물 및 양치식물은 은화식물로 구분했다. 그렇지만 세균류와 조류, 균류는 식물이 아닐뿐더러 양치식물도 획일적으로 규정할 수 없다.

양치식물은 흔히 고등 은화식물이라고도 하지만 꽃이 피는 식물도 있다. 화석의 인목(*Lepidodendron*)이나 현생 속새류와 석송류에서 볼 수 있는 포자낭 이삭이 곧 꽃에 해당한다.

이처럼 현화식물이니 은화식물이니 하는 분류는 계통분류학적으로 무의미해 현재는 거의 쓰지 않는다.

식물은 관다발이 없는 이끼식물과 관다발이 있는 유관속식물로 구별된다. 유관속식물은 흔히 포자(홀씨)로 번식하는 양치식물과 종자(씨)를 만들어 번식하는 종자식물로 나누며, 종자식물은 속씨식물과 겉씨식물로 구분한다.

그러나 양치식물은 현재 분류학에서는 잘 쓰지 않는 용어로, 유관속식물 중에서 종자식물을 뺀 것을 통칭해서 사용한다. 양치식물의 일부는 종자식물이기 때문이다.

피마자
◇◇◇◇◇◇◇◇◇◇◇◇◇

학명_ *Ricinus communis* L.(대극과)
다른 이름(이명)_ 아주까리, 피마주
영명_ Castor Bean, Castor-oil-plant, Palma Christ, Wond
일명_ トウゴマ
특징_ 열대산 한해살이풀(원산지에서는 나무 형태의 여러해살이풀), 높이 2~3m
개화_ 8~9월(연한 황색, 붉은색)
결실_ 10월(갈색, 길이 1.5cm)
분포_ 전국에서 재배
주요 독성물질_ 종자에 리신 및 리시닌(ricinine) 함유

영화 같은 워털루 우산 독살사건의 주인공은 리신

1978년 9월 7일 저녁. 불가리아의 반체제 인사인 게오르기 마르코프 Georgi Markov는 런던의 BBC 방송국으로 가던 중 워털루 다리에 있는 버스 정류장에서 그의 운명을 결정짓는 사건과 마주한다. 마르코프는 낯선 남자가 들고 있던 우산의 끝이 오른쪽 허벅지를 스쳤을 때 따끔한 통증을 느꼈지만 대수롭지 않게 지나쳤다. 그러나 다음날 새벽부터 고열에 시달렸고, 증상이 악화돼 병원으로 옮겼을 때는 이미 백혈구가 급속하게 증가해 패혈증으로 발전해 있었다. 결국 마르코프는 4일 후에 숨을 거둔다.

해부 결과 마르코프의 대퇴부에서 지름 2밀리미터 정도의 탄알을 발견했다. 우산에 탄알 발사 장치가 달려 있었던 것이다. 이 쇠구슬에는 작

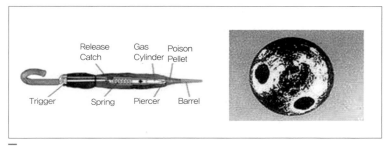

마르코프 살해사건에 사용된 우산과 탄알. 피마자에서 추출한 리신은 영화 같은 암살사건에 등장한다. 1978년 불가리아의 반체제 인사인 게오르기 마르코프는 리신을 주입한 쇠구슬 탄알이 발사되는 우산 형태의 무기로 살해됐다.

은 구멍이 나 있었고, 내부에서 '리신'이라는 맹독성 단백질이 검출됐다. 이는 BBC 방송 등을 통해 불가리아 공산정권에 대한 비판 발언을 서슴지 않았던 마르코프의 행동을 못마땅하게 여긴 불가리아 당 간부가 보낸 킬러의 소행으로 밝혀졌다.

마치 영화에서나 볼 것 같은 이 암살에 사용한 리신이라는 물질은 피마자의 열매에서 얻을 수 있다. 피마자는 아주까리라고도 불리는데, '아주까리 동백'으로 시작하는 민요 〈강원도아리랑〉에 등장하는 바로 그 식물이다.

정든 임 만날 때 꽃단장 화장품으로 필수
민간에선 변비 치료 상비약으로 재배

피마자의 넓적한 잎은 살짝 데쳐서 밥을 싸먹기도 하고, 떡을 그릇에 담을 때 밑에다 깔기도 했다. 피마자 잎은 잘 말려두면 겨울에 먹기 좋

피마자. '아주까리 동백'으로 시작하는 민요 〈강원도아리랑〉에 등장하는 아주까리는 바로 피마자의 다른 이름이다. 피마자기름은 여성들이 임을 맞으려 머리를 단장할 때 쓴 최고의 화장품이었다. 2010년 7월 25일 경기도 용인시 한국민속촌에서 촬영.

은 묵나물이 된다. 겨울을 보내고 난 음력 정월 보름이면 잡곡밥과 갖가지 나물 반찬을 먹는데, 이때 피마자 묵나물을 이용했다. 피마자 잎은 인도에서 최고급 외투나 양탄자의 소재가 되는 실을 만드는 누에의 먹이로 쓰이기도 했다. 우리나라로 치면 피마자가 뽕나무인 셈이다.

가을에 익는 피마자 열매는 벌어질 때까지 기다리지 않고 약간만 마르면 따서 명석에 말렸다. 그리고 농사일이 끝난 늦가을 밤에 껍질을 손톱으로 벗겨냈다. 씨앗은 윤기가 흐르며 갈색, 흑색, 흰색이 섞인 아름다운 무늬가 있다. 잘 말린 씨앗은 가을걷이가 다 끝나고 한가해지면 기름을 짠다.

아낙네들은 피마자를 소중히 다뤘다. 피마자로 짠 기름으로 자신들의 머리를 곱게 단장했기 때문이다. 〈강원도아리랑〉이나 〈정선아리랑〉의 가사에서는 피마자가 동백과 함께 대표적인 화장품 소재로 쓰였다는 사

피마자 잎 말린 것. 피마자의 넓은 잎은 데쳐서 쌈으로 먹거나, 잘 말려서 겨울에 묵나물로 먹는다. 정월대보름날에는 잡곡밥과 함께 나물 반찬으로도 먹는다.

실을 알 수 있다.

민간에서는 아이들이 설사를 계속하면 피마자기름 몇 방울을 떠먹여 가라앉히곤 했다. 거꾸로 악성변비로 고생하는 사람은 피마자기름을 끓여 복용해서 효과를 보기도 했다. 한방에서도 피마자기름을 변비 치료용 설사약으로 쓰며 볶은 기름은 식중독, 급성 위장염, 이질에 활용한다. 또 무좀을 치료하려는 목적으로 바르기도 했다.

피마자기름은 실온에서 잘 굳지 않아 기계의 윤활유, 인주, 페인트, 잉크 제조에도 긴요하게 쓰였다. 고대 이집트 사람들은 올리브유와 함께 피마자기름을 미라의 방부액 제조성분으로 사용했다고 한다.

판소리 소설 『흥부전』에도 피마자가 나온다. 부모의 분재 전답을 독차지한 놀부가 재배한 작물에 쌀, 보리, 조, 면화, 담배 등과 함께 피마자도

피마자 열매. 피마자 씨앗은 강력한 독성을 지닌 리신이 들어 있다. 리신은 열매 여덟 개 분량이면 성인 한 명을 살해하기에 충분하며, 어린이의 경우 씨 대여섯 알 분량으로도 목숨이 위태롭다. 2011년 10월 9일 경기도 여주군 상품리에서 촬영.

피마자 꽃. 민간에서는 아이들이 설사를 계속하면 피마자기름 몇 방울을 떠먹여 가라앉혔다. 또 악성변비로 고생하는 사람들은 피마자기름을 끓여 복용한 뒤에 효과를 보기도 했다. 2011년 10월 9일 경기도 여주군 상품리에서 촬영.

포함되어 있다. 이를 보면 조선 후기에 피마자를 상당히 많이 소비했다는 사실을 짐작할 수 있다.

피마자 씨앗에는 이처럼 쓰임새가 다양한 피마자기름이 있지만, 또한 리신, 리시닌 같은 유독성분도 들어 있다.

리시닌은 구토, 용혈성 위장염, 간이나 신장의 장애, 혼수, 혈압 및 호흡 저하 등을 일으키는 성분이지만 독성이 약하고 함량이 많지 않기 때문에 크게 문제를 일으키지 않는다. 또 뜨거운 물에 잘 녹기 때문에 잎을 잘 데쳐서 말리면 유독성분의 영향을 받지 않는다. 피마자에서 가장 위험한 물질은 마르코프의 암살사건에 등장한 리신으로, 지상 최강의 독이라고 불리는 보툴리누스균에 필적할 만하며, 코브라독보다 강하다.

열매 여덟 개 분량의 리신은 성인 한 사람을 살해하기에 충분하며, 어린이는 씨 대여섯 알만으로도 죽음에 이를 수 있다. 과거 미국 아칸소 교

피마자의 씨앗은 무늬가 아름답기 때문에 북아프리카의 에티오피아를 비롯한 몇몇 나라에서 장신구로 쓴다. 아이가 가지고 놀다가 씨를 삼키지 않도록 각별한 주의가 필요하다.

도소에서는 수감중이던 죄수가 자살을 기도하면서 피마자 씨를 사용했다. 민간에서는 변비를 치료하려고 피마자 열매 몇 개를 먹은 후에 구토와 구역질이 나 응급실을 찾는 경우가 종종 발생한다.

피마자기름을 추출할 때는 먼저 열매부터 가열하는데, 이때 단백질의 일종인 리신의 특성상 독성을 잃게 된다. 때문에 피마자기름에 의한 피해는 크게 우려하지 않아도 된다. 리신은 입으로 삼키거나 에어로졸aerosol 살포를 통해 호흡기로 들이마실 수 있으며, 마르코프 우산 살인사건에서처럼 피부에 주입할 수도 있어 매우 이상적인 살해용 독극물이다. 특히 해독제가 아직 없어 리신에 의한 중독을 치료하기도 쉽지 않다. 그래서 독성이 없는 피마자를 만들어내려는 시도가 진행되고 있다.

그런데 북아프리카의 에티오피아를 비롯한 몇몇 나라에서는 피마자 씨를 장신구를 만드는 데 이용한다. 만약 아이가 장신구를 가지고 놀다가 씨를 집어삼키면 큰일이다. 그냥 씨만 삼키면 큰 문제가 되지 않지만, 씹어서 내용물이 입안에 퍼지게 되면 치명적이다.

학명에는 어떤 뜻이?

피마자의 속명 '*Ricinus*'는 지중해 지방어인 'ricinus(배의 이)'에서 유래했다. 종자의 모양이 해충인 이와 비슷하다. 종소명 '*communis*'는 '통상의' '공통적인'이란 뜻이다.

맹독성 리신은 어떤 물질?

리신은 피마자 말고도 많은 식물의 잎, 구근이나 특히 콩과 식물의 종자에 존재하는데, 단백질 두 개가 연결된 형태를 띤 당단백질이다. 독성이 아주 강해 한 분자에서 얻은 리신이 한 개의 세포를 죽일 정도라고 한다.

리신은 세포 내에서 단백질을 합성하는 물질인 리보솜을 변형하거나 절단하는 작용을 촉매한다. 그 결과 세포가 살아가는 데 꼭 필요한 단백질을 합성할 수 없게 되고 마침내 세포는 죽게 된다. 리신에 중독되면 몸이 무기력해지고 경련, 고열, 구토, 복통, 설사, 간장 및 신장 손상, 황달 등의 심한 증상이 나타나다가 결국 사망에 이른다.

인체의 추정 최저 치사량은 체중 1킬로그램당 0.03밀리그램으로, 체중이 70킬로그램인 사람에게는 0.5밀리그램의 리신도 치명적일 수 있다.

리신은 즉효성이 있는 신경 독과 달리 복용하고 나서 어느 정도 시간이 흐른 뒤에 효과가 나타나기 때문에 사망에 이르기까지 36시간에서 72시간 정도 걸린다.

독성의 강도를 나타내는 치사량은?

사람에 따라 독성에 반응하는 정도는 모두 다르다. 같은 농도의 독을 복용해도 어떤 이는 멀쩡한 반면 어떤 이는 치명적인 경우가 있다. 이렇듯 생물이나 개체의 특성에 따라 좌우될 수 있는 독성 정도를 객관적으로 표현하기 위해 고안된 것이 반수치사량(LD50)이다. 반수치사량은 독을 복용한 실험동물의 절반이 사망할 때 사용된 양을 일컫는다. 즉 LD50의 값이 작을수록 독성이 강하다. 최소치사량(MLD)과 100퍼센트치사량(LD100)도 있지만 최근에는 LD50 이외의 용어는 거의 사용하지 않는다.

치사량은 기준수치로만 사용한다. 투여법의 차이나 투여하는 대상 동물에 따라 독이 작용하는 발현 메커니즘이 다르므로 비교하기가 어렵다. 인간에게는 독이어도 동물에게는 무해할 수도 있다. 물론 그 반대의 경우도 있다.

실험조건에 따른 차이도 발생한다. 같은 실험쥐라도 건강 상태에 따라 결과가 다르게 나타나는 것이다. 치사량은 또 급성독성에는 적합하지만, 발암성 같은 만성독성에 적용하기 어렵다.

치사량은 독약에만 적용되는 지표가 아니다. 예를 들어 소금의 치사량(LD50)은 4g/kg인데, 체중 50킬로그램인 사람이 염분 200그램을 한꺼번에 섭취하면 생명이 위험하다는 이야기다.

피마자에서 추출한 최강의 식물독 리신

지상에 존재하는 독성물질 가운데 가장 강력한 존재는 무엇일까? 흔히 서스펜스 드라마의 단골 주인공인 청산칼리(KCN)나 비소(As)를 떠올리겠지만 그들의 독성은 다른 물질과 비교하면 그리 강한 것이 못 된다. 자연계에 존재하는 독 중에서 가장 강한 독은 세균이 만들어낸다.

지상 최강이랄 수 있는 보툴리눔 톡신(Botulium toxin)과 그 뒤를 잇는 테타누스 톡신(Tetanus toxin)은 각각 보툴리누스균(*Clostridium botulinum*)과 파상풍균(*Clostridium tetani*)이라는 세균이 내뿜는 독이다. 다른 독극물과는 비교할 수 없을 정도로 강해 극소량만으로도 생명체를 위험에 빠뜨린다.

세균 이외의 독소로는 식물인 피마자에서 추출되는 리신이 가장 세다. 리신의 독성은 보툴리눔 톡신의 1000분의 1에도 못 미치지만 독화살개구리(poison arrow frog)가 내는 바트라코톡신(batrachotoxin)이나 복어가 내뿜는 테트로도톡신(tetrodotoxin), 코브라의 오피오톡신(ophiotoxin)보다 강력하다. 자료에 따라 다르지만 식물독소의 강도는 리신, 아코니틴, 니코틴, 쿠마린(coumarin), 아트로핀 등의 순이다.

생물이 만들어낸 독은 대체로 화학물질이나 인공적으로 만든 독보다 독성이 강하다. 청산칼리와 비소는 아트로핀에 비해 독성이 강하지만 니코틴보다 약하며, 인공적으로 합성된 독으로는 VX가스가 가장 강해도 리신에는 크게 미치지 못한다.

원추리

학명_ *Hemerocallis fulva* (L.) L.(백합과)
다른 이름(이명)_ 넘나물, 들원추리, 큰겹원추리, 겹첩넘나물, 홑왕원추리
영명_ Orange Day lily, Tawny Datlily, Fulvous Day lily
일명_ ホンカンゾウ
특징_ 숙근성 다년초, 높이 1m 내외
개화_ 6~8월(등황색, 길이 10~13cm)
결실_ 9월(갈색, 지름 2~4cm)
분포_ 전국 각지 산야
주요 독성물질_ 콜히친(colchicine) 등

어머니가 거처하는 방 주변에 원추리를 심은 사연

원추리 꽃은 스스로 빼어난 자태를 뽐내기도 하지만, 무엇보다 여름철 풍경을 더욱 돋보이게 하는 매력을 지녔다. 겹겹이 쌓여 아스라이 보이는 산줄기를 배경으로 노랗게 핀 원추리 군락은 신비감과 함께 청량감을 선물해준다.

원추리는 수려한 외모 덕분에 관상식물로 주목을 받는데, 이른 봄 어린순을 뜯어 나물로 무쳐먹거나 시래기처럼 엮어 말려서 국거리나 묵나물로 애용한다. 흔히 넘나물이라고도 하는데, 이 '넘나물'을 '넓나물'로 해석해 '광채廣菜'로 표기하기도 한다. 잎이 넓고 부채처럼 퍼졌다는 뜻이다.

옛날에는 음력 정월대보름 밤에 넘나물로 국을 끓여먹었으며, 궁중에

원추리 꽃. 원추리의 꽃봉오리는 증기로 쪄서 햇볕에 말렸다가 요리를 만들 때 사용한다. 밥을 지을 때 꽃잎을 넣기도 했다. 2011년 7월 6일 강원도 평창군 한국자생식물원에서 촬영.

서는 '원추리탕'이라는 토장국을 즐겼다고 한다. 어린순과 꽃을 따서 김치를 담가먹기도 했다. 뿌리에서 녹말을 뽑아 쌀과 보리와 함께 떡을 만드는 구황식물이기도 하다.

한편 원추리 꽃은 봉오리가 황색으로 가늘게 솟아나오기 때문에 금침채金針菜 또는 황화채黃花菜라고도 한다. 황화채는 아침 일찍 꽃이 피기 전에 꽃봉오리를 따서 암수술을 제거하고, 증기로 쪄서 햇볕에 말렸다가 요리를 만들 때 사용한다. 밥을 지을 때 암수술을 버리고 꽃잎을 넣기도 하며, 쌈을 싸거나 김밥을 말 때 넣어 먹기도 한다. 색깔이 고와 색다른 별미를 선보일 때 이용했다. 조선 숙종 때의 실학자 유암流巖 홍만선은

원추리 싹. 원추리를 흔히 넘나물이라고 부른다. 이 '넘나물'을 '넓나물'로 해석해 '광채'란 한자어로 표기하기도 한다. 잎이 넓고 부채처럼 퍼졌다는 것이 그 이유다. 2011년 3월 26일 대구시 대구수목원에서 촬영.

원추리 나물 무침. 원추리는 이른 봄 어린순을 따서 나물로 무쳐먹거나 말려서 국이나 묵나물로 애용한다. 하지만 콜히친이라는 유독성 물질을 제대로 제거하지 않으면 구토, 복통, 설사, 어지럼증 따위의 증상을 유발할 수 있다.

『산림경제山林經濟』에서 맛이 신선이 먹는 음식처럼 보드랍고 담박해 송이보다 낫다며, 나물 중 최고라고 극찬했다. 옛날 중국에서는 바다에서 오래 항해할 때 비타민결핍증에 걸리지 않도록 중국차와 금침채를 가지고 갔다는 이야기도 전해진다.

중국 진晉나라의 주처周處가 지은 『풍토기風土紀』에는 임신한 부인이 원추리를 몸에 지니고 다니면 아들을 낳는다고 해서 '의남초宜男草'라는 별명이 붙었다고 한다. '의남'은 '마땅히 남자'라는 의미로, 아들을 많이 낳은 부인을 가리키는 말이다. 꽃봉오리의 모양이 영락없이 사내아이의 '고추'를 닮았기 때문에 나온 이름이라고 볼 수 있다. 그래서 부녀자들은 이 원추리대로 비녀를 만들거나 꽃을 저고리 깃에 꽂고 다녔다. 나아가 원추리꽃이나 순을 삶아먹고 합방을 하면 아들을 가진다는 은밀한 습속도 널리 퍼졌다. 득남초得男草라는 이름도 여기서 비롯됐다.

신사임당의 〈훤초봉접萱草蜂蝶〉. 어머니가 거처하는 방 주변에는 원추리를 많이 심어놓았기에 여기서 남의 어머니를 일컫는 '훤당'이 유래됐다고 한다. 임신한 부인이 원추리를 몸에 지니면 아들을 낳는다는 속설이 있어서 부녀자들은 원추리대로 비녀를 만들거나 꽃을 저고리 깃에 꽂고 다녔다.

노랑원추리 열매. 원추리는 한방에서 해열, 진통, 이뇨, 황달, 치질 및 부스럼을 다스릴 때 이용했다. 원추리는 '망우초'라 해서, 뜰이나 화분에 심어 가까이 두면 근심을 잊게 된다는 속설이 있다. 2011년 10월 9일 경기도 여주군 해여림식물원에서 촬영.

원추리는 한자어 훤채萱菜에서 비롯된 이름이다. 이것이 다시 원초, 원추로 바뀌는 과정을 거쳐 원추리가 됐다. 어머니가 거처하는 방 주변에는 원추리를 많이 심어놓았기 때문에, 여기에서 남의 어머니를 일컫는 훤당萱堂이 유래됐다고 한다. 동양화에는 장수를 상징하는 바위 옆에 원추리를 그려넣음으로써 아들을 낳고 오래 살기를 기원하기도 했다.

근심을 잊게 하는 천연 신경안정제
어설프게 조리하면 집단 중독사고 유발

원추리의 영어명은 '한낮의 백합day lily'인데, 꽃이 백합과 비슷한데다가 아침에 피었다가 저녁에 지는 특성을 반영한 것이다.

이시진의『본초강목』을 비롯한 한의서에는 원추리를 해열, 진통, 이뇨, 방광결석, 수종, 임질, 황달, 치질 및 부스럼에 이용한다고 기록하고 있다. 지혈제로서 항문출혈, 코피, 자궁출혈에 효험을 나타내며 유방염에나 유즙의 분비가 원활하지 못할 때도 쓴다. 타박상을 다스릴 때 찧어서 붙이기도 한다. 또한 월경 때 쓰면 요통을 가라앉히고 생리장애에도 효과가 있다. 원추리술은 자양강장이나 피로회복에 좋다고 한다. 뿌리는 디스토마distoma의 유충을 억제하고 결핵균의 발육을 저지하는 데 효과를 발휘한다.

'망우초忘憂草'는 근심을 잊어버린다고 해서 붙은 원추리의 또다른 이름이다. 고대 중국의『이화연수서李華延壽書』라는 책에는 "원추리의 새순을 먹으면 바람을 일으켜서 취한 것처럼 정신이 아득해지기 때문에 망우忘憂라한다"며 그 기원을 설명하고 있다. 이로 인해 원추리를 뜰에 심거나 화분에 심어 가까이 두면 근심을 잊게 된다는 속설도 생겨났다.『산림경제』에는 굳이 삶아먹지 않더라도 그저 바라보기만 해도 걱정이 사라진다고 했다. 그래서 근심이 있거나 우환이 있는 친지에게 원추리 꽃을 꺾어서 보내는 풍속으로까지 번졌다. 요수화療愁花나 근심풀이풀이라는 이름에서도 원추리의 이같은 특성을 유추할 수 있다.

원추리는 나물로 많이 먹지만 고사리와 마찬가지로 충분히 데치지 않고 섭취할 경우 유독성분으로 인해 식중독 증세를 일으킬 수 있으니 주의해야 한다. 한 예로 2007년에는 인천시의 초등학교 5~6학년 학생 22명이 점심을 먹고 나서 복통과 울렁거림을 호소해 인근 병원에서 치료를 받았다. 또 2009년에는 경기 성남시의 대형 쇼핑몰 직원식당에서 점심을 먹은 직원 700여 명 가운데 80여 명이 복통, 구토, 메스꺼움, 설사, 어지럼증을 호소했다. 이 두 사건의 주범으로는 식단에 오른 원추리나물이 지목됐다. 독성물질을 충분히 제거하지 않은 채 반찬으로 제공했던 것이다.

원추리에는 콜히친이라는 물질이 함유되어 있는데, 이 성분은 체내에서 산화된 후 이산화콜히친을 형성해 구토, 복통, 설사, 어지럼증 같은 증상을 일으킨다.

식품의약품안전처가 2003년부터 2009년까지 6년간 동식물 등 자연독에 의한 식중독 보고를 분석한 결과, 사고 18건에 환자 수는 231명이었다. 독버섯 중독사고 4건 30명을 포함해 식물성은 11건에 211명, 동물성은 복어독 6건 16명과 영덕대게 알 1건 4명으로 모두 7건에 20명이었다. 이 가운데 원추리가 2건 104명으로 가장 많은 피해자를 냈다. 봄철 나물로 흔하게 이용하는 원추리이지만 그에 따른 피해도 결코 적지 않다는 사실을 알 수 있다. 일반 가정에서 요리해 먹다가 어지럼증을 호소하는 경우도 많으니 식용할 때는 조리 과정에 각별히 신경을 써야 한다.

학명에는 어떤 뜻이?

원추리의 속명 'Hemerocallis'는 꽃이 하루 동안만 핀다는 뜻을 가지고 있다. 고대 그리스 사람들이 이 꽃을 처음 발견했을 때 낮에만 개화하는 것으로 알아 태양을 의미하는 'Hemeros'와 아름다움을 뜻하는 'Callis'를 묶어서 '하루만의 아름다움'이라 표현했다. 한 송이씩 차례대로 봉오리를 벌려 꽃을 피우기 시작하는데 꽃 한 송이의 수명은 하루다. 영어 이

왕원추리. 원추리 꽃은 스스로 빼어난 자태를 갖고 있 을 뿐만 아니라 주변 풍경을 돋보이게 해준다. 숲을 배경으로 노랗게 핀 원추리 군락은 신비감과 청량감 을 선물한다. 2011년 7월 30일 경기도 성남시 신구대 학교 식물원에서 촬영.

골잎원추리. 옛날에는 음력 정월대보름 밤에 원추 리나물로 국을 끓여먹었다. 특히 궁중에서는 '원추 리탕'이라는 토장국을 즐겼다. 뿌리에서 녹말을 뽑 아 쌀과 보리와 함께 섞어 떡을 만들기도 했다. 2011 년 6월 2일 경기도 포천시 평강식물원에서 촬영.

름 'day lily' 또한 하루 낮 동안 개화하는 특징을 잘 말해주고 있다. 종소 명 '*fulva*'는 다갈색을 뜻한다. 꽃말은 '교태' '아양 떨기'다.

비슷한 식물(동속 식물)

원추리속 *Hemerocallis* 에는 원추리를 비롯해 각시원추리, 골잎원추리, 노 랑원추리, 애기원추리, 왕원추리, 큰원추리, 태안원추리, 홍도원추리가 있다. 왕원추리는 중국 원산의 재배종이며, 태안원추리는 한국 특산 희 귀식물이다. 홍도원추리는 홍도를 비롯한 남부 다도해 지역에 분포한다.

학명을 쓰는 이유는?

지구상에는 50억이 넘는 다양한 종류의 생물이 존재한다. 그런데 같은 종의 생물이라도 국가나 지역, 언어마다 모두 다르게 쓰이는데다 같은 나라 안에서도 각기 다른 이름으로 불린다. 게다가 이름이 같더라도 전혀 다른 식물을 나타내는 경우도 있기 때문에 정보교환이나 의사소통에 혼란을 안겨주기 십상이다. 미국 남부 지역과 카리브 해에서 말하는 얌(yam)은 전혀 다른 종이며, 미국의 파인(pine)은 오스트레일리아의 파인과 같은 식물이 아니다.

이러한 혼란을 피하기 위해 고안된 학명(scientific name)은 각 나라마다 다른 생물의 이름을 국제적으로 통일함으로써 세계 어느 곳에서든 같은 이름을 쓰도록 했다. 학명은 속명과 종소명의 두 가지 이름을 붙이는 이명법으로 표기한다.

가령 벼의 종명(species name)은 *Oryza sativa* L.인데 *Oryza*는 속명(genus), *sativa*는 종소명(specific epithet)이며, L.은 명명자(author's name)다. 속명과 종명은 라틴어나 라틴어화한 단어로 이탤릭체, 볼드체로 쓰거나 밑줄을 그어 구분한다.

속명의 머리글자와 종소명의 머리글자는 각각 대문자와 소문자로 쓴다. 종소명 다음에는 명명자를 대문자로 시작해 쓴다. 명명자는 생략하기도 하며, 또 간단하게 머리글자 하나만 쓰기도 한다. 벼의 명명자 L.은 스웨덴의 식물학자 린네(Carl von Linné)의 약자다.

식물의 이름은 보통명과 학명이 있는데, 보통명은 단 하나의 표준명인 정명(正名, correct name)과 그 이외의 이명(異名, synonyms)으로 나뉜다. 이명에는 지방의 방언도 포함된다. 부추는 정명이며, 정구지와 솔은 이명이다.

유채
◇◇◇◇◇◇◇◇◇

학명_ *Brassica napus* L.(십자화과)
다른 이름(이명)_ 호무
일명_ アブラナ
특징_ 지중해 연안과 중앙아시아 고원지대 원산 두해살이풀, 높이 80~130cm
개화_ 3~4월(노란색, 길이 10mm)
결실_ 5~6월(흑갈색, 길이 8cm)
분포_ 제주와 남부 지방 등 재배
주요 독성물질_ 씨앗에 에루스산(erucic acid), 글루코시놀레이트(glucosinolate) 함유

봄바람 타고 일렁이는 꽃물결은 봄을 알리는 전령

제주도의 봄은 노란 유채꽃과 함께 온다. 봄바람이 불고 아지랑이가 피어오르면 성산 일출봉과 모슬포 산방산 자락, 혹은 용머리해안 일대에 넓은 유채밭이 온통 금빛 물결로 물든다. 봄에 제주도로 여행을 가는 이들은 샛노란 유채꽃에 파묻혀 기념사진을 찍으며 낭만적인 분위기를 만끽할 수 있다.

예전에 한창 봄철 제주도로 신혼여행을 가는 것이 유행일 때, 사진첩에 유채꽃을 배경으로 찍은 사진이 빠지면 무효라는 우스갯소리가 나오기도 했다. 요즘에는 관광객 유치를 위해 전국적으로 대규모 유채꽃밭을 가꾸는 분위기지만 그래도 제주도와 남쪽 지역 바다를 배경으로 조성된

봄바람은 유채꽃의 금빛 물결과 함께 온다. 아지랑이 피어오르는 유채꽃밭은 몽환적인 분위기를 연출한다.
2011년 4월 25일 대전시 한밭수목원에서 촬영.

유채밭의 이국적 풍경에는 여전히 못 미친다.

　지중해 연안과 중앙아시아 고원지대가 원산지인 유채는 1960년대 유엔군에 군납이 시작되면서 제주도에서 재배가 성행했다. 김매기를 하지 않아도 되기 때문에 크게 손이 가지 않을 뿐만 아니라 제주의 거친 토양과 기후 조건에 알맞아 제격이었다. 1970년대 말에는 제주 경작지의 25퍼센트가량을 차지할 정도였다. 남쪽의 다른 지역에서도 보리 풋바심이 한창일 때 농가에 경제적인 소득을 안겨주는 터라 농민들로부터 각광을 받기도 했다.

　아이들은 하늘을 향해 곧고 길게 뻗어 올라가는 유채의 꽃대를 유난히

유채 꽃. 유채의 연한 잎과 줄기는 김치, 나물, 국거리로 이용한다. 하지만 향긋하지 못한데다 맛이 좋지 못하다는 평가를 받으면서 먹을거리로는 활용도가 떨어졌다. 2011년 5월 6일 전남 구례군 관산리에서 촬영.

유채 씨앗. 유채 종자에서 추출한 기름에는 심장질환 발생 가능성을 높이는 독성물질 에루스산이 함유돼 있다. 에루스산은 흰쥐에 다량 투여하면 심근에 지방종이나 선유종 등의 장해를 일으키는 것으로 보고된 물질이다.

유채 열매. 배추나 무처럼 꽃잎이 네 장인 십자화과(배추과) 식물은 흔히 먹어도 탈이 없어 극한 상황에서 마음놓고 먹을 수 있다고 전해진다. 그렇지만 그 같은 이야기를 곧이곧대로 믿다가는 낭패를 볼 수도 있다. 2011년 10월 12일 서울시 잠실 한강변에서 촬영.

유채의 꽃대는 살짝 매우면서도 시원한 느낌을 준다. 그래서 아이들의 주전부리로 인기를 끌었다. 아이들은 밭주인의 눈을 피해 유채밭 주변을 서성거리며 호시탐탐 서리할 기회를 노렸다. 2011년 10월 12일 서울시 잠실 한강변에서 촬영.

좋아했다. 살짝 매우면서도 시원한 느낌이 있어서 주전부리로 그만이었다. 싱아, 찔레, 칡순보다 맛이 좋고 집 주변에서 쉽게 구할 수 있어 아이들은 늘 유채밭 주변을 얼쩡거리며 호시탐탐 서리할 기회를 노렸다.

유채는 평지, 호채胡菜, 청채青菜, 예태채藝台菜 등으로도 불리는데, 유채의 연한 잎과 줄기는 김치, 나물, 국거리로 이용한다. 유채꽃으로 만든 물김치는 계절별미다. 하지만 유채는 채소이면서도 향긋하지 못한데다가 맛이 좋지 못하다는 평가를 받으면서 먹을거리보다는 다른 용도로 주목을 받았다.

민간에서는 씨앗을 운대자蕓薹子라고 해서 지나치게 과로해 피를 토하거나 이질을 얻어서 대변에 피가 섞여 나올 때 지혈에 사용했다. 기관지천식에도 유채 씨앗을 썼다. 한방에서는 전신에 종기가 나서 붓거나 가렵고 아프며 고열이 날 때 유채 종자를 사용했다. 중국 당나라 진장기陳藏器가 편찬한 의학서『본초습유本草拾遺』에는 유채씨로 짠 기름을 두피에 바르고 손으로 문지르면 머리카락이 길어지고 까매질 뿐만 아니라 하얗게 세는 속도도 느려진다고 했다.

재래종 씨앗에는 심장질환 유발하는 에루스산 포함
장려 품종은 위험 없어 식용유로도 사용

이제는 꽃으로 더 유명하지만 원래 유채는 씨앗에서 기름을 짜기 위해 재배했다. 유채에서 채취한 채종유菜種油는 예전부터 호롱불을 켤 때 사용했으며, 제일차세계대전 당시부터 윤활유를 만드는 법이 개발되면서 재배면적이 크게 늘어났다.

그러나 전쟁이 끝나면서 윤활유 수요가 큰 폭으로 줄어들면서 남아도는 기름의 수요처를 넓혀 먹을 수 있는 채종유 개발에 나섰다. 채종유는 살충제로 쓰일 정도로 독성이 강해 식용으로 사용할 수 없기 때문이다. 이미 『식료본초』에도 "허리와 무릎이 시큰거리고 힘이 없어지는 증상이 있는 사람은 많이 먹지 않는 것이 좋다. 먹으면 쑤신다. 또는 양기를 잃게 한다. 도가道家는 특히 꺼린다"라고 경고한 바 있다.

닭에 채종유를 먹인 결과 간장출혈, 갑상선 비대, 체중감소 또는 증가 등의 중독 증상이 나타났다는 보고도 나왔다. 영국의 존 토머스John Thomas는 1996년 그의 저서 『다시 젊어지자Young Again: How to Reverse the Aging Process』에서 영국과 유럽 국가에서 유채가 가축사료로 널리 사용되면서 소나 돼지, 양의 눈을 멀게 할 뿐 아니라 광우병에 일조했다고 주장했다.

채종유에는 심장질환의 발생 가능성을 높이는 독성물질인 에루스산이 들어 있다. 에루스산은 흰쥐에 다량 투여할 경우 심근에 지방종이나 선유종 같은 장해를 일으키는 것으로 보고됐다.

또 고이트린goitrin이라는 물질은 갑상선의 요오드iodine 흡수를 저해하는 동시에 티록신thyroxine의 분비를 억제해 갑상선 비대를 유발, 결국 갑상선종을 일으키는 것으로 알려져 있다. 특히 단순히 요오드를 투여하는 것만으로는 증상이 완화되지 않기 때문에 기름을 다 짜낸 뒤에 남아 있는 소량의 고이트린을 마저 제거하지 못하면 유채씨를 동물사료 등으로 이용하지 못한다.

하지만 1970년대 캐나다 정부는 품종개량을 통해 에루스산을 줄인 신

품종을 개발해 카놀라유^{Canadian low erucic acid, low glucosinolat rapeseed, Canola oil}를 내놓았다. 이 카놀라유는 포화지방^{saturated fat}의 양이 적은 반면 올리브유에 많은 올레산^{oleic acid}을 다량 함유한다. 튀김, 부침, 볶음, 무침 따위의 요리에 주로 사용하며 마가린, 마요네즈, 샐러드드레싱 제조에도 이용된다. 공업용 도료, 윤활제, 등화유로도 쓸모가 있다.

우리나라에서 1960~1970년대 재배된 유채품종의 경우 기름의 질이 나쁘고 깻묵에 독성이 있어 이용하기가 어려웠다. 그러나 1980년대 들어 육성한 유채는 기름의 질이 좋고 에루스산과 글루코시놀레이트가 적어 가축사료로는 물론, 식용으로도 안심하고 이용할 수 있게 됐다. 다만 농가에서 오래전부터 전통적으로 재배하고 있는 재래종 유채는 에루스산 함유량이 많아 식용으로 사용하면 위험하다. 때문에 일반 가정에서 재래종 유채를 그냥 먹거나 기름을 짜먹지 않도록 해야 한다.

학명에는 어떤 뜻이?

유채의 속명 '*Brassica*'는 양배추의 라틴 고명^{古名}으로, 켈트어에서 양배추를 'bresic'이라고 한다. 종소명 '*napus*'는 순무의 라틴명이다. 꽃말은 '쾌활' '냉담'이다.

비슷한 식물(동속 식물)

배추속^{Brassica}에는 유채를 비롯해 갓, 겨자, 녹색꽃양배추, 방울양배추, 배추, 양배추, 자주양배추, 줄기양배추가 있다. 순무의 경우 이름은 무지만 배추속에 포함된다. 무는 무속^{Raphanus}에 포함된다.

강화도의 특산식물로 유명한 순무는 무가 아닌 배추와 아주 가까운 사이다. 2004년 1월 인천시 강화도에서 촬영.

은행나무

학명_ *Ginkgo biloba* L.(은행나뭇과)
다른 이름(이명)_ 행자목
영명_ Maidenhair Tree
일명_ イチョウノキ
특징_ 중국 원산 낙엽 교목, 암수딴그루, 높이 60m 이상
개화_ 4~5월(황록색)
결실_ 9~10월(노란색, 지름 2cm)
분포_ 전국에 식재
주요 독성물질_ 징코린산(ginkgolic acid), 빌로볼(bilobol) 등

은행잎을 책갈피로 끼워둔 것은 우연일까

은행은 남녀노소 가릴 것 없이 모두가 좋아한다. 술안주로 애용되는 것은 물론이고 신선로, 은행단자나 정과를 비롯한 다양한 전통음식에 들어간다. 옛날 화롯불에 구운 은행은 맛이 달콤해서 늦가을과 겨울철 주전부리로 그만이었다.

은행銀杏이란 이름은 은빛이 나는 살구와 같다는 뜻에서 붙었다. 이를 직역한 영어가 'silver apricot'다. 또 노랗게 단풍이 든 은행잎의 색깔이 처녀의 금발색과 같은 데서 'maidenhair tree'라는 말이 연유했다.

은행을 백과白果라 부르는 것은 중종피中種皮 색깔이 하얗기 때문이다. 우리가 흔히 시장에서 사는 은행은 가장 바깥쪽의 노랗고 물렁한 외종피

외종피를 벗긴 은행. 은행을 '백과'라 부르는 이 유는 중종피 색깔이 하얗기 때문이다. 우리가 흔히 시장에서 사는 은행은 가장 바깥의 노랗고 물렁한 외종피가 제거되고 딱딱한 중종피만 남은 상태다. 2011년 11월 3일 경북 포항시 하옥리에서 촬영.

신선로(우표). 남녀노소 모두 좋아하는 은행은 술안주로는 물론이고, 신선로와 은행단자나 정과를 비롯한 다양한 전통음식에 들어간다.

가 제거돼 희고 딱딱한 중종피만 보이는 것이다.

한의서를 보면 폐의 기능이 약하거나 폐질환 환자, 또는 기침이나 각혈을 하는 사람은 은행을 복용하면 좋은 효과를 볼 수 있다고 한다. 특히 볶은 은행은 소변을 억제하는 작용을 한다. 그래서 야뇨증이 있는 어린이에게 잠들기 네다섯 시간 전에 볶은 은행 몇 알을 먹이면 좋다. 가마를 타고 시집으로 향하는 딸에게 어머니가 볶은 은행을 먹인 것도 같은 이유에서다. 그러나 이와 달리 생은행은 오히려 소변이 잘 나오도록 하는 작용을 한다.

잎은 혈액순환제 재료로 유명하며 고혈압, 당뇨병, 심장질환 따위의 성인병과 노인성 치매, 뇌혈관 및 말초신경 장애 같은 치료제로 속속 개발되고 있다. 뿐만 아니라 플라보노이드flavonoid와 시킴산shikimic acid 성분이 들어 있어 항균작용을 한다. 그래서 은행잎을 책갈피에 끼워놓으면 노랗게 물든 은행잎을 감상하는 것은 물론이고, 책이 좀먹는 것도 방지할 수 있다. 독서 애호가들은 알아둘 만한 내용이다.

또 예로부터 은행을 불에 구워 하루에 대여섯 개씩 오래도록 먹으면 강장효과가 있다고 했다. 민간에서는 두부나 젖을 먹고 체했을 때, 경련성 기침을 일으키는 급성 전염병인 백일해 등에도 처방한다.

나이보다 많이 먹으면 위험
악취 나는 껍질 때문에 옻이 오르기도

그런데 은행이 다양한 음식재료로 쓰이기는 하지만 나이보다 많이 먹어선 안 된다는 말이 있다. 은행에 독이 들어 있기 때문이다. 실제로도

은행나무의 수꽃. 은행나무는 암나무와 수나무가 따로 있다. 일본에서는 열매에서 나는 냄새 때문에 쾌적한 분위기를 조성하기 위해 수나무만 별도로 골라 가로수로 사용한다. 2010년 5월 9일 경기도 과천시 서울대공원에서 촬영.

빈번한 중독 사례가 보고된다. 조선 순종 때 빙허각憑虛閣 이씨李氏가 쓴 『규합총서閨閤叢書』에는 어린아이가 먹으면 경기를 하고, 굶은 사람이 먹으면 죽기 쉽다고 기록되어 있다. 『동의보감』과 『본초강목』에도 생으로 먹으면 목구멍을 자극하고, 특히 어린아이가 생으로 먹으면 경기를 일으킨다고 경고했다.

중국의 『중약사전中藥辭典』에는 "백과의 중독은 고대에도 기록이 있다. 근래에 와서 은행 중독 보고가 자주 있다. 가을에 백과가 성숙했을 때에 자주 발생한다. 볶아서 먹든지 혹은 삶아서 많이 먹기 때문이다. 10세 이하의 아이에 중독사건이 많다. 성인은 드물게 중독된다. 중독된 사람이 먹은 양은 소아는 10개부터 150개에 이르고 성인은 90개에서 300개에 이른다"며 경계했다.

그런가 하면 일본에서는 과거 은행 중독 환자 74명 가운데 22명이 사망해 사망률이 약 30퍼센트에 이른다고 보고했다. 특히 제이차세계대전 이후부터 1950년대까지 은행 중독이 많이 발생했는데, 이때는 일본에 먹을 것이 부족해 주변에서 손쉽게 구할 수 있는 은행을 많이 먹었기 때문이다.

은행을 다량으로 먹거나 덜 익은 은행을 먹으면 두통, 구토, 설사, 복통 같은 소화기계 증상 및 호흡곤란이나 전신의 긴장성경련이 나타난다. 심하면 호흡중추 마비에 의해 사망하기도 한다. 익히거나 구워도 독을 없앨 수 없다는 점을 명심해야 한다.

보통 유독식물을 먹고 중독 증상이 나타났을 때는 구토를 하게 하거나 위세척을 시도하는데, 은행에 중독되었을 때는 그런 방법을 적용해서는

방울 모양으로 노랗게 익는 은행의 겉모습은 앙 증맞지만 냄새는 고약하다. 악취의 원인은 빌로 볼과 징코린산이다. 만졌을 때 옻이 오르기도 하 며, 눈에 들어가면 결막염을 유발한다. 2011년 10 월 9일 경기도 여주군 해여림식물원에서 촬영.

은행잎은 혈액순환제의 원료로 유명해 제약회사에서 고혈압, 당뇨병, 심장질환 등 성인병과 노인성 치매, 뇌 혈관 및 말초신경 장애 등의 치료제로 속속 개발하고 있다. 2010년 5월 14일 경기도 오산시 물향기수목원에 서 촬영.

안 된다. 오히려 경련이 나타날 수 있기 때문이다.

은행의 독성은 대부분 MPN$^{4-0-methylpyridoxine}$에서 기인한다. 이 물질은 비타민 B$_6$와 구조가 아주 비슷한 항비타민^{antivitamin}으로 아미노산 대사의 조효소인 비타민 B$_6$의 작용을 경쟁적으로 저해한다. 또 억제성 신경전달 물질인 GABA$^{γ-aminobutyric acid}$ 생성을 저해해 경련을 일으키는 것으로 알 려진다.

은행잎 추출물을 건강기능식품으로 판매하는 것을 허용하고 있는 미 국에서는 여러 부작용 사례가 보고되었다. 70대 노인이 은행잎 제제를 복용한 지 일주일 만에 눈에 출혈이 발생했고, 33세 여성은 오랫동안 은 행잎 제제를 복용했더니 혈액이 응고되는 시간이 길어지고 뇌출혈의 일 종인 경막하혈종^{硬膜下血腫}이 발생했다. 이 같은 증상은 은행잎 성분 중 강 력한 혈소판 억제작용을 하는 징코라이드 B$^{ginkgolide B}$ 때문으로 밝혀졌 다. 그러므로 중증 뇌졸중 환자나 심장병 환자는 은행 섭취에 특별한 주의가 필요하다.

은행은 병원에서 아스피린^{aspirin}, 와르파린^{warfarin}, 헤파린^{heparin}과 같은 항응고제와 함께 사용할 때 출혈 위험을 증가시킨다. 그래서 수술을 받는 환자는 36시간 전에 은행 복용을 중지해야 한다. 은행은 또 항경련제의 효과를 떨어뜨릴 뿐만 아니라, 항우울제를 복용하는 환자에게도 약의 발작 역치*를 낮추는 작용을 증가시킬 수 있으므로 피하는 것이 좋다.

은행의 독성은 우리가 입으로 먹을 때뿐만 아니라 피부에 닿을 때도 영향을 준다. 은행 열매가 피부에 닿으면 발적, 통증, 수포 등과 홍반성 구진, 부종이 나타날 수 있다. 또 눈에 들어가면 결막염을 일으킨다. 원인물질은 대변과 비슷한 고약한 냄새의 주범이기도 한 빌로볼과 징코린산이다. 이것은 옻이 오르는 원인물질인 우루시올^{urushiol}과 구조가 매우 비슷하다. 그래서 옻을 타는 사람은 은행나무의 열매와 접촉해도 옻이 오르는 교차반응을 일으킨다.

은행잎 추출물에도 징코린산이 다량 함유되어 있어 피부알레르기와 신경독성을 나타낸다. 이 때문에 선진국에서는 징코린산이 5피피엠을 넘지 않도록 권고하고 있다. 세포분화를 간섭해 기형을 유발할 수 있는 콜히친이 은행잎 추출물에 섞여 있다는 연구결과도 나온 바 있다.

---

* 閾値, threshold, Schwelle. 생물이 외부환경의 변화, 즉 자극에 의해 어떤 반응을 일으킬 때, 자극이 어느 값 이상으로 강하지 않으면 그 반응이 일어나지 않는다. 그때 작용요인의 크기, 즉 작용요인의 유효한 최소치를 역치라고 한다. 다른 말로 문턱값이라고도 한다. 엄밀하게 말하면 반응이 50퍼센트의 확률로 일어나고, 또 50퍼센트의 확률로 일어나지 않는 자극치다.

학명에는 어떤 뜻이?

은행나무의 속명 'Ginkgo'는 린네가 은행의 일본 발음 'Ginkyo'를 잘 못 적은 것이라는 설이 있고, 은행나무를 서양에 처음 소개한 독일의 박물학자 켐퍼Engelbert Kaempfer의 저서 『일본의 역사History of Japan』에서 'Kjo'가 'Kgo'로 잘못 인쇄됐기 때문이라는 설도 있다. 서양의 식물학자 중에는 극히 소수이기는 하나 'Ginkjo'로 고쳐 쓰는 이도 있다. 종소명 'biloba'는 'bilobus(두 개로 갈라지는)'에서 나왔는데, 잎의 끝이 두 갈래로 갈라진 데서 연유한다. 꽃말은 '장수' '장엄' '진혼' '죽음의 노래' 등이다.

우리나라에서는 용문사 은행나무를 비롯해 전국의 은행나무 스물두 그루가 천연기념물로 지정돼 보호받고 있다.

은행나무는 침엽수인가, 활엽수인가?

은행나무는 흔히 침엽수로 불린다. 백과사전에서는 침엽수를 식물분류학상 겉씨식물(나자식물) 중에서 구과식물에 속하는 수목으로, 활엽수에 대응한 말이라고 설명하고 있다.

학계에서는 침엽수(바늘잎나무)와 활엽수(넓은잎나무)를 판단하는 기준은 잎이 넓고 좁고의 문제가 아니라 속씨식물인가 겉씨식물인가를 근거로 삼아야 한다고 주장한다. 활엽수나 침엽수라는 말이 잎의 모양에서 나왔지만 속씨식물과 겉씨식물의 기준보다 앞설 수 없으며, 속씨식물은 대부분 활엽수고 겉씨식물은 침엽수이기 때문이다. 은행나무를 속씨식물인 활엽수로 보는 것은 정체성을 부정하는 것과 같고, 은행나무는 침엽수이지만 좀 독특한 침엽수라고 보는 것이 합당하다고 지적한다. 예를 들어 위성류나 시로미는 잎이 바늘처럼 생겼지만 활엽수에 속한다는 것이다.

반면 은행나무를 활엽수로 정의해야 한다는 측의 주장도 만만치 않다. 침엽수와 활엽수란 말은 전문용어가 아니라 일반인들이 습관적으로 부르는 생활용어로, 단순히 잎의 형태만을 고려한 분류법이기 때문에 겉씨식물이나 속씨식물의 틀로 규정해서는 안 된다는 것이다. 잎을 보고 침엽인지 활엽인지 구분하기 좋도록 만든 것인 만큼 넓은 잎으로 보이는 은행나무는 활엽수라고 주장한다.

살구나무

학명_ *Prunus armeniaca* var. *ansu* Maxim.(장미과)
다른 이름(이명)_ 살구, 개살구나무
영명_ apricot
일명_ アンズ
특징_ 낙엽활엽소교목, 높이 10m
개화_ 3~4월(흰색, 연분홍색, 지름 20~35mm)
결실_ 6~7월(노란색, 황적색, 지름 3cm)
분포_ 전국 각지 재배
주요 독성물질_ 씨앗 등에 아미그달린(amygdalin) 함유

개는 정말 살구를 먹으면 죽을까

보신탕집에 가면 계산대 옆 조그만 그릇에 작은 흰색 씨앗이 놓여 있는 것을 볼 수 있다. 이 물건을 보는 손님들의 반응도 제각각이다. 무심하게 지나치기도 하고 살짝 맛만 보는가 하면 조금씩 집어 입에 털어넣고 지근거리기도 한다. 그릇에 담겨 오고가는 손님들의 눈길을 끄는 이 흰색 씨앗이 바로 살구씨이다.

살구씨는 '행인杏仁'이라고도 하는데, 개고기와 결코 무관하지 않다. 『동의보감』에는 개고기를 먹고 체했을 때 살구를 먹으면 속이 풀릴 뿐만 아니라 개가 살구를 먹으면 죽는다는 기록이 있다. 『본초강목』에도 개고기의 독狗毒을 풀어준다고 쓰여 있으니, 개고기를 먹은 후 살구씨를 찾는 것

이 우연은 아니다. 개와 살구는 서로 상극이다. 민간에서는 살구나무에 개를 묶어두면 건강하던 개도 시들시들 말라서 이내 죽게 된다는 말이 전해질 정도다.

이러한 효능 때문에 '살구'라는 이름이 개를 죽인다는 의미의 한자 '殺狗'에서 유래한다는 주장도 있다. 하지만 살구라는 단어는 순수 우리말로 '殺狗'와는 직접적인 관계가 없다.

〈고향의 봄〉이라는 노래에 "복숭아꽃, 살구꽃, 아기진달래"라는 가사가 나온다. 예전에는 봄이면 살구꽃이 피지 않는 집이 없을 정도였다. 살구나무를 가까이에 둔 것은 꽃을 감상하려는 의도도 있겠지만 약용하려는 목적도 컸다.

실제 한방에서 행인은 기침을 억제하는 진해제로 사용된다. 천식, 호흡 곤란, 신체 부종에도 쓰며, 살구씨 기름杏仁油은 연고제 및 주사약의 용제로 쓴다. 살구씨는 피부미용 재료로도 명성을 떨치고 있다.

씨앗에는 청산배당체 아미그달린 함유
셀러리와 함께 복용하면 더 위험

그러나 살구씨는 개뿐만 아니라 사람에게도 위험한 유독물질을 함유하고 있다. 살구씨에는 아미그달린이라는 청산배당체(시안배당체) 성분이 들어 있는데, 이 물질은 청산중독을 일으킨다. 청산중독이란 청산화합물(시안화합물)이 인체에 들어가 경련과 호흡곤란을 일으키고, 심하면 의식불명 상태가 지속되다가 죽는 현상이다. 청산화합물 0.16그램만으로도

살구씨에는 아미그달린이라는 청산배당체 성분이 들
어 있어 청산중독을 일으킬 수 있다. 지나치게 많이
먹으면 경련과 호흡곤란이 일어나며, 심하면 사망에
이르기도 한다.

사과씨에도 살구나 매실처럼 청산배당체가 들어 있
다. 그러므로 씹어먹지 않는 것이 좋다.

살구꽃. 동요 〈고향의 봄〉에서 살구꽃은 복숭아꽃.
진달래와 함께 농촌의 풍경을 대표하는 꽃으로 등
장한다. 예전에는 집집마다 살구나무를 심었는데,
약용가치를 높이 반영한 결과로 풀이할 수 있다.
2011년 4월 23일 경기도 오산시 물향기수목원에
서 촬영.

살구 열매. 개와 살구는 서로 상극이기 때문에 살구라
는 이름이 '개를 죽인다'는 뜻에서 유래됐다는 설이 있
다. 그러나 살구라는 단어는 순우리말이며 '개를 죽인
다'와 관계가 없다는 것이 정설이다. 2011년 6월 17일
서울시 창경궁에서 촬영.

사람을 죽일 수 있다고 전해진다.

아미그달린은 사람의 몸에 들어가 효소 에멀신^{emulsin}에 의해 청산으로 분해되는데, 부패세균도 아미그달린을 가수분해해 청산을 생성하기도 한다. 이때 분해된 청산이 소량이면 인체의 자연스러운 정화능력에 의해 분해돼 배출되지만 다량이면 청산(시안화수소, HCN)중독을 일으킬 가능성이 커진다.

청산은 세포 속 미토콘드리아^{mitochondria}에 있는 헴철^{heme iron}에 산소를 운반하는 효소(시토크롬 산화효소)^{cytochrome oxidase}와 결합함으로써 인체 신진대사를 조절하는 효소의 작용을 방해한다. 시토크롬의 활동이 억제되면 각 세포층에 저산소층이 발생해 호흡곤란 현상이 나타난다.

살구씨(행인)는 어린아이는 한 번에 10알, 성인은 40~60알 이상을 먹으면 중독을 일으킬 수 있다. 살구씨뿐만 아니라 사과씨에도 청산배당체가 들어 있다. 〈별순검〉이라는 텔레비전 드라마에서 한 여자가 사과씨를 그릇에 잔뜩 담아놓은 에피소드가 나온다. 여자는 형편이 어려워지면 자살하겠다는 마음을 먹고 사과씨를 하나씩 모았다고 실토한다.

복숭아, 비파나무, 자두, 매실의 씨와 덜 익은 과실에도 청산화합물이 포함돼 있다. 또 복숭아를 비롯한 벚나무속 식물의 잎을 증류하면 청산을 함유하는 유액이 나온다. 화학약품을 쉽게 구할 수 없었던 옛날 곤충학자들은 살충병 속에 벚나무 종류의 잎을 으깨어 채워넣었다. 손상을 입은 식물은 효소를 방출해 조직 속의 프루나신^{prunasin}을 분해하는데, 이 작용에 의해 곤충을 죽이는 데 충분한 농도의 시안화수소가 만들어진다. 프루나신이라는 명칭은 벚나무속^{Prunus}에서 유래했다.

살구씨는 피부건조를 막아주고 기미, 주근깨 잔주름을 억제해주는 피부미용 재료로 명성을 떨치고 있다. 살구씨에 함유된 불포화지방산은 피부를 희고 윤기 있게 가꿔준다.

주목할 점은 살구씨 같은 과일 씨를 셀러리나 양상추와 함께 섭취하면 소량이라도 문제가 생길 수 있다는 사실이다. 셀러리와 양상추에 함유된 베타글루코시다아제$^{β-glucosidase}$인 에멀신은 과일 씨에 들어 있는 청산배당체를 몸속에서 더 활발하게 분해시키는데, 이때 쉽게 혈액 내 청산 농도가 올라가 생명을 위협할 수 있다.

한때 네팔의 장수촌에서 살구씨를 많이 먹는 사실이 전해지면서 국내에서도 살구씨가 장수식품으로 판매되고, 미용이나 변비와 관련돼 유행을 탄 적이 있다. 1970년대 말 미국에서는 살구씨에 포함된 아미그달린을 비타민 B_{17} 또는 레트릴^{laetrile}이란 이름으로 판매했다. 특히 아미그달린은 체내에 들어가면 암세포에만 들어 있는 에멀신에 의해 청산을 만들어 세포를 죽인다고 알려지면서 크게 주목을 받았다. 더욱이 항암효과 외에 통증완화, 혈압조절, 조혈작용 같은 효과가 있다는 주장도 나왔다.

그러나 그 부작용도 만만치 않게 발생한다. 암 치료 목적으로 레트릴을 복용하던 사람이 사지가 마비되고 기립이나 보행이 어려워져 입원한 기록도 있다. 이러한 증상은 청산에 의한 만성 중독 때문으로 추정된다.

1960년대 미국의 최고 영화배우로 1980년 멕시코에서 항암 치료를 받다 죽은 영화배우 스티브 매퀸Terence Steven McQueen의 사망원인도 레트릴의 부작용으로 알려졌다.

그런데 미국 식품의약국FDA은 1977년 레트릴 및 이와 관련한 물질을 암 치료에 사용하는 것은 아무런 의학적, 법적 근거가 존재하지 않는다고 발표했다. 이후 레트릴을 사용하고 거래하는 일이 금지됐다. 하지만 일부 나라에서는 레트릴이 여전히 합법적인 보조 영양제로 팔리고 있으며, 레트릴의 원재료인 살구씨도 어디에서나 구입할 수 있다. 명심해야 할 것은 레트릴에 항암효과가 있다는 연구 보고는 없지만 독성물질이 들어 있다는 자료는 수없이 많다는 것이다.

학명에는 어떤 뜻이?

살구나무의 속명 'Prunus'는 고대 라틴어의 'plum(자두)'에서 유래했다. 종소명 'armeniaca'는 흑해 연안에 있는 '아르메니아의'라는 뜻이다. 영어 이름 'apricot'은 복숭아에서 유래한 것으로, 그리스어로 '빠르게 익는 복숭아'라는 뜻이 아라비아어로 변형된 다음 다시 프랑스어를 경유해 영어화된 것이다. 꽃말은 '처녀(아가씨)의 수줍음'이다.

비슷한 식물(동속 식물)

벗나무속Prunus에는 벗나무를 비롯해 매실나무, 살구나무, 복사나무, 자두나무 등 50여 종이 있다. 이들 식물의 씨앗과 덜 익은 열매는 물론 잎에도 청산배당체가 들어 있어 잘못 먹으면 중독될 위험이 있다. 특히

매실. 시큼한 맛으로 입맛을 돋우는 매실에도 살
구와 마찬가지로 아미그달린 성분이 들어 있다.
그래서 덜 익거나 씨앗이 포함된 매실을 재료로
만든 식품을 먹고 탈이 나는 경우가 종종 있다.
2011년 6월 17일 서울시 창경궁에서 촬영.

매화 꽃. 매화는 소나무, 대나무와 함께 추운 겨울에도
기개를 잃지 않는 지조를 상징하는 '세한삼우'의 하나로
꼽힌다. 매화는 또 난초, 국화, 대나무와 함께 '사군자'에
포함된다. 2010년 4월 10일 서울시 창경궁에서 촬영.

덜 익은 살구와 매실은 비슷하기 때문에 잘 구분해야 한다.

2부

화려한 꽃 뒤에
숨은 치명적인 독성

흰독말풀

학명_ *Datura stramonium* L. 가짓과
다른 이름(이명)_ 독말풀
영명_ Common Thorn Apple, Stramonium Thorn Apple, Jimson
일명_ ヨウシュチョウセンアサガオ
특징_ 열대아메리카 원산 한해살이풀, 높이 1~2m
개화_ 8~9월(흰색, 길이 8cm)
결실_ 9월(검은색, 지름 2.5cm)
분포_ 인가 부근 재배
주요 독성물질_ 아트로핀, 히오신(hyoscine) 등

일본 첫 유방암 수술 의사가 마취제로 개발

에도시대 일본에서 처음으로 유방암 마취수술을 집도한 하나오카 세이슈華岡青洲는 네덜란드에서 의학을 공부한 후 고국의 와카야마 현에서 개업했다. 그는 수술을 받는 환자의 고통을 줄여주기 위해 마취제를 개발했는데, 공교롭게도 첫 시험대상은 그의 아내였다. 마취제는 세이슈의 기대대로 효과를 발휘했다. 그러나 안타깝게도 세이슈의 아내는 마취제 부작용으로 그만 눈이 멀고 말았다. 세이슈와 그의 아내에 대한 이야기는 일본의 작가 아리요시 사와코有吉佐和子에 의해 『하나오카 세이슈의 아내華岡青洲の妻』라는 소설로 출간됐다. 일본 영화의 거장 마스무라 야스조增村保造 감독은 이 소설을 영화로 만들어 극장에 올리기도 했다.

일본 영화의 거장 마스무라 야스조 감독은 아리요시 사와코가 쓴 소설을 원작으로 같은 이름의 영화를 만들어 극장에 올렸다. 사진은 영화 〈하나오카 세이슈의 아내〉의 한 장면.

소설 『하나오카 세이슈의 아내』 표지.

하나오카 세이슈를 기념한 일본의 우표. 그가 사용한 마취제의 원료인 흰독말풀이 함께 그려져 있다.

세이슈가 그의 아내에게 사용한 마취제의 원료는 흰독말풀 잎에서 추출한 것이다. 이 식물은 열대아메리카 원산의 한해살이풀로, 우리나라에서는 열대아시아 원산의 독말풀과 함께 약용식물로 재배했다. 지금은 야생화돼 인가 부근이나 공터 등에서 찾아볼 수 있다. 또 꽃이 크고 탐스러워서 관상식물로도 키운다.

흰독말풀은 꽃 모양이 나팔꽃을 닮아 일본 이름에 '나팔꽃朝顔, アサガオ'이란 단어가 들어간다. 하지만 나팔꽃은 메꽃과로, 가짓과에 속하는 독말풀과는 거리가 멀다. 꽃이 피는 시기도 차이가 난다. 나팔꽃이 아침에 피어 점심 무렵에 지는 반면 흰독말풀은 저녁에 피어서 다음날 아침에 진다. 한 식물은 아침이 되어야, 다른 한 식물은 밤이 되어야 비로소 꽃을 활짝 피우니 서로 정반대의 성향을 지닌 것이다.

한방에서는 독말풀과 흰독말풀을 진통제로 쓴다. 19세기 아메리카대륙의 주민들은 흰독말풀의 잎을 말려 담배로 피우는 방법으로 천식 증상을 완화하는 데 사용했으며 광증, 간질 환자를 치료할 때도 썼다. 아메리카 인디언들은 전쟁터로 떠나는 병사들에게 흰독말풀을 먹여 두려움을 잊게 했다고 전해진다.

북유럽의 주술사들은 일찍부터 씨앗에 들어 있는 마취성분에 주목했다. 주술사들은 독말풀을 비롯해 벨라도나, 사리풀, 만드라고라mandragora, mandrake 등을 섞어 환각을 일으키는 '마녀고약'을 만들어 썼다. 북미 지역에서도 독말풀을 환각제로 사용하는 풍습이 있었다.

특이한 것은 과거 콜롬비아에서 강도들이 피해자에게 흰독말풀을 사용했다는 점이다. 나중에 피해자들이 자신들의 얼굴을 기억해낼 수 없도

흰독말풀 꽃과 열매. 흰독말풀은 꽃이 크고 탐스러워 관상식물로도 키우고 있지만, 독성물질을 함유하고 있어 각별히 조심해야 한다. 두 사진 모두 2011년 8월 5일 경기도 포천시 평강식물원에서 촬영.

한스 발둥 그린(Hans Baldung Grien)의 〈마녀
Hexen〉. 북유럽의 주술사들은 독말풀을 비롯해
벨라도나, 사리풀, 만드라고라 등을 섞어 환각을
일으키는 '마녀고약'을 만들어 썼다.

록 하기 위해서였다. 약물에 중독된 피해자들은 무슨 일이 일어났는지
기억도 못하고, 오히려 강도에게 협조적으로 행동했다고 한다. 또 일본
에서는 1977년 10월 혼슈 북동부에 위치한 이와테 현의 고교생 13명이
흰독말풀을 먹고 중독돼 병원에서 치료를 받은 후 퇴원했다. 고교생들은
그동안 일어난 일을 기억하지 못하는 건망 증세를 보였다. 흰독말풀에
의한 최면 및 기억장애 효과를 여실히 알게하는 사례이다.

줄기에 상처 내면 고약한 악취 내뿜어
사린 중독의 해독제로도
흰독말풀의 줄기에 상처를 내면 고약하고 불쾌한 냄새가 코를 찌른다.

또 줄기를 뜯어서 혀끝에 살짝 대어보면 강한 자극을 느낄 수 있다. 냄새와 맛에서 유추할 수 있듯이 이 식물은 독성물질을 함유하고 있는데, 특히 뿌리와 씨에 많이 들어 있다.

독말풀과 흰독말풀의 속명*Datura*은 종교적인 암살범thug에 의해 사용된 인도의 독물 'dhat'로부터 유래됐다. 일부 아랍권 국가에서 국왕이 중죄인에게 내리는 사약賜藥을 독말풀로 만들었다고 전해진다. 흰독말풀의 영어 이름 짐슨Jimson이나 제임스타운위드Jamestown weed는 미국 버지니아 주 제임스타운 근처의 초기 이민자들이 독말풀에 중독되면서 유래했다.

민간에서는 통증 완화를 위해 흰독말풀을 섭취하거나 다른 식용식물로 착각해 먹다가 중독된 사례가 있다. 1990년 4월 일본 홋카이도에서는 지하실에 보관한 흰독말풀 뿌리를 우엉으로 잘못 알고 채소 밥을 지어 먹은 뒤 중독되는 사건이 벌어진 바 있다. 우리나라에서는 당뇨병에 좋다는 이유로 흰독말풀 열매를 달여 먹은 후 입원한 사례도 있다.

흰독말풀의 주요 독성물질은 아트로핀과 히오신이다. 대표적인 유독 알칼로이드인 아트로핀은 타액분비를 억제하기 때문에 콧물분비 억제 목적으로 감기약에 사용된다. 또 동공을 넓히는 작용이 있어 안과에서 수술을 할 때 내복, 주사, 점안 약으로 썼다. 만성 신경퇴행성 질환인 파킨슨병Parkinson's disease에 쓰기도 한다.

그러나 부교감신경을 마비시키고 흥분기에는 광란상태를 일으키며, 마비를 일으키는 부작용이 있다. 특히 극심한 환각과 함께 몸이 괴로워서 어찌할 바를 몰라 미친듯이 뒤척이는 증상(광조상태), 또는 혼수상태를 유발하기도 한다.

반면 신경 흥분을 방해하는 작용이 있어 일본에서 큰 이슈가 됐던 독극물인 사린^{sarin} 중독의 해독제로도 활용한다. 사린은 아세틸콜린의 분해효소인 콜린에스테라아제와 결합하는 성질이 있는데, 이로 인해 시냅스에서 분비된 아세틸콜린이 분해되지 않아 흥분한 신경이 누그러들지 않기 때문에 호흡마비 같은 증상을 일으킨다. 이때 아세틸콜린과 화학구조가 비슷한 아트로핀을 투여하면 아세틸콜린 수용체와 결합해 신호 전달을 방해함으로써 사린에 대한 해독작용을 하는 것이다.

약물은 병을 치료하는 데 큰 힘을 발휘하지만 잘못 사용하면 거꾸로 큰 피해를 가져다준다. 그러므로 전문가의 도움 없이 함부로 사용했다가는 큰코다치기 십상이다. 더욱이 사용량 차이가 작아도 그 효과가 크게 달라질 경우에는 더욱 조심해야 한다.

학명에는 어떤 뜻이?

흰독말풀의 속명 ‘*Datura*’는 아랍명 ‘tatorah’ 또는 힌두명 ‘dhatura’의 변형이다. 종소명 ‘*stramonium*’은 독말풀의 그리스명에서 유래했다. 꽃말은 ‘밤의 향기’다.

독말풀과 흰독말풀, 털독말풀

우리나라에 서식하는 독말풀속^{Datura} 식물은 모두 외래종으로, 독말풀과 흰독말풀, 털독말풀이 있다. 독말풀의 꽃이 연보라색인 데 비해 흰독말풀의 꽃은 희다. 줄기나 잎자루가 암자색인 것도 흰독말풀과의 차이점이다. 열매의 형태는 독말풀이 동그랗고, 흰독말풀은 달걀 모양이다. 털독말

독말풀 꽃. 독말풀은 꽃 모양이 나팔꽃을 닮아 일본
이름에 '나팔꽃'이란 단어가 들어간다. 하지만 나팔꽃
은 메꽃과로, 가짓과의 독말풀과는 거리가 멀다. 꽃이
피는 시기 또한 정반대다. 2010년 9월 10일 강원도 강
릉시 경포대에서 촬영.

독말풀 열매. 독말풀과 흰독말풀은 한방에서 주로
진통제로 쓴다. 19세기 아메리카대륙의 주민들은
흰독말풀을 천식에 사용했으며 광증, 간질 환자
등의 치료에도 썼다. 2009년 8월 15일 경기도 여
주군 해여림식물원에서 촬영.

털독말풀 꽃. 북아메리카 원산의 털독말풀은 잎이 동
근 형태이며, 줄기와 잎에 털이 많은 것이 특징이다.
2011년 10월 9일 경기도 여주군 상품리에서 촬영.

천사의 나팔 꽃. 밤에 피는 흰꽃이 인상적이어서
관상용으로 각광을 받고 있지만 독성물질을 함유
하고 있으니 함부로 먹어선 안 된다. 2011년 10월
11일 서울시 서울숲공원에서 촬영.

풀은 8~10월에 흰색 꽃이 피며, 식물 전체에 잔털이 밀생한다. 최근 관상용으로 많이 심는 천사의 나팔$^{D.\ suaveolens}$도 독말풀속에 속하는데 이를 복용하고 병원 신세를 지는 경우가 종종 발생하고 있어 조심해야 한다.

자생식물과 외래식물

식물에 관심을 가지면 자연스럽게 자생식물이니 외래식물이니 하는 용어를 자주 접할 수 있다. 하지만 용어의 차이를 정확하게 이해하는 일은 쉽지 않다. 거기다 야생식물, 귀화식물, 토종식물 같은 용어까지 보태면 더욱 혼란스러워진다.

우리나라에 서식하는 식물은 크게 자생식물과 외래식물로 나눌 수 있다. 자생식물은 본래부터 그 지역에서 자라는 식물을 일컫는다. 자생식물 중에는 한 지역에만 분포하는 고유종 또는 특산종이 있다. 반대로 외국에서 들어온 것은 외래식물이다. 화훼식물과 채소 중에 외래식물이 많다. 물론 같은 나라 안에서도 외래식물은 존재한다. 제주도와 남쪽 지방에서만 자라는 동백나무를 원래 서식지가 아닌 북쪽의 서울에 옮겨심는다면 서울의 동백나무는 외래식물이 된다. 또한 외래식물 가운데 독말풀과 미국자리공, 나도독미나리처럼 자연에서 스스로 번식하며 자손을 남길 수 있는 능력을 갖춘 식물을 귀화식물로 구분한다.

흔히 야생화(들꽃)라고도 부르는 야생식물은 산이나 들에서 저절로 나서 자란다. 자생식물과 귀화식물 모두 여기에 해당한다. 그러나 야생식물을 화단이나 밭에 옮겨심는 순간 '야생'이란 자격을 잃고 만다.

요즘 많이 거론되는 '토종'이란 토산종이나 재래종을 일컫는다. 토산종은 '그 지방에서 특유하게 나는 종자, 또는 종류'를 뜻한다. 자생종이나 고유종, 특산종은 토산종과 비슷한 의미다. 재래종은 '전부터 있어 내려오는 품종'으로, 그 지방의 풍토에 알맞게 적응한 종자를 말한다. 결국 토종의 범위에는 토박이 자생식물은 물론 고추 같은 외래식물도 포함된다.

때죽나무

학명_ *Styrax japonicus* Siebold & Zucc.(때죽나뭇과)
다른 이름(이명)_ 노가나무, 족나무, 왕때죽나무, 때쭉나무
영명_ snowbell
일명_ エゴノキ
특징_ 낙엽활엽교목, 높이 10m
개화_ 5~6월(흰색, 길이 2~4cm)
결실_ 7~10월(회백색, 길이 1.2~1.4cm)
분포_ 전국의 숲속
주요 독성물질_ 에고사포닌(egosaponin), 리놀산(linolic acid) 등

열매를 빻아 물에 넣어 물고기를 잡기도

신록이 완연해지는 5월 즈음 숲속을 거닐면 연둣빛으로 한껏 치장한 나무들의 풋풋한 모습과 함께 향기로운 냄새가 날아와 코를 싱그럽게 자극한다. 향기에 취해 머리를 들어 하늘을 보면 잔가지 사이마다 마치 은종처럼 아래를 향해 두서너 송이씩 모여 매달린, 헤아릴 수 없을 만큼 많은 때죽나무의 흰 꽃을 완상할 수 있다. 영어 이름이 눈종^{snowbell}이니 이보다 더 적절할 수 없다.

때죽나무 꽃이 필 때면 나무에서 떨어진 흰색 낙하물들이 계곡의 물길을 따라 떠다니는 것을 감상할 수 있다. 누군가 일부러 뿌려놓은 듯 흐르는 물에 몸을 맡겨 이리저리 춤을 추는 풍경은 잠시나마 시름을 잊게 할

때죽나무 꽃은 흰색 종처럼 아래를 향해 두서너 송이씩 떼로 모여 매달린다. 영어 이름 또한 '눈종'으로 동서양 모두 같은 뜻을 지녔다. 2011년 6월 4일 경기도 성남시 분당에서 촬영.

만큼 황홀하다.

때죽나무는 꽃이 아름답거니와 향기도 좋아 최근에 관상수로 많이 심고 있다. 오염에도 강하기 때문에 도심의 아파트 주변에서도 쉽게 볼 수 있다. 제주도에서는 때죽나무 가지를 띠로 엮어 항아리에 걸쳐놓은 후 빗물을 모은다. 이렇게 받은 물은 오래돼도 썩지 않는다고 알려져 있다.

가을이 되면 도토리 모양 열매가 긴 자루에 주렁주렁 매달린 모습도 보기 좋다. 옹기종기 모여 있어서 바람이 불어 서로 부딪히면 달그락거리는 소리를 낼 것만 같은 착각에 빠진다. 열매의 머리 부분(종자껍질)은 반질반질한 연한 회색이어서 마치 스님이 떼로 몰려 있는 모양이다. 그

때죽나무 열매. 나무에 매달린 열매는 연한 회색이고 반질반질해서 마치 스님이 떼로 몰려 있는 것 같다.
그런 의미로 '떼중나무'로 부르다가 나중에 때죽나무가 된 것이라고도 한다. 2011년 10월 9일 경기도 여주
군 해여림식물원에서 촬영.

래서 처음에는 '떼중나무'로 부르다가 나중에 때죽나무가 된 것이라는 설
이 있다.

동백나무가 자라지 않는 북쪽 지방에서는 열매에 기름이 풍부한 때죽
나무, 쪽동백나무, 생강나무를 대용품으로 썼다. 이들 나무에서 짠 기름
은 머리를 단장할 때 바르거나, 등잔불 기름이나 도료로도 사용했다.

때죽나무 껍질은 검은빛을 띤다. 그것이 꼭 때가 묻은 것과 닮아서, 때
가 많은 나무라는 의미로 때죽나무라는 이름이 유래됐다는 이야기가 전
해진다. 그런데 원래 때죽나무는 세제가 없던 시절 비누로 사용하기도
했다. 이름의 유래와는 정반대다. 때죽나무는 에고사포닌이라는 물질을
함유하고 있어 열매를 빻아 물에 풀면 기름때를 말끔히 없애준다. 과거
아낙네들은 시냇가에서 때죽나무 열매를 빻은 물로 빨래를 했다. 이때

때죽나무의 껍질은 검은빛을 띤다. 이를 때문은 것이라고 생각해 '때가 많은 나무'라는 의미에서 때죽나무라는 이름이 붙었다는 이야기가 전해진다. 2011년 10월 19일 인천시 인천수목원에서 촬영.

때죽나무 열매. 때죽나무는 세제가 없던 시절 비누 역할을 했다. 열매를 빨아 물에 풀면 기름때를 말끔히 없애주기 때문인데, 과거 아낙네들은 시냇가에서 이 물로 빨래를 했다. 2011년 10월 19일 인천시 인천수목원에서 촬영.

옷에 묻은 때를 쭉 뺀다는 뜻에서 때쭉나무로 불리다가 때죽나무가 된 것으로 추정하기도 한다. 어린아이들은 때죽나무 열매를 찧어 푼 물로 거품방울을 만들어 놀기도 했다.

　때죽나무 종자는 민간에서 거담제로 활용한다. 또 꽃은 인후통이나 치통에 썼다. 하지만 열매에 포함된 에고사포닌은 유독성분이라서 많이 복용하면 목과 위장에 장애를 일으킬 수 있다. 에고사포닌은 독성이 매우 강해 작은 동물을 마취시킬 수 있다. 그래서 게으른 사람들이 냇물에서 물고기를 잡을 때 안성맞춤이었다. 때죽나무의 열매나 잎을 돌에 찧어 냇물에 풀면 물고기가 기절해 떠오르는데, 이렇게 떠오르는 물고기만

건져내면 되는 것이다. 이때 물고기를 떼로 죽인다는 데서 때죽나무라는 이름이 유래됐다는 설도 있다. 이렇게 잡은 물고기의 속살은 쉽게 상하지 않았다고 한다. 하지만 에고사포닌을 이용해 잡은 물고기를 먹으면 사람도 어지럼증을 느끼거나 구토를 일으키기도 한다니 재미삼아 따라해보겠다는 생각은 처음부터 버리는 것이 좋다. 식물의 독을 이용해 물고기를 잡는 방법은 인도네시아, 멜라네시아, 남아메리카에서 많이 행해졌다. 그러나 최근에는 모두 법령으로 금하고 있기 때문에 점차 사라지고 있다.

에고사포닌은 용혈 및 적혈구 파괴작용을 한다. 실제 가축 실험을 했더니 적혈구를 파괴하는 것으로 나타났다. 동학혁명 때는 무기가 떨어지자 농민들이 총알을 직접 만들어 썼는데, 이때 바로 때죽나무의 열매를 빻아 반죽해 화약과 섞어 사용했다고 한다.

농기를 구분하는 잣대
꽃이 아름답고 향기도 좋아 관상수로 인기

앞에서 때죽나무 이름의 유래에 대해 언급했지만 이처럼 같은 이름으로 다양하게 풀이되는 식물도 드물다. 그만큼 주변에서 쉽게 볼 수 있는 친근한 식물이라는 뜻으로 해석할 수도 있다. 충남과 전남, 전북 지역에서는 "때죽나무 움트면 못자리가 적기"라고 해서 때죽나무를 농기를 가늠하는 잣대로 활용했다. 때죽나무 줄기는 매끈하면서도 곧고 단단해 목기와 같은 작은 생활용구나 조각물, 농기구와 양산(우산) 자루, 지팡이 따위를 만드는 재료로도 그만이었다.

때죽나무는 에고사포닌 외에 불포화지방산의 일종인 리놀산이라는 독성물질도 함유하고 있다. 최근 증가하는 폐암, 유방암, 대장암, 전립선암, 췌장암은 대부분 리놀산에 의해 발생하는 것으로 추정된다. 리놀산에서 합성된 아라키돈산arachidonic acid은 알레르기 증상을 진행시켜 아토피성 피부염, 꽃가루 알레르기 유발에 영향을 준다.

미스김라일락이나 구상나무는 세계적으로 유명한 조경식물이다. 원래 이들 식물은 우리나라가 자생지이다. 그러나 우리가 관심을 주지 않는 사이에 일찌감치 그 가치를 알아본 외국인이 먼저 손을 써서 상품으로 개발했다. 우리나라에서 채집한 때죽나무 또한 외국에서 상품으로 개발하고 있다. 한반도에 자생하는 때죽나무의 꽃이 아름답고 향기가 좋은 것은 물론, 추위에 강할 뿐만 아니라 병충해와 공해에도 아주 강한 특성을 보이는 것을 알아챈 것이다. 이처럼 생물자원을 상품으로 개발하려는 세계 각국의 움직임이 활발하다. 가치를 알아보는 이에게 경제적 혜택도 뒤따른다는 점에서, 우리나라도 자원 발굴과 개발에 발 빠르게 대응해야겠다.

학명에는 어떤 뜻이?

때죽나무의 속명 '*Styrax*'는 '안식향을 산출한다'는 뜻의 그리스어 'Storax'에서 유래됐다. 인도네시아 등지에서는 때죽나무 줄기에 상처를 내어 흘러나오는 유액을 받아 안식향을 얻었다고 한다. '물방울'이라는 뜻의 'stiria'에서 유래됐다고도 하는데, 나무에서 나오는 수액이 물방울 모양이기 때문이라고 한다. 종소명 '*japonicus*'는 '일본의'라는 뜻이다.

쪽동백나무 열매. 동백나무가 자라지 않는 북쪽 지방에서는 열매에 기름이 풍부한 때죽나무와 쪽동백나무, 생강나무를 대용품으로 이용했다. 이들 나무에서 짠 기름은 등잔불을 켜거나 머리를 단장할 때 요긴하게 쓰였다. 2009년 6월 27일 경기도 성남시 신구대학식물원에서 촬영.

쪽동백나무 꽃. 쪽동백나무는 스무 송이 정도의 꽃들이 한데 모여서 꽃차례를 이루기 때문에 꽃이 2~5개씩 따로 달리는 때죽나무와 차이가 난다. 잎 크기도 쪽동백나무는 손바닥 정도로 큼직하고 둥글지만 때죽나무의 잎은 타원형이고 작다. 2011년 5월 22일 서울시 홍릉수목원에서 촬영.

비슷한 식물(동속 식물)

때죽나무속Styrax에는 때죽나무를 비롯해 쪽동백나무, 좀쪽동백나무가 있다. 쪽동백나무는 스무 송이 정도의 꽃들이 한데 모여서 꽃차례를 이루는 반면 때죽나무의 꽃은 2~5개씩 따로 달린다. 잎 크기도 쪽동백나무는 손바닥 정도로 큼직하고 둥글지만 때죽나무 잎은 타원형이고 작다.

나팔꽃

학명_ *Pharbitis nil* (L.) Choisy(메꽃과)
다른 이름(이명)_ 털잎나팔꽃
영명_ Lobedleaf Pharbitis
일명_ アサガオ
특징_ 아시아 원산, 덩굴성 1년초, 길이 3m
개화_ 7~8월(남자색, 홍자색, 백색, 적색 등, 지름 10~23cm)
결실_ 9월(갈색, 지름 1cm)
분포_ 관상용 재배
주요 독성물질_ 리세르그산(lysergic acid), 파르비틴(pharbitin)

미망인이 싫어한 '바람둥이꽃'

푹푹 찌는 삼복더위. 화려한 색상을 뽐내며 담장을 따라 핀 나팔꽃은 한줄기 소나기만큼 시원하게 무더위를 씻어준다. 나팔꽃이라는 이름은 꽃 모양에서 나온 것으로, 군중軍中의 나팔을 뜻하는 고자화鼓子花라는 이름도 갖고 있다. 이와 비슷한 모양의 메꽃도 흔히 나팔꽃으로 불린다. 그러나 나팔꽃과 메꽃 모두 메꽃과에 속하기는 하지만 엄연히 다른 식물인데, 전자는 외래, 후자는 자생식물이다.

작곡가 김희갑씨의 부인 양인자씨가 지었다는 〈립스틱 짙게 바르고〉라는 노래의 가사에는 "아침에 피었다가 저녁에 지고 마는 나팔꽃"이라는 대목이 나온다. 영어 이름도 'Morning glory', 그러니까 아침의 영광

여름철 담장을 타고 오르는 나팔꽃은 우리에게 친
근한 모습이다. 집 주변에 많이 심고 가꾼 화초여
서 누구나 어린 시절의 추억을 반추할 수 있을 법
하다. 2011년 9월 21일 서울시 자양동에서 촬영.

나팔꽃 열매. 지금은 관상용으로 사랑을 받는 나팔꽃이
지만 과거에는 약용식물로 명성이 높았다. 나팔꽃 씨앗
을 주고 그 대가로 소 한 마리를 끌고 왔다고 해서 '견
우자'라고 한다. 2011년 10월 9일 경기도 여주군 해여림
식물원에서 촬영.

이다. 일본에서도 '아침에 피는 아름다운 꽃^{朝顔}'이란 뜻으로 쓰니 나팔꽃
이 아침에 피는 사실만은 분명하다.

하지만 나팔꽃이 지는 시각은 저녁이 아니다. 경북 달성의 한 초등학
교 학생들이 전국과학전람회에 출품한 실험 결과를 보면 나팔꽃이 피는
시각은 평균 오전 5시 29분, 지는 시각은 오전 10시 13분이었다. 즉 정오
가 되기 전에 꽃잎을 닫는 것이다. 흐린 날이나 비 오는 날에는 꽃이 피
는 시간과 지는 시각이 조금 늦어지지만, 전체적으로 꽃이 피어 있는 시
간은 늘어난다. 비 오는 날과 흐린 날의 개화시각은 각각 오전 5시 58분,
5시 56분이며, 지는 시각은 각각 12시 21분과 13시 14분이었다.

　　나팔꽃은 신사임당의 그림을 비롯한 한국화에서 볼 수 있듯이 많은 여
인들이 좋아하는 꽃이다. 유럽에서도 용기와 힘을 상징해 언제나 곁에
두고 완상하고 싶어했다. 그러나 정절을 중히 여기는 미망인들은 나팔꽃
을 '바람둥이꽃'이라고 부르며 가까이하기를 꺼렸다고 한다. 행여 정절을
지키려는 자신의 굳은 신념이 흔들릴까 염려해서였다. 빨간색 꽃에서 받
은 씨를 뿌렸는데 나중에 보면 엉뚱한 보라색 꽃이 피기도 하니 그럴 만
도 하다. 이것은 보라색이 우성인 까닭에, 붉은색 나팔꽃과 보라색 나팔
꽃을 교배하면 일대 잡종에서 보라색 꽃만 나오기 때문이다. 그러나 속
으로는 붉은색의 유전 특성을 갖고 있어 후세에 영향을 끼친다.

옛날에는 소 한 마리와 바꿀 정도로 인정받아

종자에는 LSD와 유사한 환각물질 함유

지금은 관상용으로 사랑받는 나팔꽃이지만, 중국에서는 이미 약 1500년 전인 송나라 때부터 약용으로 각광을 받았다. 나팔꽃 씨앗을 주고 그 대가로 소 한 마리를 끌고 왔다고 해서 견우자牽牛子란 이름이 붙을 정도로 귀한 약재였다.

나팔꽃은 한방에서 부종, 이뇨, 허리앓이, 야맹증 등에 썼다. 천식이나 허탈 증세가 있을 때도 달여먹었으며, 종기나 태독에는 검게 태운 씨를 가루로 내어 참기름에 이겨서 발랐다. 살충 효능도 있어 기생충에 의한 소화불량에도 이용했다. 또한 인위적으로 구토를 일으키는 약으로서도 효력을 발휘했다. 프랑스에서는 나팔꽃을 '한낮의 미녀belle-de-jour'라고 부른다. 꽃을 문질러 으깨어 악성종기에 사용하면 피부가 좋아지기 때문이다.

그러나 나팔꽃 씨앗을 너무 많이 복용하면 복통, 설사, 탈수, 전해질평형실조, 이상혈뇨, 언어장애 따위의 증상이 나타나며, 심하면 사망에 이르기도 한다. 낙태를 하는 데 사용했을 정도로 독성이 강하다.

종자 속에는 파르비틴이라는 수지배당체가 들어 있는데, 이를 복용하게 되면 곧 설사를 일으킨다. 특히 나팔꽃을 비롯한 메꽃과 식물의 종자에는 환각물질인 리세르그산 유도체가 들어 있어, 고대부터 이들 종자를 환각제로 사용했다. 종자의 추출물을 삼키면 최면효과와 환각효과가 나타나는데, 멕시코 인디언들은 이런 효과를 신과 닿은 것(접신)이라고 여겼고, 지금도 종교의식에 사용한다고 전해진다.

나팔꽃 씨앗. 나팔꽃은 약재로 많이 쓰이지만 씨앗을 많이 복용하면 복통, 설사, 탈수, 언어 장애 따위의 증상이 나타날 수 있다. 낙태를 할 때 사용됐을 정도로 독성도 강하다. 2011년 9월 15일 서울시 제기동 한의약박물관에서 촬영.

조선시대를 배경으로 한 미스터리 스릴러 영화 〈혈의 누〉에서도 무당이 사건 해결을 위해 섬에 들어간 수사관에게 나팔꽃을 끓인 물을 내주는데, 수사관이 환각제로 현혹하려 한다며 나무라는 대목이 나온다. 나팔꽃이 환각제로 이용되고 있음을 보여주는 것으로, 무당집 담장에 핀 나팔꽃이 화면에 스쳐 지나가기도 한다.

리세르그산은 향정신성의약품(마약)인 LSD^{lysergic acid diethylamide}와 화학적으로 유사하지만 그 작용 강도는 약 5~10퍼센트 정도다. 씨앗의 종류에 따라 다르긴 하지만 씨앗을 약 300개 정도 복용하면 LSD 200~300마이크로그램을 사용했을 때와 유사한 효과가 나타난다.

쿠바의 혁명 지도자였던 피델 카스트로^{Fidel Alejandro Castro Ruz}는 1978년부터 미국 중앙정보국^{CIA}으로부터 직접적인 암살 위협을 64차례나 받았다. 한번은 방송국에서 연설하기로 예정되어 있던 카스트로에게 CIA가 LSD를 살포하려는 시도를 했다고 한다. 직접적인 암살 계획은 아니었지만, 카스트로가 환각제를 마시고 무슨 뜻인지 종잡을 수 없는 연설을 하도록 만들어 일반 대중이 그에게 환멸을 느끼게 하겠다는 다소 황당한

계획이었다.

나팔꽃 씨는 관상용으로 널리 재배돼 종자를 쉽게 구할 수 있기 때문에 호기심이 많은 사람들은 종자를 먹기도 한다. 그러나 종자에 들어 있는 리세르그산은 그렇게 만만하게 보아서는 안 된다. 생리활성이 LSD보다 낮다고 해도 위험성을 충분히 내포하고 있기 때문이다. 일반적인 환각이 나타나는 것은 물론, 때로는 자살 기도를 수반하기도 한다. 법적 규제에 대한 논의가 이뤄지는 이유가 바로 이 때문이다.

나팔꽃은 수백 년 전 약용으로 우리나라에 들어왔다. 그러던 것이 관상용으로 많은 사랑을 받고 있으며, 최근에는 광화학 스모그를 측정하는 데 효과적인 식물로 주목을 받고 있다. 마거릿 미첼이 쓴 『바람과 함께 사라지다Gone with the Wind』의 주인공 이름을 딴 품종인 스칼릿 오하라Scarlett O'Hara가 광화학 스모그에 민감하게 반응한다. 스모그가 일정 농도 이상이 되면 잎에 흰색 반점이 나타난다. 특별한 과학기계가 없어도 나팔꽃 잎의 변화를 통해 오염도를 손쉽게 알아볼 수 있는 것이다.

나팔꽃은 수명이 짧아 일본 속담에 "나팔꽃도 한때다"라는 말이 있을 만큼 덧없이 빛나는 아름다움을 뜻한다. 그러나 약용으로, 관상용으로, 또 오염측정용 등으로 비록 그 활용도가 변하고는 있지만 시대의 흐름에 발맞춰 인간의 꾸준한 사랑을 받고 있으니 덧없다는 말이 무색할 정도다.

학명에는 어떤 뜻이?

나팔꽃의 속명 'Pharbitis'는 그리스어 'pharbe(색)'에서 유래한 것으로, 꽃의 색 변화가 풍부하다는 뜻을 나타낸다. 종소명 'nil'은 '푸른색'이라는

메꽃의 꽃. 들판에서 흔하게 볼 수 있는 메꽃도 나팔꽃으로 불린다. 나팔꽃과 메꽃은 모두 메꽃과에 속하지만 메꽃은 자생식물인 반면 나팔꽃은 외국에서 들여온 외래식물이다. 2010년 5월 6일 제주도 여미지식물원에서 촬영.

열대 아메리카가 원산인 외래식물 미국나팔꽃은 나팔꽃이라는 이름을 가지고 있지만 나팔꽃보다는 고구마에 가까운 식물이다. 2011년 8월 20일 경기도 용인시 한국민속촌에서 촬영.

뜻의 아라비아어다. 꽃말은 '결속' '기쁨' '허무한 사랑' '당신과 함께 있고 싶어요' 등이다.

비슷한 식물(동속 식물)

나팔꽃이라는 이름을 가진 식물에는 미국나팔꽃, 둥근잎미국나팔꽃, 애기나팔꽃, 둥근잎나팔꽃, 별나팔꽃 등이 있다. 하지만 이들은 나팔꽃과 달리 고구마와 같은 고구마속*Ipomoea*이다. 선나팔꽃*Jacquemontia taminifolia*도 속명이 다르다. 나팔꽃과 꽃 모양이 비슷한 메꽃, 애기메꽃, 큰메꽃은 메꽃속*Calystegia*이다.

마약과 향정신성의약품

세계보건기구(WHO)는 마약류를 약물 사용에 대한 욕구가 강하고(의존성), 사용하는 양이 증가하며(내성), 사용을 중지하면 온몸에 견디기 힘든 증상(금단증상)이 나타나는 약물이라고 정의한다. 여기서 주목할 점은 마약류의 정의에 "개인에만 한정되지 않고 사회에 해를 끼치는 약물"이라는 항목이 포함된다는 사실이다. 즉 마약은 건강에 얼마나 해로운가라는 기준만이 아니라 법으로 매겨진 위험도 등급에 의해 구분할 수도 있다. 실제로 프랑스 국립위생의학연구소는 마약류를 위험도에 따라 세 그룹으로 분류했는데, 1급에는 헤로인, 코카인, 알코올, 2급에는 심리자극제, 환각제, 담배, 신경안정제, 3급에는 대마초를 꼽았다. 알코올이나 담배는 위험도가 대마초보다 높지만 합법적으로 사용되는 셈이다.

우리나라에서는 과거 마약류를 마약, 대마, 향정신성의약품으로 세분해서 관리했지만, 현재는 이들을 마약류로 통합했다. 이중 향정신성의약품은 정신기능에 영향을 미치는 약물을 일컫는다. 흥분제, 환각제, 신경안정제, 항불안제, 항우울제가 여기에 포함된다. 필로폰(히로뽕)은 흥분제(각성제)에 해당한다.

마약류는 아편(opium), 모르핀, 코데인(codeine)이나 코카인 같은 천연마약과, 염산세티리진과 메타돈(methadone), 데메롤(demerol, meperidine)과 같은 합성마약으로 나누기도 한다. 이들 외에 소량의 마약을 함유한 제제는 한외마약이라고 한다. 이들 약물은 정상적으로 사용할 때 중독을 일으킬 위험성이 없어서 법적으로 다른 마약류에 요구되는 처방이 필요 없다. 하지만 오랫동안 다량으로 사용하면 의존성을 불러올 수 있다.

복수초

학명_ *Adonis amurensis* Regel & Radde(미나리아재빗과)
다른 이름(이명)_ 가지복수초, 가지복소초, 눈색이속, 복풀(중)
영명_ adonis, pheasant's-eye, bird's-eye
일명_ フクジュソウ
특징_ 숙근성 다년초, 높이 10~30cm
개화_ 3~4월(노란색, 지름 3~4cm)
결실_ 5~6월(갈색, 길이 3~4mm)
분포_ 전국 각처
주요 독성물질_ 스토로판티딘(strophanthidin) 등

미의 여신 아프로디테의 애틋한 사랑으로 핀 꽃

한때 복수초가 크게 주목을 받은 적이 있다. 문민시대를 열겠다고 나선 대통령 당선자가 취임식장에 야생화를 쓰기로 결정한 것이다. 그래서 온통 서양 꽃 일색으로 치장하는 대통령 취임식장에서 복수초가 우리 꽃 대표로 선정되는 영예를 안았다. 아마도 추운 계절에 자연상태에서 꽃을 피우는 식물이 복수초 말고는 없기도 했거니와 황금빛 꽃이 화려해서 뽑혔을 듯하다. 물론 황금색이 황제의 색이라는 점도 작용했을 것이다. 황금색은 부와 영광 그리고 행복을 상징한다. 당시에는 생소했을지 모르지만 이제 복수초는 겨울과 봄을 이어주는 상징적인 우리 꽃으로 자리를 잡았다. 대개 책상 위에 놓인 달력의 첫 장을 장식하는 주인공은 이제 흰

복수초 꽃은 꽃봉오리째 따서 말린 후 차로 이용한다. 그러나 꽃을 먹거나 차로 마실 때는 언제나 조심해야 한다. 독이 없다는 것이 확실한 꽃만 식용하는 것이 바람직하다. 2011년 4월 28일 경기도 포천시 국립수목 원에서 촬영.

복수초 군락. 복수초는 수복강녕을 기원하는 뜻을 담고 있다고 해서 '복풀'이란 별칭이 있다. 일본에서는 복 많이 받고 오래 살라는 뜻에서 복수초 화분을 새해 선물로 보낸다. 2010년 3월 28일 경기도 용인시 한택식 물원에서 촬영.

복수초 꽃. 봄의 대지를 희망의 색으로 수놓는 복수초는 많은 이들의 사랑을 받지만 색깔에 취해 함부로 복용하면 위험할 수 있다. 잎이나 줄기, 뿌리는 물론 꽃에도 독성이 있다. 2010년 3월 6일 경기도 용인시 한택식물원에서 촬영.

눈 속에 핀 복수초 꽃. 복수초는 얼음 사이에서 피는 꽃이라고 해서 얼음새꽃(얼음새기꽃), 눈 사이에 자란다고 해서 눈색이꽃(눈새기꽃)이라고도 부른다. 눈 속에 피는 연꽃을 뜻하는 '설연'이란 이름도 갖고 있다. 2010년 3월 25일 경기도 용인시 한택식물원에서 촬영.

눈을 뚫고 피어난 노란색 복수초의 화사한 모습이다.

눈을 녹일 수 있는 정열을 지닌 '눈색이꽃' 복수초는 애틋한 전설을 간직하고 있다. 그리스신화에서 미소년 아도니스는 미의 여신 아프로디테의 사랑을 받았다. 그러나 아도니스는 사랑보다 사냥을 더 좋아해서 아프로디테에게 눈길 한번 주지 않았다. 결국 아도니스는 아프로디테의 경고를 무시하고 사냥에만 몰두하다 멧돼지에게 받혀 죽고 만다. 이때 흘린 피가 땅으로 떨어졌고, 그곳에서 복수초가 피어났다. 그래서 미소년의 이름을 빌려와 복수초를 아도니스라 부르게 됐다고 한다.

그런데 서양 꽃 아도니스는 붉은색이지만 우리나라에 자생하는 복수초는 노란색이다. 황금색과 가깝다 해서 노란색을 매우 귀하게 여기는

이탈리아의 화가 베첼리오 티치아노(Vecellio Tiziano)의 〈아프로디테와 아도니스〉. 그리스신화에서 미의 여신 아프로디테의 사랑을 받은 미소년 아도니스는 멧돼지에게 받혀 죽고 마는데, 이때 흘린 피가 땅으로 떨어진 곳에서 복수초가 피어났다고 한다.

동양에서는 노란색 복수초가 피고, 노란색을 불길하게 여기는 서양에서는 붉은색 복수초가 피는 것을 보면, 이 꽃은 어느 곳에서나 사랑받을 수밖에 없는 운명을 타고난 듯하다.

지난날 일본의 본토인들에게 많은 괴롭힘을 당한 홋카이도의 원주민이었던 아이누족은 복수초를 '쿠나우ᵏᵗᵗᵘ'라는 이름으로 부른다. 전해오는 이야기에 따르면 쿠나우라고 불리는 아름다운 여신에게 사랑하는 사람이 있었다. 하지만 여신의 아버지가 그녀를 용감한 땅의 신에게 강제

로 시집보내려 했고, 그래서 여신과 연인은 몰래 도주를 감행한다. 수소
문 끝에 그들을 찾아낸 쿠나우의 아버지는 그녀를 꽃으로 만드는데, 이
꽃이 바로 복수초다. 이때부터 사랑하는 남녀가 좇은 '영원한 행복'이 복
수초의 꽃말이 됐다고 한다. 서양 꽃말은 '슬픈 추억'인데, 어찌됐든 각기
그에 걸맞은 전설을 갖고 있는 셈이다.

　복수초는 미처 봄이 오기도 전에 꽃이 피므로 얼음꽃, 눈이나 얼음 사
이에서 피는 꽃이라고 해서 눈색이꽃(눈새기꽃)이나 얼음새꽃(얼음새기꽃)
이라고도 부른다. 눈 속에 피는 연꽃을 뜻하는 설연雪蓮이란 이름도 갖고
있다. 또한 흰 눈을 녹이며 꽃이 핀다고 해서 눈꽃雪花, 얼음 속에서 꽃이
피기 때문에 빙랑화氷郎花라고도 부르며, 강원도 횡성에서는 눈꽃송이라
고 부른다. 그 밖에 수복강녕을 기원하는 뜻을 담고 있어서 복풀福草이란
별칭도 있다. 일본에서는 복 많이 받고 오래 살라는 뜻으로 이 꽃을 심은
화분을 새해 선물로 보낸다. 그래서 새해 아침 꽃이라는 뜻의 원단화元旦
花 또는 원일초元日草라는 이름으로도 불린다.

눈을 녹이며 꽃피는 열정만큼 '독성'도 커

꽃 차로 즐기는 것도 위험

　한방에서는 복수초를 강심제 및 이뇨제로 사용한다. 또 가슴이 두근
거리는 증세와 정신쇠약증에도 쓴다. 일본 사람들은 변비를 다스리는 데
활용했다. 그런데 금빛 복수초의 색깔에 취해 이를 함부로 복용하면 위
험할 수 있다. 잎이나 줄기, 뿌리는 물론 꽃에도 독성이 있기 때문이다.

복수초 열매. 복수초에 함유된 독
성물질은 스트로판티딘, 시마린 같
은 강심배당체다. 디기탈리스와 유
사한 작용을 하는 이들 물질은 동
물실험 결과 심장을 수축시켜 활
동을 느리게 한다고 보고되었다.
2012년 4월 28일 경기 용인시 한택
식물원에서 촬영.

그중 뿌리의 독성이 가장 강하다.

어린싹을 비롯해 복수초를 나물로 먹으면 메스꺼움, 구토, 식은땀, 복
통, 어지럼증, 기면(수면작용), 시력감퇴, 심박동 이상 같은 증상이 나타
난다. 중독이 심하면 심장마비로 사망에 이를 수도 있다. 1992년 초 일본
에서는 복수초 뿌리를 달여 마신 할머니가 목숨을 잃었다. 장수를 상징
하는 식물이지만 자칫 잘못하면 오히려 수명을 단축할 수 있는 것이다.

복수초의 독성물질은 스트로판티딘, 시마린cymarin 등의 강심배당체다.
심근에 대해 디기탈리스와 유사한 작용을 하는데, 동물실험 결과 심장을
수축시켜 활동을 느리게 하며 확장기를 늘리는 것으로 나타났다.

최근 꽃 요리와 꽃 차에 대한 관심이 높아지고 있다. 꽃 차를 즐기는
이유 중 하나는 꽃 그 자체의 아름다움뿐만 아니라 꽃에서 우러나오는
차의 고운 색깔을 즐길 수 있기 때문이다. 차의 맛과 향기를 마시면 산과
들에 직접 나가지 않고도 계절을 느낄 수 있는 것은 물론, 원료식물이 제

공하는 건강상의 효능도 기대할 수 있다. 복수초 또한 강심, 이뇨 작용이 있고 신경통에 효과가 있다며 꽃 차의 재료로 쓰인다. 대개 꽃을 봉오리째 따서 말린 후 차로 이용한다.

어떤 책에서는 유독성분이 있으니 조금씩만 사용하되, 첫물은 따라버리고 나서 두번째 물부터 마시라고 권하고 있다. 그러나 전문가들은 꽃을 먹을 때는 언제나 조심해야 하며, 독이 없는 게 확실한 꽃만 먹어야 한다고 말한다. 가장 좋은 방법은 요리에 아예 꽃을 넣지 않는 것이다. 전문가가 아닌 이상 어떤 꽃이 안전한지 모를 뿐만 아니라, 안다고 해도 제대로 구분하기 힘들 때가 많기 때문이다.

학명에는 어떤 뜻이?

복수초의 속명 'Adonis'는 그리스신화에 나오는 미소년 아도니스의 이름에서 유래했다. 이 속의 유럽종은 꽃이 붉어 아도니스의 피를 떠올리게 한다. 종소명 'amurensis, amuricus'는 '아무르 강(헤이룽 강)'이라는 뜻이다. 아시아 동북부 헤이룽 강 유역에서 처음 이 식물을 채집했기 때문에 붙은 이름이다. 꽃말은 '영원한 행복' '추억' '희생' '비애' '축복' 등이다.

비슷한 식물(동속 식물)

복수초속^{Adonis}에는 복수초를 비롯해 가지복수초, 세복수초, 애기복수초 등이 있다. 복수초는 한 줄기에 꽃 한 송이가 피는 것이 보통이다. 그러나 가지복수초는 가지가 두세 개로 갈라지고, 그래서 한 포기에 꽃이 두세 송이씩 피어난다. 가지복수초는 복수초보다 훨씬 늦은 4월이나 돼야 꽃을 볼 수 있다. 세복수초는 제주도에 분포하며 꽃이 은빛이 도는 연황색이다. 애기복수초는 전체적으로 크기가 작다.

식물이 독성물질을 품은 이유는?

식물이 알칼로이드와 같은 독성분을 지니게 된 이유는 무엇일까? 흔히 벌레나 동물에게 먹히지 않도록 스스로를 보호하기 위한 것으로 풀이된다. 예를 들어 토마토는 잎에 상처를 입으면 단백질 분해효소 억제물질을 만들어 곤충이 소화를 못하도록 방해한다. 또 어떤 식물은 곤충의 변태(탈바꿈)를 억제하는 물질을 품기도 한다. 이를 통해 자신에게 유리한 동물을 선택하고 그렇지 않은 동물은 배척할 수 있다.

포식자를 막기 위해 독성물질을 만들었다는 가설은 부분적으로만 사실이다. 하지만 그리 간단하게 설명되지만은 않는다. 식물독소의 종류가 다양할 뿐만 아니라 중독자에게 각기 다른 방식으로 작용하기 때문이다. 실제로 치명적인 독소를 지닌 식물을 섭취해도 뚜렷한 부작용이 나타나지 않는 동물이 있는가 하면, 조류에게는 아무 탈이 없는 열매가 포유동물에게는 심각한 해를 끼치기도 한다. 어떤 동물은 자기방어를 위해 식물의 독소를 체내에 비축해 천적을 퇴치하기도 한다. 이 때문에 많은 과학자들은 식물의 독이 우연히 발달된 것이며, 식물의 생존을 방해하지 않기 때문에 체내에 계속 존재하는 것이라고 설명하기도 한다.

할미꽃

학명_ *Pulsatilla koreana* (Yabe ex Nakai) Nakai ex Mori(미나리아재빗과)
다른 이름(이명)_ 노고초, 가는할미꽃(중)
영명_ Pasqueflower
일명_ チョウセンオキナグサ
특징_ 다년생 초본, 높이 30~40cm
개화_ 4~5월(적자색, 30~40cm)
결실_ 6~7월(흰색, 5mm)
분포_ 전국 각처, 건조한 양지
주요 독성물질_ 아네모닌(anemonin), 프로토아네모닌(protoanemonin) 등

할머니의 애처로운 전설 간직한 꽃

"뒷동산의 할미꽃/꼬부라진 할미꽃/싹 날 때에 늙었나/호호백발 할미꽃/우하하하 우습다/꼬부라진 할미꽃." 한때 어린이들이 곧잘 부르던 동요에 나오는 대목이다. 할미꽃은 화려한 보랏빛을 자랑하지만 동요의 노랫말처럼 사람들로부터 곧잘 놀림을 받곤 했다.

다음 전설에서도 거친 땅에 외롭게 핀 할미꽃의 애처로움이 고스란히 묻어난다. 옛날 어느 산골 마을에 할머니와 두 손녀가 함께 살았다. 그런데 장성한 큰손녀가 이웃의 부잣집으로 시집을 갔다. 이어 둘째 손녀도 고개 너머 마을의 가난한 집으로 시집을 갔다. 둘째 손녀는 홀로 남은 할머니를 모시려 했다. 그런데 큰손녀가 남의 눈도 있고 하니 가까이 사는

할미꽃이란 이름은 고개를 숙인 모습이 할머니의 꼬부라진 등과 같다는 데서 비롯된 것으로 알려져 있다.
사진은 영화 〈집으로〉의 한 장면.

자신이 할머니를 돌보겠노라고 고집을 피웠다. 결국 할머니는 두 손녀와 떨어져 살게 되는데 큰손녀가 할머니 돌보기를 소홀히 하면서 할머니의 살림은 더 궁핍해지고 외로움도 커져만 갔다. 외로움에 사무친 할머니는 결국 둘째 손녀를 찾아 산 너머 마을을 향해 길을 떠난다. 하지만 둘째 손녀가 살고 있는 마을이 내려다보이는 고갯마루에서 탈진해 그만 세상을 떠나고 만다. 뒤늦게야 이 사실을 안 둘째 손녀는 시집의 뒷동산 양지바른 곳에 할머니를 묻어줬다. 그런데 이듬해 봄이 되자 바로 그 자리에서 할미꽃이 피어났다고 한다.

할미꽃은 무덤 주위처럼 양지바른 곳에 호젓하게 피는데, 따스한 햇볕을 그리는 할머니의 애잔한 마음과도 일치하는 듯하다. 묘지가 주된 서

식처인 까닭은 흙을 다질 때 사용하는 석회 성분이 알칼리 토양을 좋아하는 할미꽃의 습성에 맞기 때문이다.

할미꽃이 고개를 숙인 이유는 꽃대도 감당하지 못할 정도로 크고 탐스러운 꽃 때문이다. 사실 전설과 다르게, 할미꽃 어디에서도 꼬부랑 할머니의 모습은 찾아볼 수 없다. 특히 땅을 향해 핀 보라색 꽃의 안쪽 깊숙한 곳에 있는 노란색 꽃술은 화사하면서도 매력적이다. 그래서 노산鷺山 이은상은 시조에서 "겉 보고만 늙었다 마오. 마음속 붉은 것을/해마다 봄바람에 타는 안을 끄지 못해/수심에 숙이신 고개, 어느 분이 알리오" 라고 읊었다.

할미꽃의 꽃. 할미꽃 뿌리에는 강한 독성이 있어 소나 염소 같은 가축들도 피한다. 임산부가 복용하면 낙태할 위험이 있다. 2011년 4월 17일 경기도 용인시 한택식물원에서 촬영.

할미꽃 열매. 할미꽃을 한자로는 백발노인을 뜻하는 '백두옹'이라고 부른다. 꽃이 지고 난 후 맺는 씨앗 모양이 머리를 헤친 노인의 백발을 연상시키기 때문이다. 2011년 5월 22일 서울시 홍릉수목원에서 촬영.

할미꽃의 꽃과 열매. 옛날에 소독약품이 귀할 때는 시골 농가에서 할미꽃 뿌리를 찧은 즙을 재래식 변기 속에 집어넣어 여름철에 벌레가 생기는 것을 예방했다. 2011년 5월 4일 경기도 성남시 신구대학교 식물원에서 촬영.

사람들은 대개 할미꽃이란 이름이 할머니의 꼬부라진 등 같다는 데서 비롯된 것으로 알고 있다. 그러나 꽃이 지고 난 후 맺는 열매가 머리를 풀어 헤친 노인의 백발을 연상시키는 데서 연유했다고 보는 편이 타당하다.

한자로는 할미꽃을 백발노인을 뜻하는 백두옹白頭翁이라고 부른다. 할미꽃의 열매에 붙은 흰 털이 할아버지의 흰 머리카락과 비슷하다고 해서 붙은 이름이다.

허준의 『동의보감』에서는 "줄기 끝에 희고 가는 털이 한 치쯤 있고, 가지의 밑이 백두노옹과 같기 때문에 백두옹이라 일컬은 것"이라고 풀이했다. 일본에서는 '영감풀おきなぐさ'이라 불린다.

이두吏讀를 집대성한 신라시대 대학자 설총이 여색女色을 좋아하는 신문왕을 위해 지었다는 『화왕계花王戒』에서는 할미꽃이 삼베옷을 입고 흰 머리칼을 날리며 화왕 앞에서 간하는 모습을 묘사되어 있다. 백두옹에서 풍기는 지혜와 연륜의 이미지를 십분 활용했기에 가능한 설정이다.

화장실 구더기 없앨 때 쓰던 유독식물
환경오염을 측정하는 척도로도

이탈리아에서는 사탑으로 유명한 피사 지역에 할미꽃이 핀다. 십자군 전쟁에 참여했던 피사의 움베르토 사교^{司敎}가 예수 그리스도가 못 박힌 현장의 흙을 옮겨다놓은 땅에서 피기 시작했다는 전설이 전해진다. 그래서 할미꽃을 순교의 꽃이라고 부른다. 또 부활절에 즙으로 달걀을 염색한다 해서 부활절의 꽃으로도 알려졌다.

할미꽃은 한방에서 학질을 치료하는 데 썼다. 『본초강목』에서는 회충이 생겼을 때나 목에 응어리가 날 때 달여먹으면 좋다고 기록하고 있다. 혈변, 장출혈, 인두부종, 임파선종을 치료하는 데도 도움이 된다.

민간에서는 할미꽃의 뿌리를 말려뒀다가 월경을 멎게 할 때 달여먹었으며, 설사나 코피가 날 때도 썼다. 또 뿌리를 갈아서 치질이나 어린이의 버짐에 발랐다. 신경통성 피부염을 치료할 때는 할미꽃의 신선한 잎을 감염된 부위에 문지르기도 했다.

할미꽃은 또한 항아메바 작용을 비롯해 말라리아, 포도상구균, 연쇄상구균, 녹농균, 디프테리아균, 이질균에 대한 항균작용을 한다. 항트리코모나스 작용도 보고된다. 옛날에 소독약품이 귀할 때는 시골 농가에서 할미꽃 뿌리를 찧은 즙을 재래식 변기 속에 집어넣어 여름철에 벌레가 생기는 것을 예방했다. 그만큼 뿌리에 강한 독성이 있다. 소나 염소 같은 가축들도 피할 뿐만 아니라 어른들은 어린 아이가 이 꽃을 꺾거나 만지는 것도 금했다. 만약 임산부가 복용하면 낙태할 위험이 있다.

할미꽃의 독성은 아네모닌, 프로토아네모닌 등의 성분 때문이다. 이들

물질은 점막자극에 의한 염증을 부르며, 또한 복통과 위장질환, 심할 경우 심장마비를 유발할 수 있다.

과거 할미꽃은 주변에서 쉽게 찾아볼 수 있는 식물이었다. 그러나 지금은 환경오염 때문에 개체수가 많이 줄어 식물원에서나 관상용 화분으로 만나볼 수 있게 됐다. 만약 산이나 들에서 할미꽃을 쉽게 발견할 수 있다면 그만큼 그곳의 자연환경이 인간을 비롯한 생물이 살기에 좋다고 해석할 수 있다.

학명에는 어떤 뜻이?

할미꽃의 속명 '*Pulsatilla*'는 라틴어 'pulasare(소리내며 울린다)' 또는 'pulso(치다, 소리내다)'에서 비롯되었다. 종 모양 꽃이 바람에 따라 소리를 낸다는 뜻이다. 종소명 '*koraiensis, koreana, koreensis*'는 '한국산의'라는 뜻이다. 꽃말은 '슬픔'과 '추억'이다.

비슷한 식물(동속 식물)

우리나라에 서식하는 할미꽃속*Pulsatilla* 식물에는 할미꽃을 비롯해 가는잎할미꽃, 긴동강할미꽃, 노랑할미꽃, 동강할미꽃, 분홍할미꽃, 산할미꽃, 중국할미꽃 등이 있다.

제주도의 중산간 마을에 많이 분포하는 가는잎할미꽃은 할미꽃보다 굵은 뿌리를 깊이 뻗고 있지만 키가 약간 작은 편이다. 화려한 분홍색 꽃이 특징인 동강할미꽃은 관상용으로 주목을 받으면서 동강 지역 축제의 주인공으로 이름을 올렸다.

노랑할미꽃. 우리나라에 서식하는 할미꽃속 식물에는 할미꽃을 비롯해 가는잎할미꽃, 긴동강할미꽃, 노랑할미꽃, 동강할미꽃, 분홍할미꽃, 산할미꽃, 중국할미꽃, 할미꽃 등이 있다. 2011년 5월 6일 경북 포항시 기청산식물원에서 촬영.

석산

학명_ *Lycoris radiata* (L'Her.) Herb.(수선화과)
다른 이름(이명)_ 가을가재무릇, 꽃무릇
영명_ Spider Lily, Red Spider Lily
일명_ ヒガンバナ
특징_ 일본 원산, 다년생 초본
개화_ 9~10월(붉은색)
결실_ 열매는 맺지 않으며 비늘줄기로 번식
분포_ 남부 지방 민가 주변(주로 절)
주요 유독성분_ 리코린(lycorine), 갈란타민(galanthamine)

눈에 피가 서린다 해서 '눈에 피꽃'

가을철이 돌아오면 전북 고창의 선운산(선운사)이나 전남의 영광과 함평이 맞닿은 불갑산(불갑사 및 용천사) 지역에서 석산 꽃이 매혹적인 자태를 뽐낸다. 사위가 온통 붉은색 물결로 뒤덮여 장관을 연출한다. 꽃도 꽃이거니와 꽃잎 사이로 갈고리처럼 하늘을 향해 길게 뻗은 수술이 특히 인상적이다.

석산石蒜은 돌石과 마늘蒜이 합쳐진 이름이다. 비늘줄기(인경)가 마늘과 닮은데다 또 마늘처럼 식용으로 이용한 데서 유래됐다. 꽃무릇이나 가을가재무릇, 돌마늘이라고도 한다.

각종 매체에서 가을 꽃무릇축제를 소개하면서 흔히 '상사화'라는 표현

석산 꽃. 남쪽 지방에서는 춘궁기 식량이 떨어졌을 때 석산 비늘줄기를 구황식량으로 삼아 허기를 달랬다. 그러나 정제가 불충분하면 중독을 일으키기 때문에 각별한 주의가 필요하다. 2011년 9월 25일 서울시 홍릉 수목원에서 촬영.

불갑사의 석산 꽃밭. 가을철이면 전북 고창의 선운산이나 전남의 영광과 함평이 맞닿은 불갑산 지역에서는 석산 꽃이 매혹적인 자태를 뽐낸다. 사위가 온통 붉은 물결로 뒤덮여 장관을 연출한다.

상사화 잎. 상사화는 잎이 파릇하게 자라는 시기에는 꽃을 볼 수 없고, 꽃이 피는 시기에는 잎이 없어 서로 만나지 못하고 떨어져 있다. 그래서 '이별초'라고도 한다. 2010년 3월 17일 충남 태안시 안면도자연휴양림에서 촬영.

상사화. 언론매체에서는 가을 꽃무릇축제를 소개하면서 흔히 상사화라고 표현하곤 한다. 석산이 검붉은 꽃을 자랑하는 반면 상사화는 연한 보라색 꽃을 피운다. 2009년 8월 20일 경기도 포천시 국립수목원에서 촬영.

을 쓰곤 한다. 그러나 두 식물이 비록 수선화과의 같은 속에 속하는 유연종이기는 하지만 꽃의 색깔이나 모양이 다르다. 석산이 검붉은 꽃을 자랑하는 반면 상사화는 연한 보라색 꽃을 피운다. 다만 잎과 꽃이 서로 만날 수 없다는 점만은 공통적이다. 그래서 상사화相思花란 이름이 붙었다. 잎이 파릇하게 자라는 시기에는 꽃을 볼 수 없고, 꽃이 피는 시기에는 잎이 없어 서로 만나지 못한 채 떨어져 있다. 이를 사모하는 마음에 빗대어 붙인 것이다. 그래서 이별초離別草라고도 불린다.

석산은 백로에서 추분 무렵(9월 5~20일)에 꽃이, 한로에서 상강 즈음(10월 5~20일)에 새싹이 나와 겨울을 지내고 이듬해 6월 초순에 잎이 진다. 추분 무렵에 꽃을 피우기 때문에 '추분꽃'이란 이름으로 불리기도 한다.

한편, 피안화彼岸花는 석산의 일본식 이름으로, 가을의 피안(일본에서는 봄과 가을에 피안이라는 불교행사가 있다) 무렵에 이 꽃이 피는 데서 유래했다.

열매를 맺을 수 없는 석산은 오로지 비늘줄기로 개체수를 늘릴 수밖에 없다. 그래서 대규모 석산 군락지에서는 작은 감자 모양 비늘줄기 무리가 자갈처럼 여기저기 널려 있는 것을 쉽게 발견할 수 있다.

천연 항균물질 함유해 책 엮을 때 접착제로 활용
유독물질 리코린은 피부질환 등에 영향

옛날부터 절에서 석산과 상사화를 비롯한 상사화속 식물을 많이 심었다. 5월께 잎이 지고 난 뒤 비늘줄기를 캐내고 갈아서 전분을 채취하면 종이를 붙이거나 책을 엮는 접착제로 쓸 수 있다.

석산은 항균력이 뛰어난 리코린을 함유하고 있어, 사찰에서 종교적인 그림을 그릴 때 이 녹말을 섞어서 벽지로 사용했다. 그러면 오래도록 벌레가 먹거나 변색되는 것을 막을 수 있었다. 실제로 이 풀로 붙인 한지는 수천 년이 지나도록 좀이 쏠지 않는다고 한다. 그러니 불경을 만들어낸 절에서 석산과 상사화를 많이 심었던 것은 당연해 보인다.

민간에서는 열을 내리게 할 때, 손발이 트거나 창에 찔린 데 석산의 비늘줄기를 갈아 바르게 했다. 소량을 쪄서 구토를 일으키는 구토제로 쓸 수도 있었다. 신장염이나 류머티즘, 백선 치료에도 썼는데, 비늘줄기를 삶은 물에 발을 담그면 무좀이 치료된다고 한다. 일본에서는 비늘줄기에 함유된 리코린을 이용해 거담제를 개발해 상품으로 판매하기도 했다.

남쪽 지방에서는 춘궁기 식량이 떨어졌을 때 석산의 비늘줄기를 갈아

무릇 인경. 석산의 다른 이름인 '꽃무릇'은 무릇과 비슷한 데서 연유했다. 인경의 모양이 비슷해서 무릇으로 잘못 알고 먹다가 탈이 날 수 있다. 무릇의 인경에서는 양파나 마늘 같은 냄새가 나기 때문에 석산과 구별할 수 있다. 2012년 4월 10일 경북 상주시 반계리에서 촬영.

석산 인경. 열매를 맺을 수 없는 석산은 오로지 비늘줄기로 개체수를 늘릴 수밖에 없다. 그래서 대규모 석산 군락지에서는 작은 감자 모양 비늘줄기 무리가 자갈처럼 여기저기 널려 있는 것을 쉽게 발견할 수 있다. 2011년 10월 13일 경기도 성남시 신구대학교 식물원에서 촬영.

서 으깨거나 잘게 장시간 물로 헹궈 얻은 녹말을 구황식량으로 삼았다.

그러나 불충분하게 정제하면 중독을 일으키기 때문에 각별한 주의가 필요하다. 석산은 피처럼 붉은 빛깔과 독성 탓에 '죽음의 꽃'으로 불렸다. '지옥의 꽃' 또는 '죽은 이의 꽃' '저승꽃'이라는 이름도 있다. 또 비늘줄기에 독성이 있어 눈에 피가 서린다고 해서 '눈에 피꽃'이라고도 했다. 이 꽃에 가까이 가면 눈병이 온다며 접근을 금하기도 했다고 한다. 이처럼 석산의 별명만 봐도 독성이 있다는 사실을 쉽게 짐작할 수 있다.

중국 의약서적『중약대사전中藥大辭典』에는 허약체질 환자는 복용하면 안 된다고 경고하고 있으며, 고대 중국의 문헌인『광주식물지廣州植物誌』에서도 만약 잘못해서 꽃을 복용하면 언어장애를 일으킬 위험이 있다고 지적했다.

실제로 석산을 너무 많이 복용하면 구토, 경련, 복통, 어지럼증을 일으키거나 심지어 혀가 구부러지기도 한다. 심하면 혀가 굳고 언어장애, 서맥(느린맥박) 같은 증세로 이어지며, 결국에는 호흡중추 마비, 혈액순환 장애에 따른 사망에 이를 수도 있다. 피부에 접촉되면 홍반과 가려움증이 나타나고, 냄새를 흡입하면 비출혈이 생길 수 있다.

석산의 비늘줄기에 함유된 리코린은 구토제로 사용되는 에메틴^{emetine}이나 세파린^{cephaeline}과 유사하다. 리코린의 구토작용은 에메틴의 수십 배에 달한다.

에메틴은 구토, 설사를 일으키므로, 외국에서는 다이어트 제품으로 장기간 사용된 적이 있는데, 이 때문에 피해자가 나오기도 했다.

에메틴은 내복량의 35퍼센트가 한 달 이상 체내에 남아 있기 때문에 투여를 중지해도 2개월간 소변으로 계속 배설된다. 따라서 소량씩 반복해 섭취하거나 장기간 복용하는 것은 위험하다. 저혈압, 빈맥, 흉통을 일으킬 수 있으며, 심각하면 심장정지에 이를 수 있다. 남아프리카 같은 건조지대의 거주민은 현지 수선화과 식물에 포함된 리코린을 화살 독으로 이용한다고 한다.

석산의 비늘줄기에는 리코린 외에 갈란타민이라는 알칼로이드 물질도 포함돼 있다. 갈란타민에 중독되면 침을 흘리거나 설사를 하는 증상이 나타난다.

위도상사화 꽃. 위도상사화는 전북 부안의 위도에서 처음 발견됐기 때문에 붙여진 이름이다. 꽃이 희기 때문에 다른 상사화 종류와 쉽게 구별할 수 있다. 2011년 8월 20일 전북 전주시 한국도로공사수목원에서 촬영.

학명에는 어떤 뜻이?

석산의 속명 'Lycoris'는 그리스신화에 나오는 바다의 여신 'Lycoris'에서 유래한 것이다. 종소명 'radiata, radiatus'는 '방사선'이라는 뜻이다. 꽃말은 '슬픈 추억'이다.

비슷한 식물(동속 식물)

상사화속Lycoris에 속하는 식물은 꽃의 색깔별로 노란색(진노랑상사화, 붉노랑상사화), 분홍색(상사화), 빨간색(석산, 백양꽃, 제주상사화), 흰색(위도상사화, 흰상사화) 계통으로 나눌 수 있다. 대부분 여름에 꽃이 피며, 백양꽃은 8월 말에서 9월에, 석산은 9월 이후에 꽃이 핀다. 진노랑상사화는 멸종위기야생식물로 보호받고 있다.

수선화, 석산, 흰꽃나도사프란, 아마릴리스의 구근에는 리코린과 같은 독성물질이 있다. 이들 식물과 달래, 토란의 인경을 헷갈려서 중독되는 경우가 있으니 조심해야 한다.

영양분 저장하는 번식기관, 인경과 괴경

뿌리는 대개 땅속의 영양분을 흡수하고 저장하는 역할을 한다. 그런데 뿌리뿐만 아니라 잎과 줄기가 양분을 저장하기 위해 특별히 크기가 커진 것들이 있는데, 이를 구근이라고 한다. 구근의 종류로는 인경(비늘줄기), 괴경(덩이줄기), 구경(둥근줄기), 근경(뿌리줄기), 괴근(덩이뿌리)이 있다.

인경은 마디 사이가 짧아진 줄기와 줄기를 둘러싼 비늘잎을 말한다. 백합, 튤립, 수선화, 양파, 마늘이 여기에 속한다. 구경은 땅속줄기가 둥글게 비대해진 것으로, 글라디올러스, 프리지아, 토란이 대표적이다.

둥글게 생긴 인경과 구경은 비슷한 모양이지만 인경은 비늘잎에, 구경은 줄기 자체에 영양물질을 저장한다는 사실이 다르다.

괴경은 땅속줄기가 비대해져 뭉친 모양인데, 시클라멘, 아네모네, 감자 같은 것들이 여기에 속한다. 괴경도 구경처럼 땅속줄기가 비대해진 것이지만 잎의 변형물로 덮이지 않아 구별된다.

근경은 땅속에 수평으로 뻗은 줄기가 비대해진 것으로 홍초(칸나), 연꽃, 둥굴레, 은방울꽃에서 확인할 수 있다. 달리아와 고구마는 뿌리의 일부가 비대한 괴근에 속한다.

근경과 구경의 경우 줄기라서 잎이나 싹이 있지만, 뿌리인 괴근에는 없다. 반대로 괴근에는 뿌리털이 있지만 근경과 구경에는 없다.

한편 근경에는 눈이 있어 일정한 크기로 잘라 심으면 새로운 식물체를 얻을 수 있다.

수선화

학명_ *Narcissus tazetta* var. *chinensis* Roem.(수선화과)
다른 이름(이명)_ 수선, 겹첩수선화
영명_ Chinese Sacred Lily
일명_ スイセン
특징_ 여러해살이풀, 높이 20~40cm
개화_ 12~4월(흰색, 노란색, 담홍색)
결실_ 5월
분포_ 지중해 연안 및 중국 남부 원산 재배. 제주도 분포
주요 독성물질_ 리코린 등

제 모습에 반한 나르키소스의 넋 간직

그리스신화에서 미소년 나르키소스는 숲과 샘의 요정 에코의 사랑에 응하지 않은 벌로 호수에 비친 제 모습에 반해 넋을 놓고 바라보다가 결국 호수에 빠져 죽어서 수선화가 됐다. 나르키소스로부터 버림을 받은 에코는 깊은 산속에 들어가서 너무나도 슬프게 울다가 메아리가 됐다. 수선화의 이름이 '나르키소스'가 되고, 꽃말이 '자기애'가 된 것은 이 신화 때문이다. 수선화가 남을 배려하지 않는 자기애의 상징이 된 배경이기도 하다.

이와 비슷한 신화로 다음과 같은 것도 있다. 나르키소스에게는 밑으로 쌍둥이 누이동생이 있었는데, 누이가 병을 얻어 갑자기 세상을 떠나게

존 윌리엄 워터하우스(John William Waterhouse)의 〈에코와 나르키소스Echo and Narcissus〉. 그리스신화에서 미소년 나르키소스는 숲과 샘의 요정 에코의 사랑에 응하지 않은 벌로 호수에 비친 제 모습에 반해 결국 호수에 빠져 죽어서 수선화가 됐다.

수선화 꽃. '수선'이란 이름은 물에 사는 신선이라는 의미에서 비롯됐다고 한다. 2011년 3월 31일 경기도 과천시 서울대공원에서 촬영.

됐다. 나르키소스는 동생을 잃은 슬픔을 주체하지 못했다. 그러던 어느 날엔가 나르키소스는 연못가를 거닐다 물속에서 죽은 누이동생을 보게 된다. 원래 연못 속의 동생은 수면에 비친 자기의 모습을 착각한 것이었다. 그러나 나르키소스는 매일같이 연못에 나와 물 밑만 들여다보며 누이동생을 그리워했다. 이를 지켜보던 신은 나르키소스를 가엾게 여겨 언제나 누이동생의 그림자를 볼 수 있도록 나르키소스를 물가에 피는 수선화로 태어나게 했다고 한다.

우리나라 식물도감에는 수선화를 지중해 연안이 원산인 식물이라고 기록하고 있다. 또 중국에서 들여온 관상용 재배식물이라고도 소개한다. 조선시대 실학자 서유구가 지은 『금화독경기金華耕讀記』에서도 "우리 동국에 옛날은 수선이 없더니 요새 비로소 북경에서 사 가져온 이가 있어 흔히 꽃분에 옮겨 책상 위에 놓고 애상한다"며 "그 값이 너무 비싸서 넉넉한 사람이 아니고는 살 수 없다"고 기록하고 있다. 이를 보면 수선화가 밖에서 들어왔다는 사실을 확인할 수 있다.

남을 배려하지 않는 자기애 상징
추사 김정희는 원수 같은 꽃으로 묘사

그러나 『추사집秋史集』에서는 이와는 다른 내용이 드러난다. 김정희는 제주에서 유배생활을 할 때 친구이자 문신, 서화가인 이재彛齋 권돈인에게 편지를 썼다. 이 글을 보면 3월에 이르러 제주도의 산이나 들, 논둑, 밭둑에 핀 수선화가 희게 퍼진 구름이나 새로 내린 봄눈 같다고 했다. 특

중국 송나라의 시인 겸 화가 황정견(黃廷堅)의 〈수선화水仙花〉. 수선화는 깨끗하고 순수한 이미지 덕에 많은 문인들의 사랑을 받았다.

히 너무 흔해 쇠풀이나 말꼴로 베어내고, 그렇게 베어내도 또다시 돋아나기 때문에 주민들이 수선화를 원수처럼 여긴다고 했다.

추사의 편지에서 드러난 것처럼, 과거 제주도에서는 밭에 수선화가 하도 많아서 이것을 캐내는 게 일과였다고 한다. 때문에 학자들은 『추사집』의 기록을 바탕으로 제주도와 일본 해안에서 자생하는 수선화는 아득한 옛날 중국으로부터 해류에 의해 운반된 것이라고 추정한다.

물론 현재 주변에서 흔히 볼 수 있는 수선화는 최근 서양에서 들어온 것이다. 이는 수수한 제주도 자생 수선화와 모양에서 큰 차이를 보인다.

지금도 제주 지방에는 1월부터 4월까지 수선화가 가득 핀다. 과거에는 자생 수선화만이 제주 사람들과 고락을 함께했지만 지금은 서양 수선화

수선화 꽃. 수선화를 '금잔은대'라고도 부르는데, 흰 꽃잎의 중심부에 노란 부관이 있어 마치 은대에 금으로 된 술잔을 올려놓은 듯한 모양을 빗댄 것이다. 2010년 4월 30일 전남 해남시 유선관에서 촬영.

제주도 자생 수선화. 추사 김정희는 3월에 제주도의 산이나 들, 논둑, 밭둑에 핀 수선화가 희게 퍼진 구름이나 새로 내린 봄눈 같다고 했다. 2006년 3월 28일 제주도 탐라목석원에서 촬영.

와 함께 뒤섞여 자라는 것이 다르다면 다르다고 할 수 있다.

하늘에 사는 신선을 천선天仙, 땅에 사는 신선을 지선地仙이라고 한다. 이처럼 물에 사는 신선이라는 의미에서 수선水仙이란 이름이 비롯됐다. 물이 주는 이미지처럼 맑고 깨끗한, 그래서 마치 선녀 같은 아름다움을 지닌 꽃이라는 뜻이다. 또다른 이름인 능파선凌波仙은 '파도를 넘어 유유히 다니는 신선'이란 뜻인데, 물의 신선인 수선과 같은 말이기도 하다.

한편 수선화를 금잔은대金盞銀臺라고도 부르는데, 이는 흰 꽃잎의 중심부에 노란 부관이 있어 마치 은대에 금으로 된 술잔을 올려놓은 듯한 모양을 빗댄 것이다. 설중화雪中花는 눈이 녹기 전에 눈 속에서 꽃이 핀다는 사실에서 유래된 이름이다.

수선화는 깨끗하고 순수한 이미지 덕분에 많은 사람들의 사랑을 받았다. 이슬람교의 창시자 무함마드는 "빵 두 개를 가졌다면, 그중 하나를 팔아 수선화를 사라. 빵은 너의 몸을 살찌게 하고, 수선화는 너의 영혼을 살찌게 하리라"고 예찬했다. 중국의 문학평론가 린위탕林語堂 또한 향기만 따져서 말한다면 수선화를 난보다 위에 놓고 싶다며 극찬했다.

수선화는 죽음의 이미지와도 밀접한 관련이 있다. 고대 그리스에서는 수선화로 사원을 장식하는 한편 장례용으로도 이 꽃을 썼다. 아라비아권에서는 부활의 상징으로 여겼다.

수선화는 민간에서 비늘줄기를 부스럼이나 악창을 치료하는 데 썼고, 천식, 구토, 거담, 백일해, 부기, 어깨 결림 등에 쓰는 약재이기도 하다. 일본에서는 치통을 다스릴 때 썼다고 한다. 수선화 뿌리나 꽃에서 즙을 짜낸 후 섣달 눈 녹은 물에 섞은 것을 수선 향수라 해서 화장수로 이용하기도 했다.

수선화의 비늘줄기는 갈아 으깨거나 잘게 썰어 장시간 물로 헹군 후 저장하면 구황식량으로 안성맞춤이었다. 하지만 독성물질을 함유하고 있어 중독될 위험도 있다. 특히 비늘줄기가 양파, 부추 등 식용식물과 비슷하기 때문에 잘못 먹고 탈이 나는 경우가 많다.

실제 일본 교토에서는 1997년 11월 양파로 오인한 나팔수선화의 인경이 섞인 카레라이스를 먹은 교사와 학생 열두 명이 중독되는 사건이 벌어지기도 했다. 수선화에는 양파나 부추에서 나는 특유의 냄새가 없고, 수선화에는 인경이 있지만 부추에는 없기 때문에 이를 통해 구별할 수 있다.

수선화의 인경은 리코린과 타제틴tazettine 같은 알칼로이드를 함유하고 있다. 이들 성분에 중독되면 구토, 복통, 식은땀, 설사, 호흡불균형, 발

수선화 인경. 수선화의 인경은 리코린과 타제틴 등 알칼로이드를 함유하고 있다. 이들 성분에 중독되면 구토, 복통, 설사, 혼수 등의 증상이 나타난다.

양파. 수선화의 인경을 양파나 부추와 착각하는 경우가 있다. 수선화에는 양파나 부추 특유의 냄새가 나지 않기 때문에 이를 통해 구별할 수 있다.

열, 혼수 등의 증상이 나타난다. 위장염과 경련을 불러올 수도 있다. 피부에 손상을 주는 부작용도 있다.

학명에는 어떤 뜻이?

수선화의 속명 'Narcissus'는 그리스신화의 청년 나르키소스에서 유래했다. 라틴어로 'Narcissus'는 '마취' 또는 '수면'을 뜻하는데, 이는 이 식물에 최면성이 있기 때문이다. 종소명 'tazetta'는 이탈리아어로 '작은 찻잔'이란 뜻이다. 부화관의 모양을 비유한 것이다. 'china, chinensis'는 '중국의'라는 뜻이다. 꽃말은 '존경' '신비' '자존심' '사랑'이다.

비슷한 식물(동속 식물)

전 세계에 걸쳐 수선화의 종류는 40여 종에 달한다. 가장 많이 재배되는 것으로는 한 꽃대에 한 송이씩 피며 부관이 큰 나팔수선화가 있고, 한 줄기에 여남은 송이씩 피는 타제타^{Tazetta}종, 부관에 빨간 테두리가 있는 포에티쿠스*Poeticus*종, 꽃잎과 부관이 모두 겹으로 된 겹수선, 그리고 향기가 좋고 열매도 잘 맺는 노랑수선이 있다.

주목

학명_ *Taxus cuspidata* Siebold & Zucc.(주목과)
다른 이름(이명)_ 화솔나무, 적목, 경복, 노가리나무
영명_ Japanese Yew
일명_ イチイ
특징_ 상록침엽교목, 암수딴그루, 높이 17~20m
분포_ 전국 고산지역
개화_ 3~4월(연황색, 지름 2mm)
결실_ 8~10월(붉은색, 지름 8mm)
주요 독성물질_ 탁신(taxine)

장수의 상징이자 영국의 영웅 로빈 후드의 활 재료

'살아 천년, 죽어 천년'이라는 별칭을 얻고 있는 주목은 장수의 상징이자 고난을 이기는 불굴의 의지를 가장 잘 표현하는 식물이다. 소백산이나 태백산, 덕유산 등의 고산지역에 자생하는 주목 군락은 천년의 모진 성상을 이겨내고 꿋꿋하게 버티고 있다. 과거에는 지금보다 훨씬 더 크게 자랐다고 하니 주목을 '신단수'라 추정하는 것도 무리가 아니다.

소백산의 주목 군락과 강원도 정선 두위봉의 주목은 모두 천연기념물로 지정돼 보호를 받고 있다. 그중 두위봉의 주목은 수령이 무려 1400년으로 우리나라에서 가장 오래된 것으로 알려져 있다.

주목은 수피樹皮와 심재心材가 유달리 붉고 질이 좋기 때문에 고급 가구

주목. 주목은 나무 모양이 뛰어나며 어릴 때 가지가 잘 갈라지고 잎이 빽빽하게 자라기 때문에 정원사가 원하는 모양으로 만들기 쉬워 관상용으로 많이 심는다. 2010년 6월 18일 경기도 포천시 국립수목원에서 촬영.

소백산의 주목. 주목은 재목이 유달리 붉고 질이 좋기 때문에 최고급 가구재나 장식재로 꼽힌다. 노인들은 무병장수를 기원하며 주목으로 지팡이를 만들기도 한다. 2003년 1월 4일 충북 단양군 소백산에서 촬영.

재나 장식재로 친다. 불교계에서는 돌같이 단단한 주목으로 불상을 만들면서 수행심을 굳건히 했다고 한다. 장수의 상징인 까닭에 노인들이 짚는 지팡이의 재료로도 사용한다. 또 나무를 한 뼘 정도로 얇게 다듬어 관리들이 임금을 알현할 때 손에 드는 홀笏로 만들기도 했다.

중세 유럽에서는 단단하면서도 탄력이 있어 활을 만드는 데 귀하게 쓰였다. 영국의 의인 로빈 후드의 활 재료도 주목이었다고 한다. 그가 화살이 떨어진 곳에 자신을 묻어달라는 유언을 남기고 쏜 화살이 날아간 장소가 주목 군락지였다는 유명한 얘기도 회자된다. 미국의 인디언들도 주

영화 〈로빈 후드〉 포스터. 영국의 영웅 로빈 후드의 활 재료도 주목이었다고 한다. 화살이 떨어진 곳에 묻어달라는 유언을 남기고 화살을 쏘았는데, 날아간 장소가 주목 군락지였다는 유명한 얘기도 회자된다.

무령왕릉에서 출토된 왕비의 두침. 충남 공주 무령왕릉의 왕비 시신이 베고 있던 두침의 재료가 주목이다. 목재의 색깔이 붉기 때문에 잡귀를 쫓고 영원한 생명을 얻도록 염원했던 것으로 풀이된다.

목으로 만든 활을 사용해 사냥을 했다.

주목 줄기에서 붉은색 물감을 뽑아내기도 하는데, 궁녀들의 옷감 치장은 물론, 임금의 곤룡포를 염색할 때 활용했다고 한다.

주목은 일본 금송金松과 함께 관을 만드는 최고의 재료로 손꼽힌다. 평양 부근의 오야리 고분에서 출토된 낙랑고분의 관재는 두께 25센티미터에 너비 1미터가 넘는 주목이다. 또 충남 공주 무령왕릉의 왕비 시신이 베고 있던 두침도 주목이었다. 주목이 관재로 각광을 받은 것은 단순히 잘 썩지 않고 재질이 좋기 때문만은 아니다. 이름에서 알 수 있듯이 목재의 색깔이 붉기 때문인데, 여기에 주술적인 벽사辟邪 신앙이 반영돼 잡귀를 쫓고 영원한 생명을 얻도록 염원했던 것으로 짐작된다.

주목의 수꽃. 이른 봄에 피는 주목의 꽃은 크기가 작고 생깔도 연한 황색이어서 눈에 잘 띄지 않는다. 2012년 4월 27일 충남 당진시 아미산에서 촬영.

주목 열매. 앵두를 닮은 화려한 색깔의 열매는 산새에게 먹혀서 자손을 멀리 퍼뜨려보자는 주목의 속셈을 드러낸다. 2011년 10월 9일 경기도 여주군 해여림식물원에서 촬영.

붉은색 과실은 달콤하지만 많이 먹으면 위험
항암물질 파클리탁셀 추출로 세계의 이목 집중

가을에 접어들면 주목의 암나무에 콩알만한 크기의 열매가 맺혀 눈길을 끈다. 투명하고 붉은 가종피는 앵두를 닮았다. 작은 단지처럼 속이 뚫린 가종피 안에는 흑갈색 종자가 한 개씩 들어 있다. 다른 식물들이 씨앗을 열매 안에 숨겨놓는 것과 달리 일부분을 밖으로 드러내놓은 독특한 모양새다. 가종피는 맛이 달콤해 동물들이 즐겨 먹는다. 눈에 띄게 화려한 색깔을 자랑하는 열매는 산새에게 먹혀서 자손을 멀리 퍼뜨려보자는 주목의 속셈을 드러낸다. 새들에게 가종피를 먹이로 내어줌으로써 생존을 이어갈 수 있는 것이다.

주목은 한약재로도 각광을 받는다. 열매는 사하, 진해에 사용한다. 잎과 줄기는 이뇨, 통경제로 썼다. 잎은 생으로 태우거나 말려서 신장병이나 위장병을 다스리는 데 이용했다. 과실은 맛이 달콤하지만 독성이 조

태백산의 주목. '살아 천년, 죽어 천년'이라는 별칭을 얻고 있는 주목은 장수의 상징이자 고난을 이기는 불굴의 의지를 가장 잘 표현하는 식물이다. 2004년 10월 3일 강원도 태백시 태백산에서 촬영.

셰익스피어의 희곡 『햄릿』에서 클라디우스가 왕위를 빼앗기 위해 선잠이 든 형의 귀에 독약을 부어넣는데, 이 독약이 유럽주목의 씨로 만든 것이라고 한다. (삽화 출처 『Hamlet, Prince of Denmark—Tales from Shakespeare』(1807))

금 있어 많이 먹으면 설사를 할 우려가 있다. 실제 유럽에서는 잎을 구충제로 사용했는데, 가끔 중독을 일으켰다고 한다. 특히 종자는 유독하기 때문에 그대로 먹으면 열이 몹시 나고 피부질환이 발생한다. 너무 많이 섭취하면 죽을 수도 있다. 팔레스타인 북부 지방에서는 화살촉에 주목의 독을 발라 사냥하는 데 사용했다고 알려진다. 셰익스피어의 희곡 『햄릿』에서는 클라디우스가 왕위를 빼앗기 위해 선잠이 든 형의 귀에 독약을 부어넣는데, 이 독약이 유럽주목의 씨로 만든 것이라고 한다.

그런가 하면 잎에도 독성이 있다. 유럽에서는 소들이 교회 묘지의 조경수를 뜯어먹지 못하도록 주목을 옮겨 심었다고 전해진다. 주목의 잎

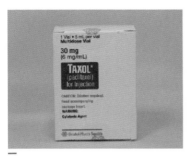
주목 탁솔. 주목은 유방암과 자궁암 치료에 유용한 항암제인 파클리탁셀을 함유하고 있다. 2012년 10월 17일 서울시 서울아산병원에서 촬영.

에 함유된 독성물질은 알칼로이드인 탁신으로, 이 물질에 중독되면 혈압이 떨어지고 심장이 정지될 수 있다.

미국 북서부 지역 아메리카 인디언들이 오래전부터 태평양주목*Taxus brevifokia*의 껍질을 염증 치료제로 사용했다. 그런데 이 나무는 유방암과 자궁암 치료에 유용한 항암제인 파클리탁셀paclitaxel, 상품명 탁솔 Taxol을 함유해 주목을 받고 있다. 하지만 주목 두 그루에서 껍질을 채취해야 겨우 암 환자 한 명을 치료할 정도의 약물을 추출할 수 있을 뿐이어서 주목의 수량이 턱없이 부족한 실정이다. 100년 정도 성숙한 주목 세 그루 정도에서 채취한 껍질에서 파클리탁셀 약 1그램을 얻을 수 있다. 게다가 파클리탁셀을 약으로 사용할 때는 그보다 두 배 정도가 필요하다고 한다.

이 문제를 풀기 위해 파클리탁셀을 합성하거나 이를 대체할 수 있는 또다른 자원을 찾는 노력이 계속되고 있다. 세포배양이나 미생물과 효소를 이용해 탁솔의 수율을 증대시키는 연구도 한창이다. 최근에는 파클리탁셀과 거의 유사한 화학적 구조를 가진 물질이 유럽주목*T. baccata*의 가시에서 발견됐다. 이 물질의 항암 능력은 파클리탁셀보다 강력하다. 더욱이 나무를 죽이지 않고도 얻을 수 있는데다 약물로도 쉽게 전환할 수 있다. 유럽주목이 태평양주목에 비해 훨씬 빠른 속도로 자라는 것도 장점이다.

회솔나무 열매. 주로 울릉도에서 자라는 회솔나무는 잎이 주목에 비해 약간 넓고 긴 것이 특징으로, 9월에 홍색으로 익는 열매를 먹을 수 있다. 2002년 8월 1일 경북 울릉도에서 촬영.

주목은 자라는 속도가 늦어서 나이가 70~80년이 돼도 키가 10미터 이하이고 줄기의 지름도 20센티미터를 넘지 못한다. 하지만 이런 특성이 나무의 재질을 단단하게 해 최고의 재목으로 쓰인다고 할 수 있다. 또 느리지만 꾸준한 성장도 천년을 넘게 생명을 이어오는 원동력이 된다. 고산지대에서 온갖 풍상을 다 겪어낸 오랜 주목일수록 파클리탁셀의 검출량이 많은 것으로 분석되는 점도 눈길을 끈다. 이렇게 보면 주목이 공해에 강한 점도 결코 우연으로 보이지 않는다.

학명에는 어떤 뜻이?

주목의 속명 'Taxus'는 그리스어 'taxos(주목)'에서 유래했다. '활'이란 뜻도 있다. 종소명 'cuspidata'는 '갑자기 뾰족해진'이란 뜻이다. 꽃말은 '비애' '죽음' '명예'다.

비슷한 식물(동속 식물)

주목속*Taxus*에는 주목과 함께 회솔나무, 설악눈주목이 있다. 중부 이북과 울릉도에 자라는 회솔나무는 잎의 너비가 3~4.5밀리미터로 주목보다 넓다. 설악눈주목은 주목이 곧게 자라는 데 비해 원줄기가 옆으로 길고, 가지에서 뿌리가 발달한다. 억센 바람이 부는 산꼭대기에서 자라던 주목이 오랜 세월 환경에 적응해 새로운 종으로 태어난 것으로 여겨진다.

첫 겨울산행의 아픈 추억

2003년 1월 초, 온 세상이 새하얗도록 눈이 쌓인 소백산 주목 군락지를 찾을 기회가 생겼다. 한 월간지에 생태기행을 주제로 삼아 아름다운 우리 강산의 들풀에 대한 글을 매달 실었는데, 이번에는 수백 년간 비바람과 눈보라에 맞서 견뎌온 주목의 장엄한 모습을 독자에게 소개하고 싶었다. 고산지대에서 온갖 풍상을 겪은 주목일수록 항암물질인 파클리탁셀(탁솔)을 많이 함유하고 있다니 기대가 컸다.

그러나 야생화가 핀 전국의 명산을 수없이 오르내렸는데도 본격적인 겨울산행은 이때가 처음이었다는 것이 문제였다. 칼바람이 부는 겨울 소백산에 오르려면 아이젠과 마스크를 동원해 온몸을 진공상태로 만들어야 한다. 그렇지만 멋모르는 초보자는 아무런 준비도 없이 카메라만 들쳐메고 등산을 시작했다. 다행히 아무런 탈 없이 환상적인 주목의 눈꽃을 필름에 담을 수 있었다.

그러나 겨울산행 초보자의 순간적인 방심이 큰 화를 불렀다. 눈이 없는 맨땅을 무심코 밟는 순간 미끄러져 넘어지면서 다리가 부러진 것이다. 아이젠이 없어 눈이 쌓인 곳에서는 미끄러지지 않기 위해 한껏 긴장하며 걸었는데, 잠시 긴장의 끈을 놓고 디딘 맨땅이 사실 투명한 빙판이었던 것이다.

전화가 걸리지 않는 지역이라 당장 119의 도움을 받을 수도 없었다. 하지만 길에서 만난 등산객들이 탄력붕대와 스틱을 건네주고 옆에서 부축해줬기에 무사히 치료를 받을 수 있었다. 지금도 산행을 준비할 때면 그날 만났던 소백산 주목의 상고대와 쪽빛 하늘, 부상의 아픈 기억이 또렷하게 떠오른다.

철쭉

학명_ *Rhododendron schlippenbachii* Maxim.(진달랫과)
다른 이름(이명)_ 철쭉나무, 함박꽃, 개꽃나무, 철쭉꽃, 참철쭉
영명_ Royal Azalea
일명_ クロフネツツジ
특징_ 낙엽활엽관목 높이 2~5m
개화_ 4~5월(연분홍색, 지름 5~8cm)
결실_ 10월(갈색, 길이 1.5cm)
분포_ 표고 100~2000m 산야
주요 독성물질_ 그라야노톡신(grayanotoxin, GTX)

먹을 수 없는 꽃이어서 '개꽃'이라는 별명

흔히 진달래를 '참꽃'이라 하고 철쭉을 '개꽃'이라 한다. '개'는 동물 개만을 뜻하는 것이 아니다. 참된 것이나 좋은 것이 아니라는 뜻의 앞가지(접두사)로, 꿈, 소리, 떡 앞에 쓰이기도 한다. 그러니까 참꽃에 대한 반대 개념이 '개꽃'이다. '참꽃'과 '개꽃'은 먹을 수 있느냐 없느냐를 나타내기도 한다. 그래서 진달래를 포함해 먹을 수 있는 꽃들을 '참꽃'이라 부른다.

남부 지방에서는 철쭉을 '색이 연한 진달래' 혹은 '진달래에 연이어서 핀다'는 뜻으로 '연달래'라고도 부른다. 원래 철쭉은 중국 이름 척촉躑躅에서 유래했다. '척' 자나 '촉' 자 모두 머뭇거린다는 뜻이다. 즉 오도 가도 못하고 어찌할 바를 몰라서 당황하는 상황을 묘사한 것이다. 양이 이 나

무의 꽃을 먹으면 죽기 때문에 겁
을 내어 제자리걸음한다는 뜻에
서 양척촉羊躑躅이라 했던 것이, 시
간이 지나면서 철쭉꽃이라는 이
름으로 변했다고도 한다. 『본초강
목』을 보면, 양척촉에는 강한 독
이 있어서 양이 그 잎을 먹으면 발
로 땅을 치며 죽는다고 했다.

지리산 바래봉은 원래 숲이 울창했지만 면양목장
을 운영하면서 양들이 철쭉만 남기고 다른 잡목과
풀을 모두 먹어버리는 바람에 자연스럽게 철쭉 군
락이 형성됐다고 한다. 바래봉에 군락을 이룬 식
물은 철쭉이 아니라 산철쭉이다.

철쭉의 또다른 이름인 산객山客

은 독성물질에 취해버린 나그네를 뜻한다. 하지만 가던 길을 못 가고 걸
음을 멈추게 할 정도로 아름답다는 것을 에둘러 표현한 뜻이란 해석도
있다.

철쭉꽃 명소를 대표하는 지리산 바래봉은 원래 숲이 울창했지만 1971
년 시범 면양목장을 설치해 운영하면서 면양을 방목하자, 양들이 철쭉만
남기고 다른 잡목과 풀을 모두 먹어버리는 바람에 자연스럽게 철쭉 군락
이 형성됐다. 사실 바래봉에 군락을 이룬 식물은 철쭉이 아니라 산철쭉
이다.

그런데 조선후기 실학자 서유구는 『임원경제지林園經濟志』에서 철쭉이 유
독해 양이 먹으면 죽기 때문에 척촉이라 한다지만 소아들이 그 꽃을 따
먹더라도 중독되는 예가 없다며, 양에게 중독을 일으키는 것이 맞는지
의심스러워했다.

그러나 이 말을 곧이곧대로 믿다간 큰코다치기 십상이다. 민간에서는

철쭉 꽃. '참꽃'과 '개꽃'은 그것을 먹을 수 있고 없음을 나타내기도 한다. 진달래뿐만 아니라 먹을 수 있는 다른 꽃들을 '참꽃'이라 부른다. 남부 지방에서는 철쭉을 '색이 연한 진달래' 혹은 '진달래에 연이어서 핀다'는 뜻으로 '연달래'라고도 한다. 2011년 5월 1일 서울시 홍릉수목원에서 촬영.

진달래 꽃. 흔히 진달래를 '참꽃'이라 하고 철쭉을 '개꽃'이라 한다. '개'는 참된 것이나 좋은 것이 아니라는 뜻의 접두사이다. 즉 '개꽃'은 '참꽃'의 반대 개념이다. 2010년 3월 24일 경기도 성남시 분당중앙공원에서 촬영.

철쭉의 독성을 이용해 꽃을 변소에 넣어 구더기를 없애는 데도 썼다. 목이 마르다며 철쭉꽃을 무더기로 따먹은 후 구토, 복부통증 및 의식변화로 병원을 찾은 사례도 더러 있다. 철쭉과 달리 먹어도 괜찮다는 진달래를 먹은 뒤에도 중독돼 병원신세를 지기도 하니 철쭉은 더 말할 것도 없다.

화전놀이에 쓰는 진달래도 조심해야
네팔 등지 석청에도 그라야노톡신 함유

철쭉을 위시한 진달랫과 식물은 투구꽃에 포함된 아코니틴과 특성이 비슷한 그라야노톡신을 함유하고 있다. GTX는 신경독 및 심장독성이 특징인데 세포막의 나트륨에 대한 투과성을 증가시켜 심장세포의 재분극을 억제하고, 탈분극 상태로 유지한다. 이로 인해 심혈관계 이상으로 서맥과 저혈압이 발생하며, 고농도에서는 부정맥을 유발한다. 나트륨 채널에 작용하는 약물을 복용하고 있는 사람이 GTX에 중독되면 증상이 더욱 심해질 수 있으므로 응급처치를 할 때 반드시 병력을 확인해야 한다.

진달래꽃은 독이 없고 천식과 고혈압에 좋다고 해서 봄이 되면 화전놀이에 쓰인다. 이백과 두보가 진달래로 술을 담가 마셨다는 이야기도 전해진다. 진달래꽃을 원료로 하는 충남 당진의 면천 두견주는 중요무형문화재이기도 하다. 그러나 철쭉꽃과 마찬가지로 진달래꽃에도 GTX가 들어 있어 이 꽃에 민감한 사람은 조심해야 한다. 철쭉이 독이 있다는 사실은 이미 널리 알려져 있지만 진달래꽃은 식용에 적극적이기 때문에 오히

진달래꽃은 술을 담그는 재료로 많이 쓴다. 이백과 두보가 진달래로 술을 담가 마셨다는 이야기도 전해진다. 진달래꽃을 원료로 하는 충남 당진의 면천 두견주는 중요무형문화재이다. 2011년 9월 12일 충남 당진시 죽동리에서 촬영.

진달래 화전. 진달래꽃은 독이 없고 천식과 고혈압에 좋다고 해서 봄이 되면 화전놀이에 이용된다. 그러나 독성분이 없다는 믿음과 달리 진달래꽃에도 독소가 있으므로 조심해야 한다.

려 중독사고가 더 많이 발생한다. 진달래꽃으로 만든 술이나 음식을 먹은 후 토하거나 가슴이 답답하면 채취한 진달래꽃 속에 철쭉이 포함됐을 것으로 믿는 이들이 더러 있지만 실상은 그렇지 않다. 이는 진달래는 독성분이 없다는 잘못된 믿음일 따름이다.

진달래속의 늘푸른나무인 만병초^{萬病草}는 예전부터 해열, 이뇨, 복통, 심부전, 당뇨, 신경통, 무좀, 피부 질환 등 각종 질환에 만병통치약으로 사용한 민간약이다. 그런데 이를 복용하다 탈이 나는 경우도 종종 발생한다. 역시 GTX의 영향 때문이다. 같은 상록수이면서 유독식물인 굴거리나무와 외형이 비슷해 혼동하는 경우도 있다.

최근에는 터키, 티베트, 네팔 등지에서 생산된 석청을 현지에서 직접, 또는 인터넷 사이트를 통해 구입해 복용한 후 중독되는 경우가 종종 벌어진다. 석청은 고산지대의 바위틈에서 얻을 수 있는 잡꿀이다. 주로 진

굴거리나무 잎(좌), 만병초 꽃(우). 만병초는 예전부터 만병통치약으로 사용됐던 민간약재이지만 독소를 함유하고 있어 탈이 나는 경우도 있다. 또한 같은 상록수이면서 유독식물인 굴거리나무와 외형이 비슷해 혼동하기도 한다. 굴거리나무는 2011년 10월 7일 서울시 창경궁에서, 만병초는 2010년 4월 21일 경북 포항시 기청산식물원에서 촬영.

석청. 최근 터키, 티베트, 네팔 등지에서 생산된 석청을 구입해 복용한 뒤 중독되는 경우가 종종 벌어진다. 석청은 주로 진달랫과 식물에서 생산되기 때문에 독소를 포함하고 있다. 반복적으로 복용하면 신장 기능과 간 기능 장애를 가져올 수 있다.

달랫과 식물에서 생산되기 때문에 GTX를 포함하고 있어 반복적으로 복용하면 신장 기능과 간 기능 장애를 가져올 수 있다. 현재 네팔에서 생산되는 석청은 GTX가 포함돼 수입과 유통이 금지된 상태이다. 달콤한 꿀이라도 잘못 섭취하면 오히려 건강을 해칠 수 있으니 국내에 정식 수입돼 유통되는 벌꿀을 고르는 혜안이 필요하다.

학명에는 어떤 뜻이?

철쭉의 속명 'Rhododendron'은 그리스어 'rhodon(장미, 붉다)'과 'dendron(수목)'의 합성어로, '적색 꽃이 피는 나무'라는 뜻이다. 처음에는 협죽도의 이름이었다고 한다. 종소명 'schlippenbachii'는 1854년에 한국식물을 처음으로 수집한 독일 해군 제독의 이름 슐리펜바흐[B. A. Schlippenbach]에서 비롯된 것이다. 꽃말은 '정열'과 '조심스러움'이다.

철쭉, 진달래, 산철쭉, 영산홍 구별하기

진달래속[Rhododendron]을 이름만으로 분류하면 진달래(진달래, 꼬리진달래, 반들진달래, 산진달래, 털진달래, 한라산진달래, 흰진달래), 철쭉(철쭉, 산철쭉, 만첩산철쭉, 황철쭉, 흰산철쭉), 참꽃(참꽃나무, 담자리참꽃, 좀참꽃, 한라산참꽃나무, 흰참꽃나무, 흰황산참꽃), 만병초(만병초, 노랑만병초, 홍만병초), 영산홍, 황산차 등이 있다.

진달래는 꽃이 피고 난 다음에 잎이 나오기 때문에 꽃과 잎을 같이 볼 수 있는 철쭉과는 쉽게 구분할 수 있다. 꽃 색깔도 차이를 보여 철쭉꽃은 흰빛에 가깝다고 할 정도로 연한 분홍빛으로 꽃잎에 검은 점이 있다. 반면 진달래는 꽃잎에 점이 없다.

진달래의 잎은 갸름하지만 철쭉은 달걀처럼 둥글다. 철쭉은 꽃봉오리가 끈적끈적한 느낌이 있다. 산진달래는 잎이 늘 푸르고 작으며 끝이 둔한 것이 진달래와 다르며, 참꽃나무는 철쭉과 비교해 암술대에 털이 없고 잎이 마름모꼴로서 철쭉의 네다섯 개에 비해 적은 두세 개씩 모여 달린다. 산철쭉은 전체적으로 진달래와 비슷하게 생겼지만, 잎이 난 후에

산철쭉. 산철쭉은 진달래와 비슷한 모양이지만 잎이 난 후에 꽃이 피며, 꽃잎의 반점도 선명하다. 2013년 5월 4일 서울시 종로구 창경궁에서 촬영.

영산홍. 화려한 꽃을 자랑하는 영산홍은 품종이 많기 때문에 전문가들조차 산철쭉과 구별하는 데 어려움을 겪는다. 2011년 5월 14일 경기도 성남시 신구대학교 식물원에서 촬영.

꽃이 피고 꽃잎에 반점이 선명하다. 영산홍은 모양새가 산철쭉과 비슷한 품종이 많아 서로 구분하기가 거의 불가능하다. 그래서 좁은 잎사귀에 진달래처럼 생긴 꽃이 피는 자그마한 나무가 산에 자라면 산철쭉, 정원에 심어진 것은 영산홍으로 아는 수밖에 없다.

식물독소는 어느 부분에 많을까?

식물이 지닌 독소는 일반적으로 뿌리, 열매와 씨앗, 수액 등과 같이 특정 부위에 한정된 것으로 알려지고 있다. 두메닥나무나 붓순나무 등은 유독물질이 주로 열매에 집중돼 있으며, 양귀비도 덜 익은 열매에서 아편과 모르핀을 추출한다. 벚나무속의 살구, 매실, 복숭아와 나팔꽃, 피마자 등은 씨앗에 다량의 독소를 함유한다. 벚나무속 식물은 씨앗뿐만 아니라 덜 익은 과실, 잎에도 독성이 있다. 뿌리를 먹으면 위험한 식물로는 할미꽃, 투구꽃 등이 있다. 천남성속의 반하와 천남성, 수선화속의 석산과 수선화는 땅속 저장기관인 구경을 특히 조심해야 한다.

그런가 하면 등대풀을 비롯한 대극과 식물과 옻나무는 유액 속에 유독성분을 숨기고 있다. 하지만 유독물질이 이들 특정부위에 한정되어 있다고 단정하기에는 무리가 있다. 식물이 독소를 함유한 부위나 양은 종류와 성장 과정에 따라 다양하게 나타나기 때문이다. 때로는 토양과 기후와 같은 지역적인 특성에 영향을 받는다.

대황과 담배 등은 독소가 상대적으로 잎에 많이 들어 있다. 감자는 빛을 받아 파랗게 변한 껍질과 싹이 특히 위험하다. 투구꽃은 뿌리뿐만 아니라 화분이나 꽃에도 유독성분이 있어 벌꿀을 먹고 중독되기도 한다. 진달래, 철쭉나무의 꽃에서 채취한 꿀도 조심해야 한다. 쐐기풀이나 토마토는 가시털에서 독소를 발견할 수 있다.

식물의 독성물질 분포를 아는 것은 식용에 의한 중독사고를 줄이는 방법이 될 수 있다. 하지만 대부분 정확하게 파악하기 어려운데다가 식물 전체에 고루 분포하는 경우도 많아 실제 섭취할 때는 큰 도움이 되지 못한다는 점을 명심해야 한다.

팥꽃나무

학명_ *Daphne genkwa* Siebold & Zucc.(팥꽃나뭇과)
다른 이름(이명)_ 팟꽃나무, 니팝나무, 넓은이팝나무, 이팝나무, 넓은잎이팝나무, 넓은잎팥꽃나무
영명_ Lilac daphne
일명_ チョウジザクラ
특징_ 낙엽활엽관목, 높이 1m
개화_ 3~5월(연한 자홍색, 길이 7~17mm)
결실_ 7월(흰색, 길이 7~8mm)
분포_ 평남에서 전남에 이르는 해안가
주요 독성물질_ 유안화핀(yuanhuafin) 등

조기 산란기에 피는 보라색 꽃 '조기꽃나무'

꽃은 자손을 번식시키기 위한 도구로서 열매와 함께 중요한 역할을 담당한다. 곤충을 유인하기 위해 고운 빛깔로 치장을 하고, 이성의 모습처럼 꾸며 속이며, 향기를 내뿜어 유혹하기도 한다.

곤충뿐만 아니라 인간에게도 꽃은 아름다움의 대명사로, 예로부터 남녀노소의 사랑을 받고 있다. 지금은 농업의 과학화와 영농기술 발달로 중요성이 줄어들었지만 농부들에게 꽃은 농사 시기를 가늠하는 척도였다. "수박은 살구꽃 필 때 심는다"라든가 "조팝나무 꽃필 때 콩 심어야 한다"와 같은 속담이 이를 반영한다. 또 무궁화나 백일홍에 대해 "꽃이 피기 시작해 백일 뒤면 서리가 내린다"라거나 "참나무에 새순 나면 장마 진

팥꽃나무는 이른 봄 화려한 보라색 꽃을
피운다. 이때쯤이면 조기가 산란지를 찾아
북상하기 때문에 조기를 부르는 나무라 해
서 '조기꽃나무'로 알려져 있다. 2011년 5월
12일 경기도 용인시 한택식물원에서 촬영.

다"는 것도 꽃이 피는 시기가 농사 시기를 결정하는 바로미터임을 여실
히 보여준다.

　팥꽃나무는 어민들에게 소소한 어업 지표를 제공했다. 이른 봄 아직
잎이 나오기 전에 가지를 덮을 정도로 많은 꽃을 피우는데 이때쯤이면
조기가 산란지를 찾아 북상한다. 그래서 조기를 부르는 나무라는 뜻에서
'조기꽃나무'로 불린다. 마을에 심어진 팥꽃나무가 꽃망울을 터뜨릴 때
어민들은 고기를 잡을 채비를 하느라 분주해진다.

　팥꽃나무라는 이름은 꽃의 색깔이 팥과 비슷한데다 개화 시기와 팥을
심는 시기가 일치한 데서 유래했다. 연한 분홍빛을 띤 보라색 꽃은 화려
함의 극치다. 꽃 빛깔이 특별한데다 꽃이 피는 기간도 길고 나무의 크기
도 작아 요즘에는 화단에 심기 좋은 관상식물로서 각광을 받고 있다.

팥꽃나무 열매. 팥꽃나무는 독성물질을 함유하고 있어 중독되면 메스꺼움과 구토 증상이 나타난다. 극심한 설사와 복통도 수반하는데, 심하면 경련과 호흡억제로 사망에 이른다. 2012년 5월 26일 경기도 성남시 신구대학교 식물원에서 촬영.

팥꽃나무는 가지에 흰 밥알 같은 열매가 붙는다 해서 '이팝나무'라고도 부른다. 그러나 물푸레나뭇과로 큰 키를 자랑하는 이팝나무는 따로 있다. 요즘 조경수로 많이 심고 있는 이팝나무는 흰 꽃의 모양이 꼭 밥알을 닮았다.

팥꽃나무는 거수去水, 패화敗花, 적화赤花로도 불린다. 한방에서는 원화芫花라고 해서 이른 봄 꽃봉오리를 따서 햇볕에 말려 약재로 쓴다. 기침이 날 때 약으로 쓰거나, 진통작용과 항경련작용이 있어 치통을 완화하는 데도 사용된다. 소변과 대변이 잘 통하지 않는 증상에도 효능을 발휘하는데, 일정 농도에서는 쥐와 개에게 이뇨작용을 나타내지만 농도가 높아

지면 소변 방출을 감소시키는 정반대 작용을 한다. 팥꽃나무는 또 원형 탈모증, 옴, 피부가려움증 같은 증상에 외용하거나 말라리아 치료, 회충 구제에도 사용한다.

낙태 유도물질 유안화핀 등 함유
민간에서 약재로 쓰는 것은 삼가야

팥꽃나무는 독성이 강하므로 민간에서 약재로 쓰는 것은 절대로 삼가 야 한다. 팥꽃나무에 중독되면 메스꺼움과 구토 증상이 나타난다. 극심 한 설사와 복통도 수반하는데, 중독이 심하면 경련과 호흡억제로 사망에 이르기도 한다. 원래는 자궁 수축을 촉진하는 작용을 하지만, 임신 초기에 사용하면 태아에 독성을 나타내며 유산을 일으키기도 한다. 중국에서는 팥꽃나무를 임신한 여성의 질이나 양수에 직접 주사해 낙태를 유발하는 데 사용했다고 한다.

실제 팥꽃나무에는 유안화핀, 유안화틴^{yuanhuatin}, 유안화딘^{yuanhuadin}, 유안화신^{yuanhuacin} 등의 유독성분이 있다. 이들 성분은 강한 세포독성과 피부염증을 일으키는 것은 물론 원숭이에게 낙태를 유발하는 것으로 보고됐다. 유안화신은 자궁 내 탈락막의 염증과 괴사를 일으키고, 자궁을 수축하고 이완하는 작용을 하는 효소 프로스타글란딘^{prostaglandin}의 합성과 방출을 증가시켜 낙태를 유도하는 것으로 알려진다.

임진왜란 때 조선의 여인들이 원치 않은 왜인의 씨를 잉태하기도 했다. 전쟁이 끝난 후 이들 여인들이 자의든 타의든 팥꽃나무 꽃을 복용해 목숨을 끊는 일이 많았다고 한다. 그래서 나라에서는 지방 관리를 통해 팥꽃나무를 모두 베어버리도록 했다. 화려한 아름다움의 이면에 역사적 아픔을 간직한 꽃이랄 수 있다.

팥꽃나무에는 또 쿠마린 성분도 들어 있다. 간과 신장을 손상시키며, 암을 유발할 수 있는 물질로 알려져 있다. 쥐에 대한 독성을 응용해 쥐약으로도 사용했다. 쿠마린은 식물을 추수하거나 가공할 때 생기는 식물조직 손상으로 활성화되는 효소에 의해 가수분해로 생성되는데, 혈액응고에 관여하는 비타민 K의 효과를 저해해 피의 응고를 막아 조그마한 상처에도 심각한 내출혈을 유발하는 것으로 알려져 있다.

1955년 영국 포츠머스에서는 열아홉 살 난 엄마가 5개월 된 아이를 살해하는 사건이 벌어졌다. 이 엄마는 아이가 팥꽃나무속(서향속)에 속하는 관목 열매를 먹고 중독된 것 같다고 해명했다. 실제 그녀의 집 뜰에는 팥꽃나무속 식물이 심어져 있었으며, 아이의 목에서도 이 열매의 껍질로 보이는 빨간 물질이 검출됐다. 그러나 조사 결과 빨간 물질은 제이차세계대전 후 살인이나 자살 목적으로 많이 이용하던 수면제 '세코날Seconal' 캡슐이었다. 이 여인은 팥꽃나무속 식물에 독이 있다는 정보를 미리 알았기 때문에 이렇게 둘러댔던 것이다. 생활고에 시달린 어린 엄마의 짧은 생각이 빚어낸 비극이었다.

학명에는 어떤 뜻이?

팥꽃나무의 속명 *'Daphne'*는 그리스신화에 나온 여신의 이름에서 월계수의 이름으로 전용된 것이며, 잎의 모양이 비슷하기 때문에 팥꽃나무속의 이름으로 다시 바뀌었다. 종명 *'genkwa'*는 한자 이름 '원화'에 대한 일본 발음이다.

비슷한 식물(동속 식물)

우리나라에 서식하는 팥꽃나무속*Daphne* 식물은 팥꽃나무와 함께 두메닥나무, 서향, 백서향이 있다. 주로 남쪽 지역에서 자라는 서향은 흔히 천리향으로 불리며, 두메닥나무는 고산지대에 서식하는 희귀식물로, 붉은색 열매가 먹음직스럽게 달리지만 독성이 있어 함부로 따먹으면 위험하다.

팥꽃나무 꽃. 봄철에 여러 개의 꽃들이 모여서 피기 때문에 보라색 꽃방망이를 연상하게 된다. 2011년 5월 14일 경기도 성남시 신구대학교 식물원에서 촬영.

두메닥나무 열매. 두메닥나무는 고산지대에 서식하는 희귀식물로, 붉은색 열매가 먹음직스럽게 달리지만 독성이 있어서 함부로 따먹으면 위험하다. 2011년 7월 6일 강원도 평창군 한국자생식물원에서 촬영.

백서향 꽃(좌), 서향 꽃(우). 우리나라에 서식하는 팥꽃나무속 식물에는 팥꽃나무와 함께 두메닥나무, 서향, 백서향이 있다. 주로 남쪽 지역에서 자라는 서향은 흔히 천리향으로 불린다. 서향은 보라색 꽃이, 백서향은 흰 꽃이 핀다. 백서향은 2011년 4월 17일 경기도 용인시 한택식물원에서, 서향은 2011년 3월 26일 대구시 대구수목원에서 촬영.

협죽도

학명_ *Nerium indicum* Mill.(협죽도과)
다른 이름(이명)_ 류선화, 유도화
영명_ Common Oleander, Rosebay
일명_ キョウチクトウ
특징_ 상록활엽관목(늘푸른떨기나무), 높이 3m
개화_ 7~10월(적색, 분홍색, 직경 3~4cm)
결실_ 9~11월(갈색, 길이 10cm)
분포_ 인도 원산, 제주도 및 남부 재배
주요 독성물질_ 올레안드린(oleandrin) 등

아기가 있는 집에서는 키우면 안 된다?

늘푸른떨기나무인 협죽도는 인도가 원산지이다. 내륙지방에서는 화분이나 화단에 심기 때문에 흔히 볼 수 있는 식물은 아니다. 하지만 연중 기온이 따뜻한 남해안과 제주도에서는 협죽도를 쉽게 접할 수 있다. 한여름 더위에도 아랑곳하지 않고 뙤약볕 아래 무리지어 핀 협죽도 꽃은 장관을 이룬다. 스페인을 비롯한 지중해 연안과 중남미에는 정원수 또는 가로수로 식재된 협죽도가 무성해 터널을 이룬다고 하는데, 제주도의 협죽도 가로수도 그에 견줄 만하다. 특히 제주시 구좌읍 동김녕리에서 만장굴 입구까지 이어지는 만장굴 진입로는 협죽도 꽃길이라 불릴 만큼 유명하다.

협죽도는 인도가 원산지로 내륙지방에서는 흔히 볼 수 있는 식물이 아니지만 기온이 따뜻한 남해안과 제주도에서는 쉽게 접할 수 있다. 한여름 뙤약볕 아래 무리지어 핀 협죽도 꽃은 장관을 연출한다. 2009년 11월 12일 제주도 신라호텔에서 촬영.

협죽도의 가지는 유도화柳桃花란 이름에서도 알 수 있듯이 유연성이 뛰어나다. 분에 심은 상태에서 가지를 마음대로 휘고 구부릴 수 있어 여러 가지 모양을 만들 수 있을 뿐만 아니라 번식도 쉽다. 그래서 오래전부터 분재 애호가들에게 사랑을 받아왔다. 제주도를 비롯한 남부 지역에서는 협죽도를 울타리나 정원수로 심기도 한다.

협죽도라는 이름은 잎이 대나무竹처럼 좁고夾, 꽃은 복사꽃桃花처럼 붉다 해서 붙여졌다. 또한 잎 모양이 버들잎 같아서 유엽도柳葉桃나 유도화라 일컬어지기도 한다. 꽃 피는 기간이 길어 반년홍半年紅이라는 별명도 있다.

빈센트 반 고흐의 〈협죽도 가지를 꽂은 마졸리카풍의 도자기(Majolica Jar with Branches of Oleander)〉. 협죽도의 꽃은 장미에 비견될 정도로 화려하다. 고대 그리스에서는 협죽도를 '장미의 나무'로 불렀다. 프랑스와 영국에서는 '장미의 월계수'라고 지칭했다.

고대 그리스에서는 협죽도를 '장미의 나무'로 생각했으며, 프랑스와 영국에서는 '장미의 월계수'라고 부른다. 스페인에서는 협죽도를 '성 요셉의 꽃'으로 신성하게 여기기도 했다. 이탈리아에서는 이 꽃을 장례식에 쓰고 있으며, 원산지인 인도에서는 부처님 앞에 올리거나 죽은 사람의 얼굴을 가리는 꽃으로 이용한다.

중국 사람들은 협죽도를 유난히 좋아한다. 집집마다 뜰에 협죽도를 심고 그 사이에 어항을 마련해 금붕어를 키우는 풍습이 있다. 또한 소녀들은 재스민 꽃과 함께 붉은빛 협죽도 꽃을 머리에 꽂았다.

협죽도는 약용으로도 쓰인다. 중국에서는 협죽도를 정신질환 치료에

협죽도 꽃. 협죽도는 독성과 관련된 일화가 많이 전해진다. 프랑스군이 스페인에 진주했을 때 병사들이 이 나무로 고기를 굽다가 일부가 사망했다고도 한다. 일본에서도 세이난 전쟁 때 협죽도 가지를 젓가락으로 사용하다가 중독됐다는 일화가 있다. 2011년 10월 9일 서울시 구의동에서 촬영.

사용하고, 이뇨제와 살충제로도 썼다. 잎을 따서 차로 만들어 마시기도 했다.

그러나 복사꽃처럼 아리따운 빛깔과는 어울리지 않게 강한 독성을 지니고 있어 조심해야 한다. "아기가 있는 집에서는 키우지 마라" "나무젓가락으로는 사용하지 마라"는 등의 속설이 있는데, 꽃, 잎, 씨앗뿐만 아니라 줄기에도 독성이 있는 것으로 알려져 있다. 협죽도에 중독되면 치명적일 수 있다. 옛날에는 잎과 연한 가지를 으깨 즙을 짜서 사약의 원료로 썼을 정도였다. 그래서 꽃말도 '주의' '위험'이다.

프랑스군이 스페인에 진주했을 때 병사들이 이 나무로 고기를 굽다가 일부는 죽고 일부는 중태에 빠졌었다는 이야기도 전해진다. 또 일본의 세이난 전쟁西南之役 때 관의 병사들이 이 나무의 가지로 젓가락을 만들어 사용한 뒤 중독됐다고도 한다. 우리나라에서도 제주도에서 관광을 즐기던 대학생들이 협죽도 가지를 꺾어서 식사를 하거나, 껍질 벗긴 가지에 고기를 꿰어 불에 구워먹고 사망한 일이 있다고 한다.

우리나라의 한 중학생이 집에서 재배하던 협죽도 화분을 갈아주던 중 꽃잎이 날려 입안으로 들어와 이를 섭취한 후 구역, 구토, 어지럼 증상을 보여 응급의료센터에 내원한 사례도 있다. 자살할 목적으로 협죽도를 먹은 뒤 구역질, 구토, 서맥을 보이며 의식 상태가 악화되고 난치성 부정맥이 발생해 사망했다는 보고도 있다. 1980년 10월 일본 지바 현에서는 협죽도 잎을 먹은 20마리의 젖소 중 9마리가 사망하기도 했다.

제주도에 협죽도가 온 사연은
강심배당체 올레안드린 함유

협죽도에 포함된 올레안드린은 디기탈리스와 유사한 강심작용을 한다. 이 물질에서 가장 흔히 나타나는 부작용은 오심, 구토 및 설사다. 사지마비, 호흡촉박, 체온 및 혈압강하, 부정맥, 동공산대, 혼수, 경련 같은 증상도 나타나며 결국에는 심장마비로 사망한다.

의약품으로서 사용되는 스트로판틴도 협죽도과 식물에 함유된 강심배당체다. 열대지방에서는 동물을 사냥할 때 이 물질을 화살촉에 묻혀 사용했다. 텔레비전 드라마 〈선덕여왕〉에서는 신라 화랑들이 협죽도를 태

협죽도 잎. 협죽도는 잎이 대나무처럼 좁고, 꽃은 복사꽃처럼 붉다고 해서 붙여진 이름이다. 잎 모양이 버들잎 같아서 유엽도나 유도화라 일컬어지기도 한다. 2011년 10월 7일 서울시 종로구 짚풀생활사박물관에서 촬영.

운 연기로 백제군을 퇴치하는 장면이 나오기도 했다.

제주도에 협죽도가 가로수로 식재된 데는 다음과 같은 이야기가 전한다. 어느 해 인도를 방문한 대통령이 길가에 흔하게 핀 협죽도 꽃을 보고 몇 번씩이나 아름답다는 찬사를 보냈다. 이에 수행비서는 협죽도를 우리나라의 가로수로 심으라는 지시로 착각해 묘목을 들여왔다. 그 이후 협죽도가 제주도의 대표적인 가로수로 명성을 얻게 됐다고 한다.

그런데 지금은 협죽도에 독성이 있다는 이야기가 퍼지면서 다른 식물로 바뀌고 있다고 한다. 하지만 독성이 있다는 이유만으로 제거하는 것만이 능사가 아니라는 반발도 크다. 협죽도는 화단을 꾸미는 관상식물로 많이 애용되며, 집안에서 화분으로도 키우기 때문이다. 가끔 중독사고도

TV 드라마 〈선덕여왕〉의 포스터와 한 장면. 열대지방에서는 협죽도 추출액을 화살촉에 묻혀 동물을 사냥했다. 〈선덕여왕〉에서는 신라 화랑들이 협죽도를 태운 연기로 백제군을 퇴치하는 장면이 나온다.

발생하지만 "아기가 있는 집에서는 키우지 마라"는 정도의 주의를 주면 되는 수준에 그치니, 매우 위험하다고 볼 수는 없다.

과거 꽃가루를 날린다고 해서 전국적으로 버드나무를 베어낸 적이 있다. 천안의 명물 능수버들도 예외가 아니었다. 그러나 버드나무에서 날리는 것은 꽃가루도 아니었고 호흡기질환과도 상관이 없는 것으로 밝혀지면서 지나친 처사였음이 드러났다. 사실관계조차 제대로 파악하지 못한 행정 편의적 접근이 빚어낸 촌극이었다. 관리에 힘을 들이기보다는 불씨의 싹까지 아예 제거해버림으로써 문제를 해결하려는 어리석음이 되풀이되지 않도록 주의해야 할 것이다.

학명에는 어떤 뜻이?

협죽도의 속명 'Nerium'은 그리스어의 'neros(습기)'에서 유래한 라틴어 이름이다. 협죽도는 습지에서 잘 자란다. 종소명 '*indica, indicus, indicum*'는 '인도(산)의'라는 의미다. 협죽도는 대나무의 잎과 비슷하다는 뜻이 있고, 협죽도의 다른 이름인 유도화, 유엽도는 잎이 마치 복사나무와 버들잎처럼 갸름하다고 해서 붙었다. 영국에서는 '주의' '위험'을 의미하지만 프랑스에서는 유독한 것에 무관심하기 때문에 '미'와 '선량'의 상징이라고 한다.

비슷한 식물(동속 식물)

협죽도속*Nerium*에는 협죽도를 비롯해 꽃이 많은 만첩협죽도, 꽃이 연한 황색인 노랑협죽도, 꽃이 흰색인 흰협죽도 등의 품종이 있다.

3부

약초가 되는 독초

미치광이풀

학명_ *Scopolia japonica* Maxim.(가짓과)
다른 이름(이명)_ 미치광이, 미친풀, 광대작약, 초우성, 낭탕, 독뿌리풀
일명_ チョウセンハシリドコロ
특징_ 여러해살이풀, 30~60cm
개화_ 4~5월(자줏빛이 도는 노란색, 길이 1.5~2cm)
결실_ 5월(갈색, 지름 1cm)
분포_ 강원, 경기, 전북 지역의 계곡
주요 독성물질_ 스코폴라민, 아트로핀 등

'악마의 사과'로 불리는 뿌리를 가진 미치게 하는 식물

손짓 발짓 다 해가며 설명을 해도 떠올리기 어려운 식물이 있는가 하면, 아무런 설명도 없이 이름만 들려줬을 뿐인데 쉽게 각인되는 녀석들이 있다. 애기똥풀과 피나물이 그렇다. 이름만으로도 잎이나 줄기를 잘랐을 때 각각 노란색과 붉은색 즙이 나온다는 사실을 예상할 수 있다. 생강나무나 오이풀, 끈끈이주걱도 마찬가지다. 생강나무와 오이풀은 줄기나 잎에서 생강과 오이 냄새가 날 것 같고, 끈끈이주걱은 끈끈한 주걱처럼 생긴 잎이 떠오른다.

미치광이풀도 예외가 아니다. 이름을 듣는 순간 "아! 먹으면 미치게 만드는 모양이구나!" 하고 단박에 눈치챌 수 있다. 실제로 미치광이풀은 맹

미치광이풀. 미치광이풀은 나물처럼 생긴 잎새와 연약한 줄기, 작고 예쁜 자줏빛 꽃을 달고 있지만, 뿌리줄기는 '악마의 사과'로 불릴 정도로 독성이 강하다. 2011년 4월 9일 서울시 홍릉수목원에서 촬영.

미치광이풀 열매. 미치광이풀에 함유된 스코폴라민은 많은 양을 사용할 경우 판단력을 떨어뜨린다. 이 때문에 과거 마녀들이 자백제로 사용했다고 한다. 2012년 5월 11일 경기도 남양주시 운길산에서 촬영.

독이 있어서 잘못 먹으면 미친 사람처럼 행동을 하거나 인사불성이 되어서 붙은 이름이다. 다른 이름인 미친풀이나 독뿌리풀에서도 미치광이풀의 특성이 그대로 드러난다.

어떤 책에서는 미치광이풀을 개별꽃이라고도 부른다고 이야기한다. 하지만 이는 거꾸로 된 설명이다. 석죽과의 개별꽃을 미치광이풀이라고도 부른다고 해야 맞다. 한 식물학자는 미치광이풀을 '미치광이'로 표기해 이 둘을 구분하려 시도하기도 했다.

미치광이풀은 깊은 숲속에 무리지어 자라는 여러해살이풀이다. 4월경에 나팔 모양을 한 자주색 꽃이 핀다. 뿌리줄기는 한방에서 낭탕근이라고 해서 신경통을 완화하고 경련을 누그러뜨리는 약으로 사용했다. 알코올의존증에 따른 수전증을 제거하고, 종기를 가라앉히며, 옴이나 버짐에도 효과가 있다.

미치광이풀은 겉으로는 나물처럼 생긴 잎새와 연약한 줄기, 작고 예쁜

미치광이풀 꽃. 미치광이풀은 그 이름에서 알 수 있듯이 잘못 먹으면 미친 사람처럼 행동하거나 인사불성이 될 수 있다. 다른 이름 '미친풀'이나 '독뿌리풀'에서도 미치광이풀의 독성을 추론할 수 있다. 2010년 4월 11일 경기도 포천시 광덕산에서 촬영.

미치광이풀 뿌리줄기. 먹음직스럽고 퉁퉁한 모양의 미치광이풀 뿌리줄기를 마나 우엉으로 오인해 이를 먹고 중독사하는 일이 종종 발생한다. 2012년 5월 11일 경기도 남양주시 운길산에서 촬영.

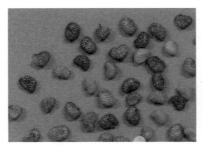

미치광이풀 씨앗. 미치광이풀은 한방에서 신경통 등의 통증을 완화하고 경련을 누그러뜨리는 약으로 사용했다. 옴이나 버짐에도 효과가 있다고 알려져 있다.

자줏빛 꽃을 달고 있지만 이 식물의 뿌리줄기는 '악마의 사과'로 불릴 정도로 독성이 강하다. 중국 한나라 때 장중경張仲景이 저술한 의서 『금궤요략金匱要略』에는 미치광이풀이 "잎은 둥글고 광택이 나며, 독이 있어 먹으면 사람을 미치게 한다"고 나와 있다.

미치광이풀은 강한 독성이 있지만, 생김새가 산나물과 닮아서 싹이나 뿌리줄기를 먹고 탈이 났다는 이야기를 주위에서 어렵지 않게 접할 수 있다. 2007년 4월에는 한 산악회원 10여 명이 경북 영천 보현산에 등산을 갔다가 미치광이풀을 천궁으로 잘못 알고 쌈으로 먹은 뒤 눈동자가 풀리면서 발작을 일으켜 3일이나 병원 치료를 받았다. 2006년에는 50대 여성이 미치광이풀을 당개지치라 생각해 날로 먹은 후 복통과 함께 의식장애, 환각, 이상행동을 보여 입원했다. 일본에서는 뿌리줄기를 마(산약)로 착각해서 먹고 중독사한 일이 발생하기도 했다. 또 1996년 12월, 경기도 안양에서 미치광이풀이 들어간 한약을 복용한 후 집단으로 약물중독을 일으킨 사고도 일어났다. 한약방 주인은 경동시장의 한약 도매상에서 창출(삽주) 200그램을 구입했는데, 약재 속에 창출과 구별하기 힘든 미치광이풀 뿌리줄기가 섞여 있었다. 한약을 다루는 도매상과 한약사도 이 같은 사실을 눈치채지 못했던 것이다.

귀밑에 붙이는 멀미방지 약재로도 유명
동공을 확대시켜서 안과시술에도 사용

미치광이풀이 독성을 나타내는 이유는 아트로핀과 함께 스코폴라민이라는 알칼로이드가 들어 있기 때문이다. 스코폴라민(히오신)은 미치광이풀을 비롯해 가짓과에 속하는 사리풀과 독말풀의 종자나 잎에 들어 있다. 이것은 부교감신경억제제, 진통제, 진정제로 사용한다.

스코폴라민은 특히 멀미방지약으로 유명하다. 멀미는 속귀의 전정기관이 평소에 익숙하지 않은 차, 배, 비행기 등의 운송수단의 움직임에 자극을 받고, 이 자극이 전정신경을 통해 중추에 전달돼 오심, 구토, 어지럼증을 보이는 현상이다. 그런데 스코폴라민은 전정기관의 흥분을 억제하는 효과를 띤다. 그래서 소량을 천천히 피부로 흡수시키는 패치 형태 제제로 만들어 시중에 판매된다. 하지만 동공이 커지고 타액 분비가 억제되는 부작용이 있어, 패치 제품을 만진 손으로 눈을 비비면 동공이 확장돼 초점이 안 맞거나 뿌옇게 보일 수 있다.

스코폴라민은 많은 양을 사용하면 판단력을 흐리기 때문에 과거 마녀들이 자백제로 사용했다고 한다. 자각능력이 떨어져 환각에 사로잡히면 정상적인 상태보다 비밀을 말하기 쉬운 점을 이용한 것이다.

그러나 이를 과량 복용하면 호흡부전이 일어나 목숨이 위태로울 수도

미치광이풀에 함유된 아트로핀과 스코폴라민은 동공을 확장시켜 눈을 아름답게 보이게 한다. 하지만 부작용으로 눈에 장애가 남는 경우도 적지 않아 지금은 사용하지 않는다.

스코폴라민은 전정기관의 흥분을 억제하는 효과를 가지고 있어 멀미방지약으로 쓴다. 소량을 서서히 지속적으로 피부로 흡수시키는 패치형 제제가 시중에 판매된다.

있다. 독재자 히틀러가 이 스코폴라민을 사용해 반항세력을 처치했다는 이야기가 전해지며, 러시아의 정치가인 스탈린 또한 이 독약에 살해됐다는 설도 있다.

아트로핀과 스코폴라민은 부교감신경의 활동을 억제하고, 동공 주위의 평활근을 이완시켜 동공을 확장시킴으로써 눈을 아름답게 보이게 한다. 이 때문에 과거 서양에서는 벨라도나라는 식물에 주목했다. 벨라도나는 미치광이풀과 마찬가지로 환각이나 착란 증상을 일으킬 뿐만 아니라 독살에 이용된 식물로 유명하다. 벨라도나는 '아름다운 부인'이라는 이름을 갖고 있다. 이는 르네상스 시대 귀부인들 사이에서 눈을 크고 맑게 보이도록 하기 위해 벨라도나 즙액을 넣는 것이 유행한 데서 비롯되었다. 여배우들이나 모델들이 환한 조명을 견디기 위해 즐겨 사용하기도 했다. 하지만 한번 커진 동공은 좀처럼 원상태로 돌아오지 않고 부작용이 생기면 눈에 장애가 남는 경우도 적지 않다. 그래서 지금은 사용하지 않는다.

　일본에서는 벨라도나를 의학적인 치료에 이용하는데, 이 방법을 일본에 처음 소개한 사람은 독일 의사 필리프 프란츠 폰 지볼트Philipp Franz von Siebold다. 그는 에도시대 말기에 일본에서 벨라도나를 써서 동공을 확대시킨 뒤 안과 수술을 실시했다. 그러나 일본으로 가져오는 벨라도나의 양에는 한계가 있었다. 일본인 의사로부터 안과 수술을 위해 벨라도나를 나눠달라는 부탁을 받은 지볼트는 일본에도 벨라도나와 같은 풀이 있다며 미치광이풀을 소개했다. 공교롭게도 둘은 전혀 다른 식물이지만 다행히 비슷한 효과를 나타냈다. 지볼트의 착각 덕분에 안과 치료에 미치광이풀을 이용할 수 있는 길이 열린 것이다.

헷갈리면 위험해요

　다른 식물인 줄 알고 미치광이풀을 먹고 사고가 난 경우가 빈번하게 보고된다. 무엇보다 미치광이풀을 당개지치로 잘못 아는 경우가 있다. 그러나 미치광이풀은 잎자루마다 꽃대가 나오는 데 비해, 당개지치는 정상 부분에 모여 난 5~7개의 잎 쪽에서 꽃대가 올라온다. 당개지치는 잎에 잔털이 있어 비교적 쉽게 구분할 수 있다. 또 미치광이풀의 뿌리줄기는 삽주(창출이나 백출)의 뿌리줄기, 마의 뿌리와 생김새가 비슷하다. 하지만 자세히 보면 미치광이풀의 뿌리줄기는 괴상으로 불규칙하게 뻗어 있다. 말린 뿌리는 형태가 좀더 비슷하지만 지상부의 식물 자체는 많이 다르다.

당개지치. 미치광이풀을 당개지치로 오인해 섭취한 후 의식장애, 환각, 이상행동이 발현돼 입원한 사례가 있다. 당개지치는 줄기 하나에 여러 개의 잎이 모여 나는 특성이 있어 미치광이풀과 구별할 수 있다. 2009년 5월 3일 강원도 횡성군 청태산에서 촬영.

천궁 잎. 미치광이풀을 천궁으로 오인해 먹은 뒤에 중독을 일으킨 사례가 있지만 천궁과 미치광이풀의 유사점을 찾기는 어렵다. 식물 중독사고의 상당수는 식물에 대한 기초적인 지식이 없기 때문에 발생한다. 2011년 7월 1일 서울시 홍릉수목원에서 촬영.

우엉뿌리. 미치광이풀의 뿌리줄기는 울퉁불퉁하기 때문에 매끈하고 쭉 뻗은 우엉 뿌리나 매끈하면서도 통통한 마와 외형상 구별된다.

삽주 꽃. 삽주의 뿌리는 미치광이풀의 뿌리줄기와 생김새가 비슷하지만 땅 위의 지상부는 전혀 다른 모습이다. 2010년 9월 25일 경기도 남양주시 축령산에서 촬영.

학명에는 어떤 뜻이?

미치광이풀의 속명 'Scopolia'는 18세기 오스트리아 파비아 대학교의 식물학자 조반니 스코폴리G. A. Scopoli의 이름에서 유래했다. 종소명 'japonensis, japonica, japonicus'는 '일본산'이라는 뜻이다.

비슷한 식물(동속 식물)

미치광이풀과 비슷한 식물로 노랑미치광이풀이 있다. 노랑미치광이풀은 꽃이 노란색으로, 경기도 광덕산에 분포한다.

약과 독은 지킬 박사와 하이드

약은 병이나 상처를 치료하기 위한 물질이다. 반면 독은 인간의 생명과 건강을 위협하는 물질이다. 그래서 약은 안전하고 이로우며, 독은 위험하며 해롭다고 생각하기 쉽다. 그러나 약과 독은 둘 다 생물 활성에 영향을 미치는 물질이다. 서로 대립되는 별개 존재가 아니라 본질적으로 같은 것이다.

특정한 종류의 물질이 약과 독으로 명확하게 구분되는 것이 아니다. 똑같은 화학물질이 어떨 때는 약이 되고, 어떨 때는 독이 될 수 있다. 둘이 다른 것은 단지 양의 차이일 뿐이다. 즉 맹독물질이라도 양을 더하거나 줄임으로써 약이 되고, 약으로 쓰이는 물질도 일정량을 초과하면 생명을 위협하는 독이 된다.

일찍이 스위스의 약학자였던 파라셀수스(Philippus Aureolus Paracelsus)는 "모든 약은 독이다. 용량이 문제일 뿐 독성이 없는 약물은 없다"라고 했으며, 옛날 그리스인들 또한 "양이 독을 만든다"라고 했다.

영어로 독(poison)과 마시는 약(potion)은 모두 마신다(potio)는 라틴어에 어원을 두고 있다. 독일어의 독(Gift)과 투약량(Gabe)이 같은 말에서 파생된 것도 우연이 아니다. 이처럼 아주 작은 양으로 인체에 해를 끼칠 수 있는 약을 뜻하는 '독약'에서도 '독'과 '약'이 다른 존재가 아니라는 사실을 알 수 있다.

겨우살이

학명_ *Viscum album* var. *coloratum* (Kom.) Ohwi(겨우살잇과)
다른 이름(이명)_ 겨우사리, 붉은열매겨우사리
영명_ Mistletoe
일명_ ヤドリキ
특징_ 기생성 상록낙엽소관목, 높이 40~100cm. 자웅이주
개화_ 2~4월(노란색)
결실_ 10~12월(연한 노란색, 지름 6mm)
분포_ 전국 자생
주요 독성물질_ 렉틴(lectin)

참나무에 깃든 신이 겨울에 옮겨사는 집

추위가 매서울수록 이파리 하나 없이 앙상한 가지 위에 까치집처럼 둥지를 튼 겨우살이의 푸른색 형체가 더욱 돋보인다. 다른 나무의 줄기와 가지에 뿌리를 박고 영양분을 빨아먹으며 기생하는 겨우살이에게 보금자리를 제공하는 식물은 참나무나 오리나무, 단풍나무, 팽나무, 뽕나무, 자작나무 같은 종류다. 유럽에서는 사과나무에도 기생한다.

겨우살이란 이름은 겨울을 푸르게 지낸다는 뜻의 '겨울살이'가 변한 데서 비롯됐다고도 하며, 겨우겨우 살아간다는 뜻에서 유래됐다고도 한다. 기생하는 나무라는 뜻으로 '기생목寄生木', 겨울에도 얼지 않고 푸른 데서 '동청冬靑'이라는 이름도 갖고 있다. 또 더부살이꾼이라 해서 우목寓木, 나

까치 둥지 모양의 겨우살이. 겨우살이란 이름은 겨울을 푸르게 지내므로 겨울살이가 변한 데서 비롯됐다고도 하며, 겨우겨우 살아간다는 뜻에서 유래됐다고도 한다. 나뭇가지에 둥지를 튼 모양의 겨우살이는 새가 앉아 있는 것 같기 때문에 새나무라고도 한다. 2010년 4월 15일 경남 합천군 해인사에서 촬영.

뭇가지에 새가 앉아 있는 것 같다 해서 새나무烏蘿木라고도 한다.

가을에 콩알 크기만한 둥근 노란색 열매가 익으면 까치나 산비둘기가 그 열매를 먹고 다른 나뭇가지에 배변하면서 씨를 퍼뜨린다. 씨앗이 끈적끈적해서 나무 위에 착 달라붙을 수 있다. 이 같은 특성을 활용해 겨우살이의 열매를 나무에 붙여 새를 잡는 끈끈이의 원료로 이용했다.

겨우살이는 다른 나무에 기생해서 영양분을 빼앗는 고약한 존재이다. 하지만 아이러니하게도 사람들로부터는 불사신의 상징으로, 또 하늘이 내린 신령스러운 나무로 숭앙을 받는다. 고대 유럽 북쪽 지방에 살던 드루이드교도는 섣달에 참나무에 붙은 겨우살이를 채집하는 의식을 치렀다. 겨우살이가 참나무에 깃든 신이 겨울에 옮겨사는 집이라고 생각했

나무 위 겨우살이. 항암제로서 겨우살이의 효과에 많은 기대를 하고 있지만 미국 국립보건원은 암 치료뿐만 아니라 어떤 치료에도 겨우살이가 효과가 있다는 내용을 승인한 적이 없다고 지적한다. 2010년 4월 15일 경남 합천군 해인사에서 촬영.

겨우살이 열매. 가을에 콩알 크기의 둥근 노란색 열매가 익으면 까치나 산비둘기 같은 새들이 그 열매를 먹고 다른 나뭇가지에 배변하면서 씨를 퍼뜨린다. 씨앗이 끈적끈적하기 때문에 나무 위에서 잘 떨어지지 않는다. 2011년 10월 2일 강원도 평창군 한국자생식물원에서 촬영.

왕버들에 기생하는 겨우살이. 겨우살이는 동서양에서 모두 만병통치약으로 명성을 떨쳤다. 이름 있는 의사들까지 겨우살이를 환자에게 간질병약으로 권할 정도였다. 2011년 8월 25일 경북 안동시 도산서원에서 촬영.

크리스마스나 새해에 겨우살이를 문 위에 걸어놓는 것은 유럽과 북미의 오래된 풍습이다. 서로에게 호감이 있는 남녀가 이 문 앞에서 키스를 하는 것은 결혼의 약속으로 해석됐다. 2010년 4월 15일 경남 합천군 해인사에서 촬영.

기 때문이다. 의식을 치르는 날이면 흰옷을 입은 사제가 황금 낫으로 겨우살이를 잘라내고 그 나무 아래에서 거세하지 않은 어린 수소를 제물로 바쳤다.

북유럽에서는 겨우살이가 천둥번개 때문에 생겨나는 식물이라고 믿어 화마로부터 사람들을 보호해주고 벼락을 물리치는 효력이 있다고 여겼다. 우리나라도 평남 지방에서는 밤나무에 기생하는 겨우살이를 제거하면 신이 노해 동네에 큰 화재가 일어난다는 전설이 있다. 또 아프리카에서는 겨우살이가 부상을 입지 않도록 도와준다며 전쟁에 나설 때 부적으로 몸에 지녔다.

크리스마스나 새해에 겨우살이를 문 위에 걸어놓고 그 밑에서 키스를 하는 것은 유럽과 북미의 오래된 풍습이다. 서로에게 호감이 있는 남녀

드루이드교도는 겨우살이가 참나무에 깃든 신이 겨울에 옮겨사는 집이라고 생각했다. 그래서 섣달에 참나무에 생긴 겨우살이를 채집하는 의식을 치렀다. 이날 흰옷을 입은 사제가 황금 낫으로 겨우살이를 잘라내고, 어린 수소를 제물로 바쳤다. 그림은 앙리 폴 모트(Henri Paul Motte)의 〈보름달 아래 겨우살이를 자르는 드루이드교도들Druids Cutting the Mistletoe on the Sixth Day of the Moon〉의 부분.

가 겨우살이가 걸린 문 앞에서 키스를 하면 결혼해서 행복하고 장수할 수 있다는 것이다. 이 같은 풍습은 노르웨이의 신화에서 비롯된 것으로 알려진다. 신화에서는 평화의 신인 발드르Baldr가 겨우살이로 만든 화살에 죽음을 당하는데, 그의 부모인 신의 왕 오딘Odin과 여왕인 프리그Frigg가 그를 살려놓은 후 겨우살이를 사랑의 여왕에게 바쳤다. 그리고 "겨우살이 밑을 지나는 사람은 누구라도 키스를 받아야 한다"라고 선포한 것이 그런 풍습의 기원이 되었다. 한편 이 풍습이 두 적군이 겨우살이 아래에서 마주치면 그날 하루는 싸움을 하지 않았던 과거 잉글랜드의 풍습에서 비롯됐다고도 전한다. 그 습속이 오늘날까지 전해져 우정과 친선을 의미하는 상징으로 자리잡았다는 이야기다.

동서양을 막론하고 만병통치약으로 활약

항암제로 쓰이지만 부작용 발생의 우려도

겨우살이는 동서양에서 만병통치약으로 명성을 떨쳤다. 드루이드교도들은 사제가 황금 낫으로 떼어낸 겨우살이를 담근 물로 모든 병을 치료할 수 있다고 믿었다. 그래서 이 물을 '옴니아 사난스^{Omnia sanans}'라는 이름으로 불렀다. '옴니아'는 모든 것을 의미하며 '사난스'는 치료한다는 뜻이 담겨 있다. 겨우살이를 뜻하는 프랑스어의 'gui' 또한 치료한다는 뜻이 들어 있다.

겨우살이가 만병통치약으로 지목된 것은 나뭇잎이 떨어져 모든 나무가 죽은 듯 황량한 겨울철에도 꿋꿋하게 생동감 넘치는 푸른빛을 발산하는 까닭이다. 그래서 끈질긴 생명력과 영원한 부활을 상징한다.

동양에서는 뽕나무에 사는 겨우살이를 상기생桑寄生이라 해서 귀한 약재로 친다. 그러나 뽕나무에 기생하는 겨우살이는 어떤 종류의 겨우살이인지 정확히 알 수 없어 여러 종이 혼용되어 쓰인다.

독일에서는 겨우살이 한 조각을 어린이의 목에 목걸이로 걸어줘 간질병 발작을 막았다고 한다. 또 사람들은 겨우살이가 눈을 밝게 해줄 뿐만 아니라 머리털과 치아가 단단히 나도록 도와준다고 믿었다. 우리나라의 서북부 지방에서는 전염병이 돌면 문밖에 겨우살이를 매달아놓아서 역신을 쫓았다.

이탈리아 여인들은 겨우살이를 몸에 지니면 임신을 할 수 있다고 생각했다. 일본 아이누족 사이에서도 겨우살이가 아이를 낳게 해준다는 믿음이 있었다. 우리나라에서도 과거에 아이를 못 낳는 여인은 겨우살이를 달여먹으면서 자손을 잇게 해달라고 빌었다. 아마 겨우살이 열매즙이 정자처럼 끈끈하기 때문에 그렇게 믿었던 것으로 추측된다. 그래서 새끼를 못 낳는 가축에게 겨우살이를 먹이기도 했다.

겨우살이는 만병통치약이라는 이름에 걸맞게 유럽에서 수세기에 걸쳐 간질, 두통, 폐경증후군, 관절염, 류머티즘 같은 질병을 치료하는 목적으로 사용했다. 물론 오늘날까지도 고혈압 치료는 물론 심장을 강화하고 신경계를 조절하는 데 쓰고 있다. 18세기까지는 영국이나 네덜란드의 의학 분야 권위자들이 참나무에 기생하는 겨우살이를 간질병약으로 권할 정도였다. 지금도 겨우살이 상품이 다양한 브랜드명으로 만들어져 판매되고 있다.

겨우살이 추출액을 발효시킨 이스카도르Iscador는 60년 이상 암 치료용으로 사용됐다. 이스카도르는 세포 독성과 면역체계 자극효과라는 두 가지 기전을 사용해 암에 대항한다고 알려져 있다. 또한 동물실험을 통해 방사선치료 같은 항암치료의 부작용을 감소시킨다는 보고도 나왔다.

그러나 겨우살이는 독성물질을 함유하고 있어 심박동수 저하, 비정상적인 혈압, 구토를 유발하고 심한 경우 사망에 이르게 할 수 있기 때문에 함부로 사용하면 위험하다. 겨우살이에 포함된 독성성분은 렉틴, 비스코톡신viscotoxin, 비스쿠민viscumin, 아세틸콜린 등이다. 이들 물질은 혈압을 떨어뜨리거나 동맥혈관과 심장근육을 수축시키고 위염을 일으킬 수 있다.

특히 렉틴은 항체처럼 적혈구를 뭉치게 하는 작용이 있다. 생리신호 전달을 방해하기 때문에 면역체계에 큰 영향을 끼친다. 렉틴의 독소를 제거하지 않은 채 겨우살이를 다량 섭취하면 소장벽의 흡수 능력이 손상

말린 겨우살이. 겨우살이는 민간에서 다양한 질병에 사용하지만 독성물질을 함유하고 있어 심박동수 저하, 구토 등을 유발할 수 있다.

된다. 그래서 심각한 설사, 복통, 구토를 일으킬 수 있다.

실제 2006년 정품 상기생 400그램을 끓여먹은 여덟 명이 구토와 발작 증세를 일으켜 병원에 입원하는 사고가 발생했다. 또 상기생을 구입한 한 한의사도 약효 실험 차원에서 복용한 것이 화근이 돼 종합병원에서 응급조치를 받기도 했다.

상품화된 겨우살이 추출물을 주사했다가 염증, 두통, 발열, 오한과 알레르기 같은 부작용이 나타나기도 했다. 특히 영국의 연구진은 2006년에 겨우살이 추출물을 투여한 환자에게 암과 비슷한 이상 성장이 나타났다는 사례를 발표했다. 61세의 여성이 유방암을 치료하던 도중 복부에 암과 유사한 종괴가 발생한 것이다. 환자는 림프종을 치료하기 위해 겨우살이 추출물을 피하주사로 투여했다고 실토했는데, 의사들은 이 종괴가 겨우살이 추출물이 만든 염증 때문에 발생했다는 결론을 내렸다. 연구진은 겨우살이가 종괴 유발뿐만 아니라 관절통과 신부전을 비롯한 많은 부작용을 초래할 수 있다고 경고했다.

미국 국립보건원[NIH]도 겨우살이가 항암제로서 가치가 있다는 기존 연구 결과에 오류가 있다고 지적한다. 미국 식품의약국은 겨우살이가 암 치료뿐만 아니라 어떤 치료에도 효과가 있다는 내용을 승인한 적이 없으며, 임상실험용을 제외하고 주사용 겨우살이 추출물을 수입하거나 사용하는 것을 허용하지 않는다고 강조한다.

학명에는 어떤 뜻이?

겨우살이의 속명 '*Viscum*'은 라틴어 'viscum(새 잡는 풀)'에서 유래했다. 열매에 점성이 있기 때문이다. 종소명 '*album*'은 '흰색의'라는 뜻이고, '*coloratum*'은 '물든'이라는 뜻이다.

비슷한 식물(동속 식물)

열매가 적색으로 익는 것을 붉은겨우살이라고 하며, 제주도에서 자란다. 겨우살잇과에는 겨우살이라는 이름이 붙은 참나무겨우살이*Taxillus yadoriki*, 꼬리겨우살이*Loranthus tanakae*, 동백나무겨우살이*Korthalsella japonica* 등이 있다. 하지만 이것들은 겨우살이나 붉은겨우살이와는 속명이 다르다.

더위지기

학명_ *Artemisia gmelini* Weber ex Stechm.(국화과)
다른 이름(이명)_ 흰사철쑥, 부덕쑥, 사철쑥, 산쑥, 생댕쑥, 애기바위쑥, 인진고, 흰더위지기
영명_ Gmelin Wormwood
특징_ 낙엽활엽관목, 높이 1m
개화_ 7~9월(연한 노란색)
결실_ 9~11월(갈색, 지름 1~1.5mm)
분포_ 전국
주요 독성물질_ 투우존(thujone)

고흐 등 예술가를 죽음으로 이끈 '에메랄드 지옥'

영화 〈토털 이클립스Total Eclipse〉는 프랑스 시인 폴 베를렌Paul-Marie Verlaine과 아르튀르 랭보Jean Nicolas Arthur Rimbaud의 동성애를 그린 작품으로 유명하다. 영화에서는 당시 최고의 하이틴 스타였던 리어나도 디캐프리오가 랭보로 분해 녹색 술을 마시는 장면이 나온다. 유리잔에 담긴 탁한 녹색 음료는 19세기 초 프랑스 회화에서도 쉽게 찾아볼 수 있다. 영화와 소설, 그림에 빠짐없이 등장한 이 전설의 술은 당대를 풍미했던 압생트 Absinthe다. 러시아 문호 톨스토이의 소설 『부활』에서 주인공이 즐겨 마신 술이기도 하다.

이 술은 1750년대에 스위스에서 처음 제조돼 19세기 중엽에는 전 유

예술가들이 '녹색 요정' '에메랄드 지옥' 등으로 부르는 압생트를 사랑한 이유는 창조력에 도움이 된다는 믿음 때문이었다. 압생트의 독특한 희석방법도 그들을 매료하는 데 한몫했다.

더위지기는 민간에서 약재로 많이 복용하지만 황달, 간부전증 등 간 기능 이상을 유발하는 것으로 알려져 있다. 2011년 10월 9일 경기도 여주군 해여림식물원에서 촬영.

럽에서 인기를 구가했다. '녹색 요정green fairy' '에메랄드 지옥emerald hell' 등으로 불리는 압생트는 모파상, 고흐, 마네, 고갱, 피카소, 보들레르, 에드거 앨런 포, 오스카 와일드 같은 유명 예술가들의 사랑을 받으면서 명성이 더욱 높아졌다. 압생트 술병의 상표에는 선명한 고흐의 얼굴이 붙어 있기도 하다.

압생트가 예술가들에게 그토록 인기를 얻은 것은 창조력에 도움이 된다는 믿음 때문이었다. 독특한 압생트 희석방법도 그들을 매료하는 데 한몫했다. 먼저 은으로 만든 숟가락을 술잔에 비스듬히 걸친 후 각설탕을 하나 올려놓고 그 위에 압생트를 조금 부은 후에 차 가운 물을 서서히 붓는다. 그러면 각설탕 녹은 물이 녹 색 압생트와 섞여 불투명한 액체가 된다. 이렇게 해서 술의 도수를 희석하고 쓴맛 도 제거하는 셈이다. 화가들 은 흔히 이 절차를 예술 또 는 신성한 종교의식에 비유 했다.

영화 〈토털 이클립스〉의 한 장면. 압생트는 유명한 예술가들의 사랑을 받으면서 명성이 더욱 높아졌다. 프랑스 시인 폴 베를렌과 아르튀르 랭보의 동성애를 그린 이 영화에도 압생트가 등장한다.

19세기 파리에서는 예술가들뿐만 아니라 사무원과 노동자 들까지도 일과 후 카페로 몰려가 늦은 시간까지 압생트를 마시곤 했다. 그래서 늦은 저녁 시간을 '녹색의 시간'이라고 부르기도 했다. 이는 자유로운 삶을 표방하는 보헤미안에게 자유의 상징으로 간주됐다.

그런데 2009년 초 우리나라에 정식 수입됐던 이 압생트가 2010년 초 갑자기 판매 금지를 당했다. 제품의 성분 표기가 '쑥'으로 돼 있어 수입허가를 내줬지만, 표기에 문제가 있었다는 것이다. 제품에는 쑥이 아닌 '쓴쑥'이 현지어로 표시됐는데, 쓴쑥은 장기간 먹으면 중독될 우려가 있어 식품에 사용할 수 없는 원료로 관리된다.

더위지기 꽃. 압생트의 원료인 쓴쑥과 더위지기에는 투우 존이라는 독성물질이 들어 있다. 투우존은 간질과 유사한 발작을 일으키며, 뇌에 손상을 가져와 사망으로 몰고 간다. 2011년 10월 2일 강원도 평창군 한국자생식물원에서 촬영.

사철쑥의 꽃. 한약재 인진쑥은 흔히 사철쑥과 더위지기를 일컫는다. 특히 더위지기는 한인 진이라고 해서 우리나라에서만 통용되는 약 재다. 2011년 7월 17일 서울시 홍릉수목원에서 촬영.

독소 투우존은 발작과 뇌손상 유발 물질
인진쑥으로 복용 후 독성 간염에 걸린 사례도 보고돼

압생트라는 이름은 쓴쑥(향쑥)*Artemisia absinthium*의 라틴명에서 유래했다. 쓴쑥의 줄기와 잎을 잘게 썬 다음 고농도 알코올을 부어 추출한 뒤 추출 액을 다시 증류해 제조한다. 유럽에서는 이 압생트를 식욕부진 증상에 쓰거나 위액 분비 촉진제로 썼다.

문제는 압생트의 원료인 쓴쑥에 함유된 투우존이라는 성분이 독성물 질이라는 점이다. 투우존은 환각을 일으키고 중추신경에 심각한 장애를 동반해 간질과 유사한 발작을 일으킨다. 심하면 뇌에 손상을 가져와 사 망으로 몰고 갈 수 있다.

고흐와 로트레크는 대표적인 중독자였는데, 압생트 중독으로 인한 간질발작으로 목숨을 잃거나 자살한 것이라는 말이 돌기도 했다. 특히 고흐의 그림에서는 후기로 갈수록 시각장애나 알코올의존증, 정신착란의 징후가 발견된다. 압생트가 이 같은 증세에 크게 영향을 끼친 것으로 알려져 있다. 알코올의존증으로 인한 금단현상에 시달리던 고흐는 물감 희석용으로 쓰이는 투르펜틴turpentine을 마시려 한 적도 있다. 투르펜틴에 투우존이 포함됐기 때문이다.

1905년에서 1913년 사이 압생트의 위해성 논란이 일면서 벨기에, 이탈리아, 스위스, 미국은 압생트 판매를 금지하기 시작했다. 더욱이 1915년에 압생트를 만든 한 제조업자가 아내와 아이를 살해하는 사건이 발생하면서 금지령은 유럽 전역으로 확산되었다. 이 때문에 아니스anise, *Pimpinella anisum*라는 약초가 쓴쑥의 자리를 대신 차지했다.

그러나 독일과 영국, 미국의 국제공동연구진은 압생트의 투우존 함유량이 독성을 일으키기에는 충분한 양이 아니라는 결론을 내렸다. 압생트를 사랑한 예술가들이 건강을 잃었던 이유는 압생트의 독성 때문이 아니라 알코올의존증 때문이라는 것이다. 이 같은 연구 결과와 압생트 팬들의 청원에 힘입어 1981년 유럽연합의 전신인 유럽공동체EC가 다시 압생트 합법화 결정을 내렸다. 덕분에 미국에서도 2007년 압생트 판매가 자유로워졌다.

하지만 유럽에서는 투우존 농도를 알코올 25퍼센트 이하의 주류에는 5mg/kg, 일반음료와 식품에서는 0.5mg/kg 이하로 쓰도록 규제하고 있다.

투우존이란 명칭은 처음 검출한 측백나무속*Thuja*에서 유래했는데, 이

것은 다른 식물에도 들어 있다. 우리나라에서 볼 수 있는 여러 종류의 쑥에도 대부분 투우존이 들어 있다. 쑥의 투우존 함량은 4~5월에 수확한 것보다 3월 초에 채취하면 훨씬 더 많다고 한다.

쑥은 동서양을 막론하고 오래전부터 많이 이용된 약초이다. 서양의 앵글로색슨족은 그들의 신 오든Woden이 이 세상에 준 신성한 약초 아홉 가지 중 하나로 여겼다. 고대 로마인들은 오랜 여행에

공재 윤두서의 〈채애도採艾圖〉. 쑥은 봄철 입맛을 돋우는 나물로 사랑받고 있다. 아낙네들이 논이나 밭둑에서 쑥을 뜯는 모습은 농촌의 오랜 풍경이다.

지친 다리를 치료하거나 피로 예방 목적으로 음식에 넣어 먹기도 했다.

고대 의학에서는 쑥이 여성의 생리와 해산을 수월하게 해주는 역할을 했다. 하지만 낙태약으로 쓰일 정도로 독성이 강해서 고대 서양에서는 나방 따위의 벌레를 죽이는 살충제로 이용했다. 'Wormwood'란 영어 이름은 쑥에 들어 있는 성분이 기생충을 없애주는 구충작용을 하기 때문에 붙은 것이다. 그런가 하면 독일어로 쑥은 '묘지 식물'을 뜻하는 'Grabkraut'이다. 이 단어는 과거 쾰른 지방 사람들이 친구 무덤에 벌레가 꼬이는 것을 막기 위해 쓴쑥을 심은 데서 유래했다.

유럽에서는 쑥이 습관성 및 향정신적 작용, 피부염증을 일으킬 수 있다고 해서 장기간 복용하거나 다량으로 사용하는 것을 억제한다. 우리나라에서는 30여 종의 쑥속^{Artemisia} 식물 가운데 인진쑥^{茵蔯蒿}으로 불리는 더위지기와 사철쑥에 의한 중독 사례가 빈번하다.

흔히 한약재 '인진쑥'은 사철쑥$^{A.\ capillaris}$을 일컫는다. 하지만 더위지기도 인진쑥이나 한인진^{韓茵蔯}이라 불리기 때문에 민간에서는 사철쑥과 더위지기를 모두 한약재 '인진쑥'으로 통용한다. 더위지기는 황달, 간부전증 등 간 기능 이상을 유발하는 것으로 알려진다. 실제로 더위지기를 먹고 독성 간염으로 간이식을 받은 환자들의 사례가 보고되기도 했다. 동국대 경주병원에서는 1997년 4월부터 2001년 3월까지 급성 간 손상으로 입원한 환자 150명을 분석했는데 그중 세 명이 인진쑥을 섭취한 까닭에 피해를 입었다고 한다.

학명에는 어떤 뜻이?

더위지기의 속명 '*Artemisia*'는 그리스신화에 나오는 여신 '아르테미스^{Artemis}'에서 유래했다. 이는 부인병에 효과가 있다는 사실과 관련이 있다. 종소명 '*gmelini*'은 독일의 분류학자 이름 그멜린$^{K.\ C.\ Gmelin}$에서 유래했다.

비슷한 식물(동속 식물)

쑥속^{Artemisia}에는 쑥, 참쑥, 물쑥을 비롯해 약 37종의 식물이 있다. 더위지기를 제외하고는 모두 쑥이라는 이름이 들어간다. 한약에서 인진은 사철쑥을 일컫는다. 더위지기는 인진과 동일한 목적으로 한국에서 많이 사용하고 있기 때문에 한인진이라는 품목이 새로 만들어졌다.

대나무와 바나나는 풀일까, 나무일까?

중국 진(晉)나라의 대개(戴凱)는 『죽보竹譜』에서 대나무를 풀도 아니고 나무도 아니라고 말했다. 고산(孤山) 윤선도도 「오우가五友歌」에서 "나무도 아닌 것이 풀도 아닌 것이 곧기는 어찌 그리 곧고 속은 어이 비었는가"라며 대나무의 정체성에 의문을 품었다. 그렇다면 이렇듯 사람들을 헷갈리게 만드는 대나무는 풀일까, 나무일까?

나무와 풀을 결정짓는 가장 큰 차이는 부피생장 여부다. 나무는 줄기의 겉껍질과 목질부 사이에 부름켜(형성층)가 있어서 점점 굵어지고 나이테도 생겨난다. 그러나 대나무는 형성층이 없기 때문에 부피생장이 일어나지 않는다. 굵은 대나무는 처음부터 죽순이 굵은 상태로 올라온 다음 길이생장만 한다. 따라서 대나무는 나무라기보다는 풀에 가깝다고 할 수 있다.

흔히 겨울에 지상부의 줄기가 살아서 계속 자라는 것을 나무의 특징으로 지목하기도 한다. 그러나 이는 사계절이 뚜렷한 지역에서나 들어맞는 내용이다. 열대지방에서 자라는 바나나와 야자나무는 대나무처럼 형성층이 없기 때문에 풀로 간주한다.

그런데 된장풀, 조희풀, 린네풀은 풀이라는 이름을 갖고 있지만 실제로는 나무다. 골담초, 죽절초, 만병초, 낭아초 역시 풀을 의미하는 '초(草)'자가 들어가지만 풀이 아닌 나무다. 북한에서는 죽절초를 죽절나무라고 부른다.

애기똥풀

학명_ *Chelidonium majus* var. *asiaticum* (Hara) Ohwi(양귀비과)
다른 이름(이명)_ 까치다리, 젖풀, 씨아똥
영명_ Asian Celandine
일명_ クサノオウ
특징_ 두해살이풀, 높이 30~80cm
개화_ 5~8월(노란색, 지름 2cm)
결실_ 9월(갈색, 길이 3~4cm)
분포_ 전국 각지
주요 독성물질_ 켈리도닌(chelidonine)

줄기와 잎을 뜯으면 나오는 '애기똥'색 유액

애기똥풀은 장소와 계절을 가리지 않고 전국 어디에서나 쉽게 볼 수 있다. 그만큼 생명력이 강한 식물이다. 집 주변 작은 도랑이나 개천, 도로변 하천, 숲속 가장자리와 계곡이 모두 애기똥풀의 서식지다.

높이는 30~80센티미터 정도로 5월부터 8월까지 노란색 꽃을 피우니 꽃 피는 계절이 따로 없다고 말해도 무방하다. 분백색 줄기는 속이 비어 있으며, 잎의 앞면은 녹색이지만 뒷면은 흰색을 띤다.

줄기나 잎을 뜯으면 노란색 유액이 나오기 때문에 애기똥풀이란 이름이 붙었다. 지방에 따라 애기똥풀을 까치다리, 젖풀이라고도 부른다. 애기똥풀의 고유한 색을 염색에 이용하기도 한다. 애기똥풀을 따서 바로

애기똥풀 군락. 한방에서 애기똥풀은 백굴채라는 생약명으로 부르며, 꽃과 줄기와 잎을 모두 진통제로 썼다. 민간에서는 잎과 줄기를 짓이겨서 무좀이나 버짐, 습진, 옴을 치료할 때 사용했다. 벌레에 물렸을 때도 잎을 찧어 발랐다. 2011년 5월 22일 서울시 홍릉수목원에서 촬영.

애기똥풀 꽃. 애기똥풀은 전국 어디에서나 쉽게 볼 수 있는 생명력 강한 식물이다. 5월부터 8월까지 장소를 가리지 않고 노란색 꽃을 피우니 화기가 따로 없다고 해도 무방하다. 2011년 5월 12일 경기도 고양시 아름식물원에서 촬영.

염색하면 노란색이 나오고, 하루 이상 지나서 염색하면 연두색을 얻을 수 있다.

한방에서는 애기똥풀을 백굴채白屈菜라는 생약명으로 부르며 꽃과 줄기와 잎을 모두 진통제로 썼다. 담즙 흐름을 자극해 담낭을 씻어주는 역할을 하기 때문에 담석을 제거할 때 쓰기도 했다. 위장관 경련, 황달에도 이용했다.

민간에서는 잎과 줄기를 짓이겨서 무좀이나 버짐, 습진, 옴에 사용했다. 바르면 몹시 쓰리지만 효과는 확실하다. 뱀이나 벌레에 물렸을 때도 잎을 찧어 발랐다. 감염을 치료하기 위해 피부에 바르는 연고나 파스 같은 외용약으로 사용하기도 한다.

애기똥풀은 지방에 따라서는 연한 순을 삶아 우려낸 뒤 나물로 먹는다. 또 간장질환 치료를 위해 애기똥풀을 그늘에 말려두고 달여 차처럼 마시기도 한다. 중국에서는 구황식물로 이용했다고 전해진다. 하지만 독성이 강해 애기똥풀을 함부로 먹으면 위궤양을 일으킬 수 있고, 심하면 혼수상태에까지 이른다. 과거에는 유액을 극약으로 썼다고 한다.

독성이 강해 급성 간염 사례도 발생

배추, 유채꽃과 유사해 아이들이 특히 조심해야

애기똥풀은 임상적으로 1그램 이상 복용하면 현기증, 두통, 오심, 구토가 일어날 수 있으며 부정맥, 서맥, 고혈압이 나타나기도 한다. 위장관계나 담도계 치료를 위해 애기똥풀을 복용했다가 급성 간염에 걸린 사례도 있다.

애기똥풀의 학명 중 속명 '*Chelidonium*'은 그리스어 'chelidon(제비)'에서 나왔다. 새끼 제비는 막 태어났을 때는 눈을 뜨지 못하는데 어미가 애기똥풀 즙으로 어린 제비의 눈을 씻어서 눈을 뜨게 한다는 데서 비롯됐다. 실제 애기똥풀은 눈병 치료에도 쓰인다. 그러나 애기똥풀은 접촉성 피부염을 초래할 수 있다. 유액은 비영구적인 얼룩을 남기기도 하는데, 손가락에 얼룩이 묻은 상태로 눈을 비비거나 콘택트렌즈를 끼면 눈 자극을 유발한다.

애기똥풀의 잎을 찧어 알코올에 담가놓은 것을 하루에 대여섯 방울씩 여러 번 복용하면 위암에도 효과가 있다고 알려지고 있다. 이로 인해 예전에는 위암의 특효약으로 이름을 알렸다. 실제 애기똥풀은 동물실험을 통해 세포증식 억제작용이 밝혀진 바 있다. 이 작용은 암이나 종양을 억제하는 데는 효과적일 수 있다. 그러나 정상세포, 특히 급속히 성장하는 태아나 어린이에게는 거꾸로 치명적인 독으로 작용할 수 있기 때문에 근래에는 사용하지 않는다.

애기똥풀의 전초와 유액에는 콥티신coptisine, 베르베린berberine, 켈리도닌, 상귀나린sanguinarine, 켈레리트린chelerythrine, 프로토핀protopine 등의 알칼로이드가 들어 있다.

켈리도닌은 오래전부터 진통제로 개발해 약용했지만 국소마비 작용을 하는 강한 경련독이라 부작용이 우려되어 최근에는 거의 쓰지 않는다. 상귀나린은 아편에도 들어 있는 성분인데 너무 많이 섭취하면 붓는 질환(수종)이 나타난다. 피부에 접촉하면 피부세포를 죽여 산이나 알칼리

애기똥풀 유액. 줄기나 잎을 뜯으면 노란색 유액이 나오기 때문에 애기똥풀이란 이름이 붙었다. 애기똥풀
은 지방에 따라 까치다리, 젖풀이라고도 불린다. 2012년 4월 28일 경기도 분당 탄천에서 촬영.

애기똥풀 꽃과 열매. 애기똥풀은 지방에 따라서는 연한 순
을 삶아 우려낸 뒤 나물로 먹는다. 그러나 과거 유액을 극약
으로 쓸 정도로 독성이 강해 함부로 식용하면 위궤양을 일
으킬 수 있다. 2011년 5월 29일 경기도 분당 탄천에서 촬영.

애기똥풀은 친근감을 주는 이름이다. 그래서
인지 어린이집과 유치원, 아기사진 전문관, 영
유아 아토피 전문 병원, 인형극, 문고 등에 많
이 차용된다. 사진은 인형극 공연 포스터.

에 화상을 입은 듯한 상처를 남긴다. 이와 같은 작용을 이용해 애기똥풀을 사마귀 제거제로 쓰기도 한다. 상귀나린은 또 플라그 억제작용이 있어 일부 치약이나 구강청결제 원료로도 사용된다. 그러나 장기간 사용하면 문제가 발생할 수 있으니 주의해야 한다. 켈리도닌은 유사분열을 막는 독작용이 있는 것으로 알려지고 있다.

시골에서는 쇠꼴을 벨 때 애기똥풀이 들어가지 않도록 조심한다. 소를 들판에 매어놓으면 먹을 수 있는 풀과 먹어서는 안 될 풀을 스스로 가려 먹지만 한꺼번에 풀을 던져주면 잘 모르고 먹기 때문이다. 특히 철모르는 아이들이 애기똥풀을 뜯어먹고 탈이 나는 경우도 있다. 꽃의 색이나 모양이 유채꽃이나 배추꽃과 비슷하고, 열매도 배추나 무, 유채 열매와 거의 똑같아서 각별히 신경을 써야 한다. 더욱이 꽃이 예뻐서 아이들 눈에 잘 띄는 만큼 경계를 늦춰선 안 된다.

애기똥풀은 사람들에게 친근감을 안겨준다. 한번에 각인될 수 있을 만큼 재미있는 이름이고 꽃도 예쁘기 때문에 너나없이 애기똥풀을 좋아한다. 그래서인지 농림축산식품부에서는 대학생 기자단 이름으로 애기똥풀을 쓰기도 했다.

애기똥풀은 어린이를 대상으로 하는 상품에도 많이 사용된다. 어린이집과 유치원, 아기 전문 사진관, 아동복 쇼핑몰, 인형극에서 그 이름을 어렵지 않게 찾을 수 있다. 아기용 아토피치료 화장품 같은 제품에도 이름이 쓰인다.

그러나 애기똥풀은 식품 원료로는 사용될 수 없는 유독식물인 만큼 각별한 주의가 요구된다. 유독물질을 함유한 식물이라면 사용자의 안전을

피나물 꽃. 애기똥풀과 마찬가지로 양귀비과에 속하는 피나물은 줄기나 잎을 뜯으면 붉은색 유액이 나온다. 2011년 5월 22일 경기도 분당에서 촬영.

위해서 독성 정보도 함께 제공하는 것이 필요하다.

학명에는 어떤 뜻이?

애기똥풀의 속명 '*Chelidonium*'은 그리스어 'chelidon(제비)'에서 왔다. 제비가 이 식물의 유액으로 어린 제비의 눈을 씻어주기 때문이다. 그리스 철학자 아리스토텔레스가 이름을 붙인 것으로 알려져 있다. 종소명 '*major, majus*'는 '더욱 큰'이라는 뜻이다. '*asiaticum*'은 '아시아'라는 뜻이다. 꽃말은 '미래의 기쁨' '몰래 도와주는 사람' '몰래 한 사랑' '엄마의 사랑과 정성' 등이다.

재미있는 독초 이름

독초에는 독이라는 이름이 들어가는 경우가 많다. 독미나리와 나도독미나리, 독보리가 대표적인 예이다. 독말풀은 '독 많은 풀'이나 '독물(毒物)풀'이라는 어원에서 나왔다고 유추해볼 수 있다. 정확한 것은 아니지만 동의나물은 독이 있는 나물이라는 뜻에서 유래됐다고도 전한다.

미치광이풀은 이름에서부터 독이 있음을 알 수 있다. 또 철쭉은 꽃을 먹고 비틀거리는 모양의 한자어 '척촉'에서 나왔다. 양귀비과에 속하는 애기똥풀과 피나물은 유독 성분이 포함된 유액의 색깔에서 비롯된 이름으로, 각각 아기의 똥색과 피색을 띤다는 것을 짐작할 수 있다. 또 때죽나무는 물고기를 떼로 죽인다는 어원에서 독성에 대한 정보를 가늠할 수 있다. 석산은 '죽음의 꽃'이나 '지옥의 꽃'이라는 별명에서 독초라는 사실을 예상할 수 있다. 디기탈리스는 '사자의 종(dead man's bell)'이란 별명이 있고, 투구꽃은 '독의 꽃' '악마의 뿌리' '살인자'라는 별칭이 있어서 독성물질을 함유한다는 사실을 추측할 수 있다.

그런가 하면 쐐기풀은 쐐기처럼 피부를 찌르는 작은 털이 많기 때문에 붙은 이름이며, 옻나무는 그 자체로 옻이 오르는 나무라는 의미이다.

식물의 이름에 관심을 갖고 조금 더 주의를 기울인다면 주변에서 발견되는 유독식물에 의한 피해를 어느 정도는 막을 수 있다. 식물에 관심을 기울이는 일이 필요한 또 하나의 이유다.

양귀비

학명_ *Papaver somniferum* L.(양귀비과)
다른 이름(이명)_ 앵속, 아편꽃, 약담배
영명_ Opium Poppy
일명_ ケシ
특징_ 유럽 남동부와 지중해 원산, 두해살이풀, 높이 50~150cm
개화_ 5~6월(흰색, 붉은색, 자색 등, 길이 5~7cm)
결실_ 4~6월(갈색, 길이 4~6cm)
분포_ 재배
주요 독성물질_ 모르핀

괴로움을 잊게 하는 아름다운 꽃

중국을 대표하는 미인을 한 사람만 꼽으라면 단연 양귀비楊貴妃를 떠올리게 마련이다. 마찬가지로 식물 중에서 가장 아름다운 꽃을 뽑으라면 양귀비를 빼놓을 수 없다. 이처럼 양귀비가 아름다운 꽃의 대명사로 일컬어지기는 하지만 그 이름은 우리나라에서나 통용될 뿐이다. 언제부터 그렇게 불렸는지 알 길이 없지만, 양귀비처럼 예쁘지만 경계해야 할 꽃이라는 뜻이 담겨 있다고 해석할 수도 있다.

중국에서는 양귀비를 '앵속罌粟'이라 부른다. 열매가 항아리같이 생기고, 그 속에 좁쌀 같은 씨가 들어 있다고 해서 '항아리 앵罌'에 '조 속粟' 자를 쓴 것이다. 혹은 미낭화米囊花라고도 부르는데, 이는 '쌀이 가득 든 주

개양귀비 꽃. 양귀비속에 속하는 유럽 원산의 개양귀비(꽃양귀비)는 관상용으로 재배된다. 우리나라에서 열리는 양귀비 축제의 주인공은 대부분 개양귀비다. 2010년 5월 2일 경기도 용인시 한택식물원에서 촬영.

머니' 같다고 해서 붙은 이름이다. 모두 양귀비에 씨가 많은 특징을 표현한 것이다. 그래서 양귀비가 다산을 상징하기도 한다.

꽃을 완상하는 목적으로만 양귀비를 심은 것은 아니다. 어린잎은 채소로, 열매는 진정제로 사용했으며, 씨에서 기름을 짜기도 했다. 또한 의약품이 귀하던 시절에는 없어서는 안 될 구급약이었다.

그리스신화에 따르면 연인 아도니스의 죽음을 슬퍼하며 흘린 아프로디테의 눈물에서 양귀비가 자라났다고 한다. 아프로디테는 자신의 사랑을 양귀비에 옮김으로써 안정을 찾는데, 그뒤로 아도니스를 잊고 트로이의 왕자 안키세스와 새로운 사랑을 시작했다. 그때부터 양귀비는 빨리

신사임당의 〈초충도〉 중 '나비와 도마뱀'. 양귀비는 과거 꽃을 완상하는 목적으로만 쓰이지 않았다. 어린잎은 채소로 먹고, 씨는 기름을 짜는 데 썼다. 의약품이 귀하던 시절 없어서는 안 될 구급약으로 우리 생활과 떼려야 뗄 수 없는 존재였다.

잊히는 사랑의 고통을 상징하게 됐다.

그런가 하면 곡물과 농업의 여신인 데메테르는 양손에 각각 곡식 이삭과 양귀비 열매를 들고 있다. 데메테르는 딸 페르세포네가 지하세계의 왕 하데스에게 납치당하자 괴로움을 잊기 위해 양귀비를 사용했다.

고대 그리스의 시인 호메로스Homeros가 지은 장편서사시 『오디세이아 Odysseia』에 등장하는 '모든 아픔을 잊게 하는' 네펜테스Nepenthes에도 양귀비 수액이 포함됐을 것으로 추측된다.

양귀비의 속명 'Papaver'는 라틴어 'papa(죽)' 또는 'Papa, Pater(아버지)'에서 유래했다고 한다. 유액에 최면효과가 있어 죽에 섞어먹여 아기를 잠재우거나 소란을 피우는 아이들에게 양귀비꽃 달인 즙을 먹이면 '아버지의 엄명'을 들은 것처럼 진정효과를 보였다는 것이다. 실제로 고대 이집트를 비롯한 북아프리카, 서남아시아, 프랑스 북부 지역에서는 양귀비 열매에서 나온 유액을 어린아이에게 먹여 달래는 데 사용했다.

양귀비는 아편으로 유명하다. 양귀비의 꽃이 진 뒤에 맺히는 열매 껍질에 칼로 상처를 내면 우윳빛 즙이 나온다. 이것을 건조시키면 아편이 된다. 아편 속에는 통증을 완화하고 나른한 기분이 들게 하는 코데인과 테바인thebaine 같은 알칼로이드가 들어 있다.

특히 그리스신화에 나오는 수면, 꿈, 밤의 신으로, 인간 고통의 위대한 위안자로 받들어지는 모르페우스에서 유래한 모르핀은 통증을 없애고, 불쾌감이나 긴장감을 누그러뜨리는 작용을 한다. 모르핀은 도취감과 행복감을 선물한다.

예로부터 그리스 의사들은 환자들의 정신적, 육체적 고통을 덜기 위해 양귀비를 처방했다. 로마 출신 의사인 켈수스Aulus Cornelius Celsus는 양귀비를 인간의 통증을 잊게 해주는 '환상적인 치료제'라고 극찬했다. 로마 제국 시대의 의사로 양귀비를 널리 퍼뜨린 안드로마쿠스Andromachus는 서양 제약 역사상 가장 유명한 '만병통치약 중의 만병통치약'인 '테리아카theriaca'를 제조하는 데 아편을 썼다.

마르쿠스 아우렐리우스 황제는 테리아카를 달고 살다시피 했다. 지속적인 통증을 이겨내기 위해 아침저녁으로 테리아카를 복용했다고 한다. 소크라테스가 독약을 마시고도 죽을 때까지 평온함을 유지할 수 있었던 까닭도 독약 속에 아편을 넣었기 때문으로 여겨진다.

함유물질 모르핀은 과거 최고의 진통제

전쟁터에서 남용해 '병사들의 병' 유발

양귀비를 지나치게 많이 복용하면 부작용으로 구역질이 나오고 위장의 연동운동이 줄어들면서 변비가 생길 수 있다. 중독 증상도 있는데, 급성 중독 초기에는 졸음, 두통, 구토, 배뇨곤란, 담낭 부위의 통증, 동공축소 따위의 증상이 나타나며 심하면 사망한다.

1892년 뉴욕의 한 의사가 부인을 모르핀으로 살해한 사건을 앞서도 소개했는데, 그 의사는 모르핀에 의한 작용인 동공수축을 감추기 위해 벨라도나를 이용했다. 당시 검찰은 모르핀으로 죽인 고양이의 눈에 벨라도나를 떨어뜨려 동공이 확대되는 현상을 확인함으로써 의사의 살해 수법을 밝혀냈다.

2012년 개봉한 영화 〈광해〉에서는 진짜 광해군이 혼수상태에 빠져 광해군과 닮은 사람이 잠시 왕 역할을 하게되는데, 광해군이 혼수상태에 빠지게 된 것은 양귀비 중독 때문이다. 양귀비를 원료로 하는 아편과 모르핀은 이런 중독 위험에도 불구하고 전쟁터에서 군인들의 사기를 진작하거나 통증과 고통을 완화하는 데 사용됐다. 한국전쟁을 다룬 영화 〈고지전〉에서는 누구에게도 발설하지 못할 끔찍한 기억에서 벗어나기 위해 모르핀을 과용하다 중독된 군인이 나온다.

변비는 모르핀의 대표적인 부작용이다. 그래서 전선에서 병사들에게 흔히 생기는 설사를 치료하는 데도 쓰였다. 이로 인해 미국 남북전쟁 당시 10만 명 이상이 모르핀 중독에 빠질 정도여서, 이것을 '병사들의 병'이라 부르기도 했다.

清나라 화가 포동(包棟)의 〈사미도四美圖〉. 중국을 대
표하는 미인 한 명을 꼽으라면 단연 양귀비를 떠올리게
마련이다. 마찬가지로 식물 중에서 가장 아름다운 꽃을
뽑으라면 양귀비를 빼놓을 수 없다.

어떤 독이 중추신경계에 영
향을 주는지는 그 독이 혈액 뇌
관문을 통과할 수 있는지 여부
에 따라 결정된다. 뇌 이외의
모세혈관에는 세포들 사이에
틈이 있다. 하지만 뇌로 연결되
는 모세혈관에는 틈이 없어 독
성을 가진 물질이라 해도 뇌 속
으로 들어가지 못한다. 모르핀
은 통과율이 2퍼센트에 지나지
않는다. 하지만 세포와 세포 사
이의 틈이 아니라 세포 속을 통
과해 뇌 속으로 침입해 진정작
용을 일으킨다.

그런데 모르핀에 염화아세틸
acetyl chloride을 첨가해 합성한 헤
로인heroin은 혈액 뇌관문을 통
과하는 비율이 모르핀의 30배
에 이른다. 때문에 복용량에 따
라서 심한 중독 증상을 일으켜
혼수상태에 빠지거나 쇼크사하
는 경우도 있다. 헤로인은 19세

양귀비 열매. 양귀비의 열매에 상처를 내면 우윳빛 즙이 나온다. 이것을 건조시키면 아편이 된다. 아편 속에는 통증을 완화하는 동시에 매우 나른한 기분이 들게 하는 코데인과 테바인 등의 알칼로이드가 들어 있다.

기 말 독일의 제약회사가 진해제로 개발해서 판매한 약품이다. 처음에는 모르핀보다 의존성이 낮다고 생각했지만 이후 중독성이 모르핀의 세 배에 달하고, 의존성도 강하다는 사실이 밝혀졌다.

정신분석의 대가 프로이트 박사는 1923년에 구개암 진단을 받았다. 그런데 프로이트는 정신이 혼미해져 명석하게 생각할 수 없는 것보다는 차라리 고통 속에서 생각하는 쪽을 택하겠다며 진통 마취제 투여를 거부했다. 이 일화는 의지력이 약한 약물 의존자들에게 시사하는 바가 크다.

악성 베토벤 또한 만성 납중독으로 극심한 고통에 시달렸다. 베토벤은 모르핀을 써야 하는 상태에서도 모르핀을 거부했다. 베토벤의 비서로 그의 전기를 쓴 안톤 쉰들러Anton Schindler는 '돌팔이 의사'가 베토벤에게 모르핀과 비소를 다량 투여해 사망에 이르게 했다고 주장하기도 했다. 하지만 DNA 분석 결과 사체에서는 이들 성분이 전혀 검출되지 않았다.

요제프 카를 슈틸러(Joseph Karl Stieler)가 그린 베토벤 초상화. 악성 베토벤은 만성 납중독으로 인한 극심한 고통에 시달렸지만 모르핀 처방을 거부한 것으로 유명하다.

돈 트로이아니(Don Troiani)의 〈두번째 매너서스 전투 The Diehards Battle of Second Manassas〉. 모르핀 중독은 미국 남북전쟁 당시 10만 명 이상이 빠질 정도로 흔해 '병사들의 병'이라 불리기도 했다.

학명에는 어떤 뜻이?

양귀비의 속명 '*Papaver*'는 라틴 고명으로, 'papa'는 '유아에게 먹이는 죽^粥'을 뜻한다. 이와 함께 라틴어 'Papa, Pater(아버지)'에서 유래했다고도 한다. 종소명 '*somnifer, somnifera, somniferum*'은 '최면의'라는 뜻이다. 꽃말은 '망각' '위로' 등이다.

비슷한 식물(동속 식물)

양귀비속*Papaver*에는 양귀비를 비롯해 갈래두메양귀비, 개양귀비, 두메양귀비, 좀양귀비, 흰두메양귀비, 흰양귀비가 있다. 유럽 원산의 개양귀비는 관상용으로 재배하며, 갈래두메양귀비, 두메양귀비, 흰두메양귀비는 백두산에 분포한다. 좀양귀비는 제주도 바닷가에 서식한다.

흰두메양귀비 꽃. 흰두메양귀비는 우리나라 북부지방과 백두산에 분포하며, 7~8월에 흰색 꽃이 핀다. 꽃이 아름답기 때문에 관상용으로 심으며 열매는 민간에서 약재로 쓴다. 2011년 6월 2일 경기도 포천시 평강식물원에서 촬영.

홍차 수입 대금을 마련하기 위해 시작된 아편전쟁(1840~1842년)

18세기 말 영국에서는 차(홍차)가 붐을 일으키면서 중국차의 수입이 급증했다. 이에 따라 차를 수입하는 동인도회사는 대금으로 지불한 은 유출을 막기 위해 인도 벵골지방에서 재배한 아편을 중국에 수출한다.

중국은 마약 수입을 금지했지만 동인도회사는 부패한 중국 관리들과 합작해 아편 밀반입량을 지속적으로 늘려 1800년 무렵에는 오히려 은이 중국에서 유출되기 시작했다. 결국 청나라 선종(宣宗)은 아편 수입으로 인한 폐해와 은 유출을 막기 위해 아편 무역 금지령을 내리는 한편, 강경한 아편 금지론자로 알려진 임칙서(林則徐)를 광동에 파견해 영국 상인의 아편을 불태워버리고 밀수업자를 처형하게 한다.

이에 영국은 무역 보호를 구실로 해군을 파견해 전쟁을 선포했다. 두 해에 걸쳐 지속된 아편전쟁은 영국의 일방적인 승리로 끝나며, 1842년 8월 29일 영국은 난징조약(南京條約)을 체결한다. 난징조약에 따라 중국은 4년 전에 폐기한 아편에 대해 막대한 보상금을 물어줬으며, 홍콩(香港)과 샤먼(廈門)을 영국에 내주게 된다.

1856년에도 프랑스군의 지원을 받은 영국군이 중국을 침범하면서 전쟁이 발발했다. 그 결과 1858년 톈진조약이 체결됐는데, 영국과 프랑스는 아편의 중국 상륙 자유화라는 새로운 특혜를 얻어냈다. 그 결과 1878년 아편에 중독된 중국인의 수는 자그마치 1200만 명에 달했다.

컴프리

학명_ *Symphytum officinale* L.(지칫과)
다른 이름_ 콤푸레
영명_ Common Comfrey, Healing Herb, Boneset
일명_ ヒレハリソウ
특징_ 유럽 원산 여러해살이풀, 높이 60~90cm
개화_ 6~7월(자주, 연한 홍색, 백색)
결실_ 9~10월
분포_ 재배
주요 독성물질_ 피롤리지딘 알칼로이드

십자군 원정에서 돌아온 병사들이 가져온 '사라센의 뿌리'

한때 컴프리가 전 세계적으로 붐을 일으킨 적이 있다. 러시아 남부에 위치한 캅카스 지방 주민의 평균 수명이 100세를 넘는데, 이것이 컴프리를 약초로 상식하고 있기 때문이라고 알려지면서부터다.

컴프리는 밭에서 나는 우유, 채소 중의 채소로 불릴 만큼 영양성분이 풍부해 미용, 건강식품으로 최고의 명성을 구가했다. 영국의 식물학자 더블데이Henry Doubleday는 컴프리가 기적의 풀이라고 발표했으며, 우리나라에서는 신초神草라 칭하기도 했다.

일본에서는 1965년쯤부터 건강식품으로 각광을 받았고, 각지에서 앞다퉈 컴프리 재배가 성행했다. 제약회사에서는 컴프리를 분말로 만든 제

컴프리. 건강에 대한 관심이 계속 높아지면서 녹
즙을 찾는 이들이 늘어나고 있다. 그러나 과도한
복용은 오히려 건강을 해칠 수 있다. 2010년 8월
4일 경기도 성남시 신구대학교 식물원에서 촬영.

품을 판매했다. 이 분말을 물에 타서 마시거나, 된장국이나 수프에 띄우
거나, 국수에 뿌려서 먹기도 했다. 이것을 먹고 학업 능력이 높아질 뿐만
아니라 시력이 좋아졌다는 실증사례도 제시됐다.

컴프리 열풍은 일본에서만 그치지 않았다. 미국에서도 컴프리 뿌리나
잎을 포함한 정제나 캡슐이 허브숍이나 건강식품 가게에서 불티나게 팔
렸다. 우리나라에서는 1970년대 최고의 건강식품으로 선풍적인 인기를
끌어 일본판 컴프리 책자가 번역돼 인기리에 판매되는가 하면, 식품업
자들도 상품개발과 홍보에 적극적으로 가담했다. 텔레비전과 미디어에
서는 연신 건강에 좋은 최고의 식품이라고 떠들어댔다. 그래서 데치거나
볶거나 주스로 만들어 먹는 등 다양한 컴프리 요리방법이 소개됐다.

또 컴프리가 들어간 크림이 피부를 윤기 있게 가꿔주고 주름을 방지하

컴프리 꽃. 컴프리 부작용이 알려지면서 컴프리 관련 시장이 급격하게 쇠락했다. 지금은 과거의 명성을 뒤로 한 채 사료작물로 심거나 식물원에서 재배되고 있을 뿐이다. 2011년 5월 22일 서울시 홍릉수목원에서 촬영.

컴프리는 암을 유발하는 것으로 알려진 피롤리지딘 알칼로이드라는 물질을 함유한다. 이 성분은 다 자란 잎보다 어린잎에 많으며, 특히 뿌리의 함량은 잎의 세 배에 달한다. 2009년 5월 15일 경기도 포천시 평강식 물원에서 촬영.

는 효과가 있다며 스팀 팩으로도 제품화해 판매했다. 컴프리 분말 제품이 시판됐으며, 차는 다방에서도 팔렸다. 이 때문에 농가에서도 고소득 작물로 컴프리를 앞다퉈 재배하기에 이르렀다.

이처럼 우리나라에서 컴프리가 건강식품으로 난데없이 두각을 나타냈지만, 외국에서는 예전부터 약용으로 다양하게 이용하고 있었다. 컴프리라는 이름 자체가 '상한 것을 다스린다' '병을 다스린다'는 의미를 갖고 있다. 컴프리는 타박상에 쓰는 약으로 인기가 좋았다. 영국에서는 십자군 원정에서 돌아온 병사들이 이 식물을 가져와 그 효용을 알리면서 '사라센의 뿌리'란 이름을 갖게 되었다고 한다.

특히 중세에는 접골제로 정평이 나 있었다. 컴프리라는 이름은 라틴어 'con firma(뼈를 접합하다)'에서 비롯됐다. 잎을 골절된 부위에 붙이면 빠르게 회복된다. 옛날부터 'knit bone(뼈 잇기)' 'boneset(접골)'라는 별칭으로 불릴 정도다. 속명 *Symphytum* 또한 그리스어 'symphyo(접합하다)'에서 유래했다. 이 허브로 만든 고약으로 상처나 골절을 고친다는 기록도 찾을 수 있다.

한방에서는 컴프리의 잎과 뿌리를 감부리라 하며, 건위, 소화기능 부진, 위산과다, 위궤양, 빈혈, 종기, 악창, 피부염에 처방한다. 영국에선 천식이나 위궤양 치료제로, 또 뿌리를 달여 지사제로 쓰기도 했다.

민간에서는 목의 통증을 누그러뜨리는 효용이 있어 우유와 함께 데워 마시기도 한다. 한 잔만 마시면 잘 떨어지지 않던 기침도 금세 낫는다. 또한 허브차는 혈액을 맑게 하고 얼굴빛을 좋게 한다. 컴프리가 처녀막을 재생해준다고 해서 결혼 전에 여자들이 목욕제로 많이 이용하기도 했

컴프리 잎. 컴프리는 중세에 뼈를 붙이는 약재로 정평이 나 있어 잎을 골절된 부위에 붙이기도 했다. 고약으로 만들어 상처나 골절을 고쳤다는 기록도 찾을 수 있다. 2011년 9월 25일 경기도 여주군 해여림식물원에서 촬영.

다는 이야기도 전한다.

한때 '신초'로 불리며 국내에서 선풍적인 인기 구가
동물 발암성 물질 함유로 컴프리 원료 식품의 수입과 사용 금지

컴프리의 효능에 대한 맹신이 워낙 컸던 터라, 심지어 컴프리가 간염 치료제로 둔갑해 유통된 적도 있다. 그 밖에 암을 막는 성분인 알란토인 allantoin이 들어 있다고 알려지기도 했다.

컴프리는 이처럼 신초라 불리며 1970년대까지 국내에서 선풍적인 인기를 끌었다. 하지만 1980년대 들어 별다른 효능이 없다는 연구 결과가 속속 나오면서 컴프리 소비가 크게 시들해졌다. 더욱이 부작용에 대한 보고가 알려지면서 컴프리 관련 시장이 급격하게 쇠락했다. 지금은 과거의 명성을 뒤로한 채 사료작물이나 약용식물로 재배되고 있을 뿐이다.

컴프리는 피롤리지딘 알칼로이드^{PA}라는 유독성 물질을 함유하고 있다. 이 성분은 다 자란 잎보다 어린잎에 많다. 뿌리에는 잎보다 세 배 이상 많은 양이 들어 있다.

PA는 간종대^{肝腫大}, 복수, 식도 정맥류 등을 주요 증상으로 하는 간정맥 폐쇄성 질환을 일으키며, 간경변에도 영향을 끼친다. 동물에서는 암을 유발하기도 한다고 밝혀지고 있다. 이 물질이 세포 내 DNA에 작용해 유전체 구조에 이상을 일으키고 간암을 유발할 수 있으며, 독성이 체내에 축적된다는 연구 결과도 있다. 이에 따라 미국 식품의약국과 우리나라 식품의약품안전처는 2001년 컴프리를 재료로 제조한 식품 수입과 사용을 전면 금지했다.

세계적으로 컴프리속 식물은 25종 정도인 것으로 알려졌다. 그중 미 FDA로부터 사용금지 판정을 받은 것은 컴프리를 비롯해 세 종류다. 서양에서는 재배하는 것조차 금지하고 있다.

다이어트와 건강에 대한 관심이 계속 높아지면서 녹즙을 찾는 이들이 늘어나고 있다. 심지어 녹즙이 만병통치약처럼 인식되기도 하며, 항암효과가 있다고 믿는 사람도 있다. 녹즙은 채소나 과일 등 평소 잎이나 줄기가 거칠어 많이 먹지 못할 때 기계로 즙을 짜내 먹기 편하게 해주는 장점이 있다. 하지만 우리 몸에 필요한 영양분은 하루 세 끼 식사만으로도 충분히 해결할 수 있다. 아무리 좋은 녹즙이라도 지나치게 복용하면 오히려 건강을 해칠 수 있다. 특히 만성 간염이나 간질환을 앓고 있는 사람이라면 녹즙 복용에 신중을 기해야 한다. 간염 환자들이 치료를 위해 녹즙을 복용하다 문제를 일으킨 예도 많다. 증상이 심해서 간이식을 받은 사례도 있다.

녹즙은 대부분 성분이 제대로 파악되지 않은데다가 효능도 과학적으로 검증되지 않았다. 게다가 컴프리처럼 독성물질을 함유하는 식물이 섞이기도 하니 무분별한 복용은 삼가는 편이 좋다. 한 가지 식품을 집중적으로 복용함으로써 건강을 유지한다는 생각은 오히려 화를 불러올 수 있다. 다양한 식품을 선택해 영양소를 골고루 섭취하는 것이 바람직한 건강 관리법이다.

학명에는 어떤 뜻이?

컴프리의 속명 'Symphytum'은 그리스어 'symphyo(접합하다)'에서 유래했다. 뼈가 부러졌을 때 컴프리 잎을 골절된 부위에 붙이면 빠르게 회복할 수 있다고 전해진다. 종소명 'officinalis'는 '약용의' '약효가 있는'이라는 뜻이다.

부족한 영양분 보충을 위한 건강보조식품

건강보조식품은 건강을 보조할 목적으로 특정 성분을 원료로 하거나 식품 원료에 들어 있는 특정 성분을 추출, 농축, 정제, 혼합해서 제조한 식품을 말한다. 이를 통해 부족하기 쉬운 영양성분을 보충하고, 식생활과 체질을 개선함으로써 건강을 유지하고 증진하려는 것이다.

우리 주변에서 흔히 볼 수 있는 건강보조식품들은 대체로 로열젤리, 꿀, 버섯, 과실류, 효소와 효모류, 해산물 식품류, 천연비타민류, 천연미네랄류, 건강차류 등 다양하다. 이런 식품을 복용하면 질병을 예방하는 것은 물론, 건강 회복과 보조 치료제 역할도 기대할 수 있다.

그러나 이들 건강보조식품은 질병 치료를 목적으로 한 의약품이 아니라는 사실을 명심해야 한다. 건강보조식품이 결코 만병통치약은 아닌 것이다. 건강보조식품을 복용하면 병을 치료할 수 있다는 광고를 내보내다가 당국에 적발되는 사례가 빈번하게 발생한다는 사실을 잊지 말아야겠다.

디기탈리스

학명_ *Digitalis purpurea* L.(현삼과)
다른 이름(이명)_ 디기다리스, 디기달리스, 디기타리스, 디기타리스풀, 심장병풀, 심장풀
영명_ Common Foxglove
일명_ ジキタリス
특징_ 유럽 원산 여러해살이풀, 높이 1m
개화_ 6~8월(홍자색, 흰색)
결실_ 8~9월(갈색)
분포_ 재배
주요 독성물질_ 디기톡신(digitoxin), 디곡신(digoxin)

민간에선 심장 자극제로 사용된 북반구에서 가장 아름다운 꽃

최근 관상용으로 많이 가꾸는 디기탈리스는 유럽에서는 주로 의약품 원료로 재배하던 식물로, 북반구에서 가장 아름답다는 명성을 얻을 만큼 화려한 꽃송이가 매력적이다.

디기탈리스*digitalis*라는 단어는 라틴어 'digitus(손가락)'에서 유래한 것이다. 통 모양의 꽃부리(화관)가 손가락에 끼우는 골무와 비슷하다. 꽃 모양에서 '요정의 골무fairy thimbles' '마녀의 종witch's bell' '요정의 모자fairy caps' 같은 여러 가지 별명도 나왔다.

영어 이름 '여우의 장갑foxglove'은 꽃이 장갑과 닮았다는 데서 유래했다고 한다. 제프리 그릭슨Geoffrey Grigson은 1973년에 펴낸 『영국 식물 명

최근 관상용으로 많이 가꾸는 디기탈리스는 유럽에서 주로 의약품 원료로 재배하던 식물로, 북반구에서 가장 아름답다는 명성을 얻을 만큼 화려한 색상의 꽃송이를 자랑한다. 2010년 5월 28일 경기도 성남시 신구대학교 식물원에서 촬영.

칭 사전Dictionary of English Plant Names』에서 이 식물이 여우 굴 때문에 움푹움푹 파인 땅에서 자주 자라서 여우와 장갑이라는 단어가 자연스럽게 연관을 맺게 됐다고 설명한다. 어떤 사람들은 이것이 '요정의 장갑folks or fairies glove'에서 와전된 이름이라고도 하는데, 이는 이 식물이 민간 전승을 통해 약으로 사용됐다는 점과 관련이 있다. 실제로 디기탈리스는 오랜 세월에 걸쳐 민간에서 심장 자극제로 사용됐다. 심장풀이란 이름이 붙은 것도 이 때문이다.

재밌는 사실은 디기탈리스에 다른 식물의 성장을 촉진하는 효능이 있다는 점이다. 토마토, 감자 같은 식물 근처에 디기탈리스가 있으면 이들의 성장이 빨라진다. 특히 디기탈리스 잎을 꽃병 속 물에 섞으면 시들어가던 꽃이 다시 생기를 찾기도 한다.

디기탈리스 꽃. 디기탈리스는 라틴어 'digitus(손가락)'에서 유래했다. 통 모양 화관이 손가락에 끼우는 골무와 비슷한 데 기인한 것이다. 꽃 모양을 따서 '요정의 골무' '마녀의 종' '요정의 모자' 같은 별명도 얻었다. 2009년 6월 14일 서울시 서울숲공원에서 촬영.

1905년 런던 마운트버넌 병원의 심장 병동을 담당한 의사 제임스 매켄지James Mackenzie는 심방세동증에 디기탈리스 추출물을 투여하면 심장 수축력이 증가되는 사실을 발견했다. 이후 디기탈리스가 심근에 직접 작용해 대부분의 심부전에 효과가 있다는 사실이 밝혀졌다.

하지만 디기탈리스는 '사자의 골무dead man's thimble'나 '사자의 종dead man's bell'으로 부를 정도로 독성이 강한 식물이다. '성모의 골무Lady's thimble'라는 이름은 이 위협적인 식물의 속성을 어느 정도 누그러뜨리려는 의도에서 붙인 것이라고 해석하기도 한다.

디기탈리스 꽃은 시큼한 냄새가 나고 잎은 쓴 불쾌한 맛이 난다. 이는 꽃을 해치려는 동물들에게 보내는 경고라고 할 수 있다. 자극이 강해 식용하는

디기탈리스 잎. 디기탈리스는 독성물질을 함유하고 있어 애완동물이 핥거나 뜯어먹지 않도록 주의를 기울여야 한다. 2011년 10월 9일 경기도 여주군 해여림 식물원에서 촬영.

디기탈리스 열매. 디기탈리스는 오랜 세월 민간의료에서 심장 자극제로 사용했기 때문에 심장풀이란 이름을 갖게 됐다. 2011년 10월 9일 경기도 여주군 해여림식물원에서 촬영.

경우는 드물지만 애완동물이 핥거나 뜯어먹을 수 있으니 주의를 기울여야 한다.

『대한약전』에서는 극약으로 규정
다른 식물의 성장 촉진 기능도 있어

디기탈리스는 의약품의 규격을 정한『대한약전大韓藥典』에서도 극약으로 규정한다. 디기탈리스를 지나치게 복용하면 메스꺼움, 구토, 부정맥, 시야 몽롱, 방향감 상실 따위의 증상이 나타날 수 있다.

말리기 전의 잎 40그램이나 말린 잎 10그램 정도를 끓인 물로는 성인 남자를 죽일 수 있다고 한다. 실제 디기탈리스를 컴프리로 잘못 알고 복용했다가 심부전으로 사망한 사례도 있다.

영국의 임상 약리학자 J. 애런슨Jeffrey K. Aronson은 네덜란드의 후기 인

고흐의 〈폴 가셰 박사Le Docteur Paul Gachet〉. 초상화에서 가셰 박사 앞에 놓인 식물이 디기탈리스다.

상주의 화가 고흐가 디기탈리스에 중독되었다고 주장해 주목을 받았다. 고흐가 그의 담당 의사였던 가셰 박사Dr. Gachet를 그린 초상화 속에서 가셰 박사 앞에 놓인 식물이 바로 디기탈리스라는 게 그 단서였다. 당시 디기탈리스는 안정제, 간질 치료제, 우울증 치료제, 수면제로도 쓰였는데, 고흐가 간질, 정신불안, 조울증 등으로 고통을 호소하자 디기탈리스를 처방했다는 것이다. 특히 디기탈리스를 남용하면 사물이 노랗게 보이는 황색시증이 나타나는데, 고흐가 작품에 노란색을 즐겨 쓴 것도 즐겨 마시던 압생트와 더불어 이 디기탈리스의 영향 때문이라는 지적도 있다.

혈액은 몸의 조직세포에 영양분과 산소를 공급하고 노폐물을 운반해 제거하는 역할을 한다. 그런데 심장의 펌프 기능이 약해지면 울혈성심부전이라는 증상이 나타난다. 이때 펌프 기능을 보상하기 위해 심장은 더욱 열심히 일을 하고, 이 때문에 심장이 비대해진다. 또 혈액의 양을 절약해 심장이나 뇌로 가는 혈액을 우선 충당하고 다른 부위에 갈 혈액을 줄이는데, 이렇게 되면 신장이 가장 심각한 영향을 받는다. 자연스레 신장은 소금 배설을 줄이고 결국 부종(수종)이 나타난다. 여기서 심장의 펌프 기능을 회복시키고 부종을 가라앉히는 약이 강심배당체다. 그러나 정상인이 강심배당체를 많이 섭취하면 맥박이 불안정해지고, 때론 맥박이 멈출 수도 있다. 디기탈리스에는 강심배당체인 디기톡신과 디곡신이 들어 있다. 특히 잎에 더욱 많다.

디기톡신은 에너지 대사에 관여하는 ATP를 분해하는 효소인 에이티피아제^{ATPase}의 작용을 억제해 세포의 나트륨/칼륨 펌프의 정상적인 작동을 방해하고, 세포 내 칼슘 대사에도 관여한다. 이로써 세포 내 나트륨과 칼슘 이온이 증가한다.

마취중 각성을 다룬 영화 〈어웨이크〉에서 심장질환을 앓는 남자 주인공을 위해 애인이 항상 지니고 다니는 약물 중 하나가 디곡신이다. 디기탈리스에 함유된 강심배당체인 디곡신은 심부전 치료제로 쓰인다.

이 같은 결과로 심근의 수축력이 늘어나지만, 과도한 심근수축력 증가는 결국 심장정지를 불러온다.

디기탈리스에 함유된 또다른 강심배당체인 디곡신은 신장을 통해 배설되기 때문에 그 효과 면에서 약효가 신속하고, 지속 시간도 짧다. 그러나 부정맥을 수반하지 않은 단순한 울혈성심부전에 이를 사용하는 것에 대해서는 논란이 있다. 마취중 각성을 다룬 영화 〈어웨이크^{Awake}〉에서는 심장질환을 앓는 남자 주인공을 위해 애인이 항상 지니고 다니는 약물 중 하나로 디곡신이 등장한다.

1963년 프랑스 독물학의 일인자 앙브루아즈 타르디외$^{Ambroise\ Tardieu}$ 박사는 디기탈리스 시험법으로 독물학 교과서에 이름을 올렸다. 타르디외

박사는 식물에서 채취한 알칼로이드계 독물을 환자에게 투여하는 엉터리 동독요법으로 치료를 하던 한 의사가 디기탈리스로 애인을 죽음에 이르게 한 사건을 해결하기 위해 나섰다. 당시에는 이 독물을 검출할 방법이 없었기 때문에 타르디외는 피해자의 여러 장기에서 추출한 액체를 개에게 주사했다. 그런데 개가 구토를 한 뒤 심장박동이 급속도로 빨라졌다 느려졌다 하는 증상이 나타났다. 사망자의 증상과 일치했다. 타르디외는 또 망자의 병실 바닥에 쏟아진 마른 토사물에서 추출한 액체를 개구리에게 주사해 디기탈리스 중독 증상을 확인했다. 이를 통해 애인을 살해하는 데 쓴 독물이 디기탈리스라는 것을 규명했다.

학명에는 어떤 뜻이?

디기탈리스의 속명 '*Digitalis*'는 라틴어 'digitus(손가락)'에서 유래했다. 통 모양의 화관이 손가락에 끼우는 골무와 비슷한 데 따른 것이다. 종소명 '*purpurea, purpureus*'는 '홍자색'이라는 의미이다. 원예종 꽃이 홍자색을 띤 데서 붙은 것이다. 영어 이름은 'foxglove'인데, 꽃 모양이 여우의 장갑 같다고 해서 붙은 이름이다. 꽃말은 '불성실' '철면피' '괴로운 마음'이다.

헷갈리면 위험해요

디기탈리스 잎은 컴프리와 비슷해 꽃이 피기 전에는 구별하기 어렵다. 디기탈리스 잎을 컴프리와 착각해 녹즙으로 복용하다 사고가 일어나는 경우가 빈번하다. 하지만 컴프리 역시 독성이 있어 디기탈리스와 마찬가지로 함부로 복용하는 것은 위험하다.

현호색

학명_ *Corydalis remota* Fisch. ex Maxim.(현호색과)
다른 이름(이명)_ 애기현호색, 댓잎현호색, 가는잎현호색, 빗살현호색, 둥근잎현호색
일명_ エンゴサク
특징_ 여러해살이풀, 높이 20cm
개화_ 3~5월(홍자색, 길이 25mm)
결실_ 6~7월(갈색, 길이 0.4~1.2㎝)
분포_ 전국 각지
주요 독성물질_ 프로토핀 등

종달새 모양 꽃으로 존재감을 과시하는 작은 풀

현호색은 야산의 습기 있는 그늘에서 흔히 자라는 높이 20센티미터 정도의 작은 풀이다. 2월 하순에 남부 지방에서 꽃이 피기 시작해 중부, 북부 지방으로 올라오면서 3월에서 5월까지 꽃 자랑을 이어간다.

현호색의 꽃은 탐스럽고 화사하기 그지없다. 평소에는 쉽게 눈에 띄지 않는 특별할 것 없는 식물이지만 꽃이 필 때만큼은 그 존재감이 한껏 드러난다. 연약한 줄기에 비해 꽃이 크기 때문에 약한 바람에도 쉽게 흔들린다. 봄철 다양한 종류의 현호색이 서로 어우러져 꽃망울을 터뜨리면 땅은 온통 홍자색 물결로 변한다.

현호색 꽃. 현호색은 야산의 습기 있는 그늘에서 흔히 자라는 작은 풀로, 평소에는 쉽게 눈에 띄지 않으나 꽃이 필 때만큼은 탐스럽고 화사한 존재감을 한껏 뽐낸다. 2011년 4월 17일 경기도 용인시 한택식물원에서 촬영.

어린아이들이 '무당꽃'이라 부르는 현호색은 현호색玄胡索, 연호색延胡索, 남화채藍花菜, 연황색延黃索, 남작화藍雀花 따위의 이름을 갖고 있다. 일부 문헌에서는 중국에서 왕의 연호에 '현' 자가 들어가기 때문에 같은 한자를 쓰지 못하게 해 '현'을 '연'으로 바꿔 '현호색'이 '연호색'이 됐다는 이야기도 전한다.

땅속에는 지름 1센티미터 정도의 괴경이 자라는데, 잎이 마른 5~6월 경에 채취해 약재로 사용한다. 특히 부인질환에 많이 쓰이는데, 월경이 고르지 못한 증상, 임산부가 해산 이후 얻은 통증이나 현기증, 가슴앓이와 아랫배 통증을 치료한다. 타박상을 개선할 때도 이용한다.

현호색의 진통효과는 광범위하고 강력해 종합진통제라고 불릴 만하다.

현호색은 다양한 형태의 알칼로이드를 함유하고 있다. 이들 물질의 진통작용은 모르핀의 절반에 이른다. 진통효과가 광범위하고 강력해 종합진통제라 불린다. 2010년 4월 15일 경남 합천시 해인사에서 촬영.

아편과 비슷한 마비, 진통, 진정작용이 있지만 오랫동안 복용해도 중독 증상이나 습관성이 없는 것이 특징이다. 최면 및 진정효과가 커서 과거에는 마취 전후에 사용하기도 했다. 점안약으로서 가성근시에도 효과가 있다.

작고 앙증맞지만 중독되면 혈압강하 위험
산괴불주머니 먹은 뒤 간손상 발생도

현호색의 작고 앙증맞은 모습을 보면 나물로 이용할 수 있을 것만 같다. 실제 러시아에서는 괴경의 녹말을 식품으로 쓴다. 하지만 유독성 식물이므로 함부로 먹으면 위험에 처할 수 있다.

현호색 덩이줄기. 러시아에서는 현호색 괴경의 녹말을 식품으로 사용한다. 하지만 유독성 식물이므로 함부로 먹으면 위험할 수 있다. 2012년 4월 10일 경북 상주시 반계리에서 촬영.

허준의 『동의보감』에서는 "현호색은 태胎를 떨어뜨리는 작용이 있으니 임산부에게는 쓰지 마라"고 했다. 아이를 낙태시키려고 이 풀을 달여먹었다가 죽은 사람에 대한 이야기가 전해진다. 토끼나 염소 같은 짐승들도 현호색을 먹지 않는다.

현호색을 과량 또는 장기간 복용하면 어지러움, 두근거림, 혈압강하, 허탈 등의 증상이 나타나며 심하면 호흡마비에 이를 수 있다.

현호색속에 속하는 식물은 대부분 그 함유 성분이 비슷한데, 봄철 노란색 꽃이 피는 산괴불주머니를 먹고 탈이 난 사례가 보고된다. 피해자는 산괴불주머니를 달여먹은 후 황달이 발생해 입원했다가 호전돼 퇴원했지만 또다시 산괴불주머니를 복용한 뒤에 간염으로 악화됐다.

현호색은 다양한 형태의 알칼로이드를 함유하고 있는데, 이들 물질은 강력한 진통효과가 있다. 이들 알칼로이드의 진통작용은 모르핀의 절반에 이를 정도다. 특히 코리달린corydaline의 통증경감효과가 가장 뛰어나다.

이소코리딘isocorydine이란 물질은 중추신경계통에 진정작용과 운동기능 억제, 조건반사활동 저하, 침의 분비항진, 장의 연동운동 저하를 부르며, 많은 양이 들어가면 강직성 경련이 일어난다. 프로토핀은 금낭화에도 들어 있는 유독물질이다. 소량을 복용하면 신경계통의 흥분성을 낮추고 마취작용을 일으키며, 지각신경을 국소마취시켜 통증을 완화하거나 아예 느끼지 못하게 한다. 그러나 많은 양을 복용하면 역시 경련이 일어난다.

테트라하이드로팔마틴^{tetrahydropalmatine}이란 성분은 예전 캐나다에서 승인되지 않은 건강제품 'Jin Bu Huan^{金不換}'에서 검출돼 논란을 빚기도 했다. 당시 이 제품을 복용한 사람들은 호흡, 심장, 신경이 나빠졌을 뿐만 아니라 만성간염 같은 부작용도 겪었다. 이로 인해 우리나라 식약청에서도 이 제품을 복용하지 말라고 주의를 당부한 바 있다.

세간에서는 식용식물과 독초를 구분할 수 있는 다양한 판단 근거를 제시한다. 예를 들면 식용식물은 보기 좋을 뿐만 아니라 대체로 둥그렇게 생겼으며, 기분 좋은 냄새가 나고 줄기를 끊었을 때 맑은 액체나 하얀색 유액이 나온다는 것이다. 또 식물의 잎에 벌레 먹은 흔적이 있으면 사람이 먹을 수 있는 식물로 봐도 무방하다고 말한다. 반면 독초는 날카롭게 생겼거나 불규칙하고 보기 싫다는 점이 특징으로 지목된다. 구린내가 나거나 역겹고, 줄기를 끊었을 때 색깔이 있거나 검은색 유액이 나오는 것도 독초를 구분하는 잣대로 제시된다. 잎이나 유액을 겨드랑이, 목, 허벅지, 팔꿈치 안쪽 등 연약한 피부에 발랐을 때 가렵고 따갑거나 물집 또는 작은 발진이 생겨도 독초임을 확인할 수 있다고 한다. 혀끝에 댄 뒤 느껴지는 자극이나 느낌을 통한 구별 방법도 거론된다.

그러나 이는 모두 근거가 없는 주장으로, 무엇 하나 실제 적용할 만한 내용은 없다. 이를 근거로 식용하다가는 큰 낭패를 볼 수 있다. 특히 맛이나 피부 자극 반응을 보고 판단하겠다는 자세는 또다른 사고를 불러올 수 있는 위험천만한 발상이다.

산괴불주머니 꽃. 현호색속에 속하는 식물은 대부
분 함유 성분이 비슷한데, 봄철 노란색 꽃이 피는
산괴불주머니를 먹고 탈이 난 사례가 보고된다.
황달을 치료하려고 산괴불주머니를 달여먹은 피
해자는 간염으로 악화됐다. 2011년 4월 17일 경기
도 용인시 한택식물원에서 촬영.

염주괴불주머니의 꽃과 열매. 현호색 종류의 약재는
최면 및 진정효과가 커서 과거 마취 전후에 사용했다.
가성근시에 효과가 있다는 평가를 받기도 한다. 2011
년 6월 2일 경기도 포천시 평강식물원에서 촬영.

자주괴불주머니 꽃. 현호색속의 식물을 과량 복용
하면 어지러움, 두근거림, 혈압강하, 허탈 같은 증
상이 나타나며 심하면 호흡마비에 이를 수 있다.
2011년 4월 15일 전북 임실군 입석리에서 촬영.

단오 전에 돋아나는 싹은 무엇이든 먹어도 된다는 말이 있다. 그러나 이 말만 믿고 무분별하게 산나물을 뜯어먹으면 화를 당기기 십상이다. 봄철에 돋아난 새싹 중에 투구꽃이나 복수초 같은 맹독성 식물도 있기 때문이다. 더군다나 나물로 흔하게 먹는 식물이나 건강식품, 한약재에 의한 식중독이 빈번하게 일어난다는 점도 유념해야 한다.

학명에는 어떤 뜻이?

현호색의 속명 '*Corydalis*'는 그리스어 'korydallis(종달새)'에서 나왔다. 긴 꿀주머니가 달린 꽃 모양이 종달새를 연상시키기 때문이다. 종소명 '*remota*'는 '드문드문'이란 뜻이다. 꽃말은 '보물주머니' '비밀'이다.

비슷한 식물(동속 식물)

우리나라에 자생하는 현호색속^{Corydalis} 식물은 모두 29종이다. 이름으로만 보면 현호색류와 괴불주머니류로 나눌 수 있다. 괴불주머니, 가는괴불주머니, 갯괴불주머니, 눈괴불주머니, 산괴불주머니, 선괴불주머니, 염주괴불주머니의 꽃은 노란색이며, 나머지 식물은 대부분 홍자색이거나 흰색이다. 현호색은 땅속에 작은 구슬만한 혹(괴경)을 달고 있지만 산괴불주머니는 그냥 털뿌리만 있다.

선현들이 기록한 독초 문헌

우리 조상들이 기록한 옛 서적 중에서 독초에 대한 정보를 묶은 자료는 찾기 어렵다. 1937년 발간한 도봉섭의 『유독식물도설有毒植物圖說』이 독초를 처음으로 종합해서 정리했다고 말할 수 있을 정도다.

체계적으로 기술하지는 않았지만 고려와 조선시대의 문헌에서도 독초에 대한 내용은 쉽게 찾을 수 있다. 『지봉유설』 『산림경제』 등의 가정백과전서는 물론 『금양잡록衿陽雜錄』 『양화소록養花小錄』 『농가집성農歌集成』 등 식품과 원예식물을 기록한 책에서도 독초에 대한 이야기를 접할 수 있다.

또 『도문대작屠門大嚼』 『음식디미방』 같은 요리 관련 서적에서도 독초를 다루고 있다. 『구황촬요救荒撮要』 등의 구황 관련 서적과 가정살림사전인 『규합총서』에서도 독초에 대한 내용을 확인할 수 있다.

특히 우리 고유의 향약 의술을 집대성한 의서에는 좀더 자세한 기록이 나타난다. 고려시대 『향약구급방鄕藥救急方』, 조선시대의 『향약집성방鄕藥集成方』과 『동의보감』이 대표적이다. 그런가 하면 조선시대에 발간한 법의학 서적인 『신주무원록新註無冤錄』과 『증수무원록增修無冤錄』에서는 독살 여부를 구분하는 방법도 나온다. 시신 목구멍에 백반 한 덩이를 넣었다 꺼낸 뒤 닭에게 먹여보는 방법이 그것이다.

이들 의서는 모두 식물의 약효는 물론, 복용했을 때 생길 수 있는 위험성을 경고하고 있으며, 또한 독성을 없애는 법에 대해서도 기록하고 있다.

4부

기호품과
유용작물 속에
도사린 치명적인 위험

유독성분도 사용하기에 따라서는 약이 될 수 있다

독물질이라도 양을 더하거나 줄이면 약이 된다

초와 독초는 양날의 검이다

지 양의 차이일뿐 독초가 곧 약초이고, 약초가 곧 독초인 셈이다

더하거나 줄이면 약이 된다

맹독물질이라도 양을 더하거나 줄이면 약이 된다

맹독물질이라도 양을

단지 양의 차이일뿐 독초가 곧 약초이고 약초가 곧 독초인 셈이다

약으로 쓰는 물질도 일정량을 초과하면 생명을 위협하는 독이 된다

약초와 독초는 양날의 검이다

담배

학명_ *Nicotiana tabacum* L.(가짓과)
다른 이름(이명)_ 연초
영명_ Tobacco
일명_ タバコ
특징_ 남아메리카 원산 한해살이풀, 높이 1.5~2m
개화_ 7~8월(연한 붉은색, 길이 30~40mm)
결실_ 8~9월(갈색, 길이 12mm)
분포_ 재배
주요 독성물질_ 니코틴

정조가 사랑한 '왕비의 약초'

조선 중기 우리나라에 들어온 담배는 국민들의 생활 속으로 급속히 파고들어 단기간에 대중적인 기호품으로 자리매김했다. 당시에는 남녀노소와 지위고하를 막론하고 서로 어울려 담배를 피웠다. 궁녀들이 소일거리 삼아 담배를 즐기는 것을 인정할 정도였다. 당시 여자 흡연자 수가 남자 흡연자의 수를 웃돌았다고 한다. 조선 중기의 문신 장유는 시문집 『계곡집谿谷集』에서 세상에 흡연하지 않는 사람이 겨우 몇 명뿐이라며 시대 상황을 과장해서 표현했다.

담배 애호가의 폭발적인 증가에 힘입어 한양에는 수많은 담배 가게가 생겼다. 단원 김홍도의 그림 〈담배 써는 가게〉를 보면 한 남자가 담배를

단원 김홍도의 그림 〈담배 써는 가게〉.

썰어 파는 절초전에서 부채질을 하며 책을 읽는 모습이 나온다. 이 그림은 담배 가게가 담소를 나누고 소설책도 읽는 조선 후기의 카페였음을 보여준다.

담배가 과거 이처럼 인기를 끌었던 것은 담배의 약효와도 무관하지 않다. 1492년 10월 13일, 산살바도르 섬에 도착한 콜럼버스 일행은 유리구슬과 안경을 준 답례품으로 인디언들로부터 담배를 얻는다. 당시 인디언들은 담배를 단순한 기침에서부터 매독에 이르는 이루 헤아릴 수 없이 수많은 질환에 사용했다고 한다.

이후 담배는 선원들에 의해 스페인과 포르투갈로 들어간다. 포르투갈의 수도인 항구도시 리스본에 머물던 로마 교황의 사절 산타 크로체^{Santa} ^{Croce}는 1561년 교황에게 천식에 효과가 있다며 담배 씨앗을 바쳤다. 그에 앞서 1559년에는 리스본에 주재하던 프랑스 대사 장 니코^{Jean Nicot}가 두통으로 고생하던 카트린 드메디시스^{Catherine de Médicis} 왕비에게 치료제로 헌상했다. 이 때문에 담배는 처음에 '왕비의 약초'라 불렸고, 훗날 프랑스로 담배를 들여온 장 니코를 기념하는 뜻에서 담배에 함유된 알칼로이드를 니코틴이라 부르게 됐다.

니코는 잘게 갈아낸 잎 또는 줄기에서 채취한 즙으로 부스럼과 백선에 걸린 사람을 치료했고, 칼에 베인 상처에도 담뱃잎을 붙여 치료했다.

담배 꽃. 니코틴에 중독되면 현기증과 시청각 장애, 정신착란을 일으키며, 증세가 진행되면 혈압이 내려가고 호흡곤란이나 실신, 경련이 나타난다. 폐, 기관지, 인후부에 암을 유발하기도 한다. 2011년 8월 25일 경북 봉화군 청량산에서 촬영.

담배 잎. 니코틴은 청산칼리만큼 독한 독극물이다. 프랑스의 생리학자 클로드 베르나르는 고양이의 다리에 상처를 낸 뒤 그 부위에 니코틴 두 방울을 떨어뜨렸더니 고양이가 경련을 일으키며 죽었다고 보고했다. 2010년 7월 25일 경기도 용인시 한국민속촌에서 촬영.

이런 까닭에 담배는 바르거나 연기를 피우면 거의 모든 병을 치료한다는 평판을 얻었다.

자일스 에버라드Giles Everard라는 영국인은 담배가 콜레라의 해독제라는 내용이 포함된 책을 썼다. 대흑사병의 시대(1665년에 절정을 맞는다)에는 끽연을 하면 병에 걸리지 않는다는 믿음이 지배적이었다. 흑사병으로 죽은 시체를 차로 운반하던 사람들은 담배를 계속 피우기만 하면 자신을 병으로부터 지킬 수 있다고 믿었다.

담배는 우리나라에서도 약초로 소개되며 등장했다. 조선시대 실학자 이수광은 『지봉유설』에서 담배에 대해 "가래와 습기를 잘 없애고 기氣를 내리며, 또 술을 깨게 한다. 지금 사람들이 이것을 많이 심어 활용하는데, 매우 효험이 있다"라고 기록했으며, 그가 집필한 『승평읍지昇平邑誌』에서 순천 지방의 특산약재로 등록했다.

조선 제22대 왕 정조는 애연가로 유명했다. 문집 『홍재전서弘齋全書』에서 "더위를 당해서는 더위를 씻어주는데 이는 기氣가 저절로 평온해지므로 더위가 저절로 물러가게 된 것이다. 또 추위를 당해서는 추위를 막아주는데, 이는 침이 저절로 따뜻해지므로 추위가 저절로 물러간 것이며, 밥 먹은 뒤에는 이것에 힘입어 음식을 소화시키고, 변을 볼 때는 이것으로 악취를 쫓고, 또 잠을 청하고자 하나 잠이 오지 않을 때는 이것을 피우면 잠이 오며, 심지어는 시를 짓거나 문장을 엮을 때, 다른 사람들과 얘기할 때, 그리고 고요히 정좌할 때에도 사람에게 유익하지 않은 점이 없다"며 담배를 예찬했다.

바닥없는 구멍에서 내뿜는 무서운 지옥의 연기

담배꽁초 하나면 살인도 가능?

하지만 그와는 반대로 담배를 싫어했던 사람도 많아서 담배에 대한 논쟁은 끊이지 않았다. 『조선왕조실록』「인조실록」에는 가래를 치료하고 소화를 시킨다면서도 오래 피우면 가끔 간의 기운을 손상시켜 눈을 어둡게 한다고 했다. 아울러 오래 피운 사람이 유해무익한 것을 알고 끊으려고 해도 끝내 끊지 못하니 세상에서 가장 요망한 풀이라고 경고했다.

연암 박지원은 『열하일기熱河日記』에서 "사람으로 하여금 가슴이 답답하고 취해 넘어지게 하는 천하의 독초"라고 지적했으며, 가래를 치료하고 소화를 돕는다고 담배를 소개한 이수광도 담배에는 독이 있으니 경솔히 쓰지 말라고 권했다.

실학자 이덕무는 그의 시문집인 『청장관전서青莊館全書』에서 어린이가 담배 피우는 것에 대해 아름다운 품행이 아니라며 안타까운 심경을 드러내기도 했다. 담배는 "골수를 마취하고 혈기를 마르게 하며, 독한 진은 책을 더럽히고 불티는 옷을 태운다. (……) 혹은 손님을 대하면서 긴 담뱃대를 빼물고 함께 불을 붙이는 어린이도 있는데, 어찌 그리도 오만불손한가? 어른이 매까지 때리며 엄하게 금하는데도 숨어서 몰래 피우고 끝내 고치지 않는 어린이가 있는가 하면, 혹은 어린이에게 담배 피우기를 권하는 부형도 있으니, 어찌 그리도 비루한가? 담배가 성행하는 것은 특히 아름다운 일이 아니다"라는 것이다. 또한 성호 이익은 담배의 역겨운 냄새와 비싼 담뱃값 그리고 담배를 구하러 다니면서 낭비하는 시간 때문에 담배 피우는 것을 반대했다고 한다.

말린 담뱃잎 묶음. 농부들은 밭에서 딴 담뱃잎을 잘 말린 뒤 묶음을 만들어 사랑방에 매달아두고는 필요할 때마다 잘게 부순 담뱃잎을 종이에 싸서 피웠다. 2011년 6월 6일 서울시 중구 '한국의 집'에서 촬영.

조선의 제15대 왕 광해군도 담배에 관한 유명한 일화를 남겼다. 어느 날 궁중에 숙직하는 문관들이 서로 모여 흡연하는 것을 우연히 발견하고는 "입냄새가 좋지 않다"고 한마디했는데, 이를 계기로 존전에서 끽연이 금지됐다. 뿐만 아니라 비천한 자는 존귀한 사람 앞에서, 젊은이는 어른 앞에서 담배를 피우지 못하게 됐다.

유럽에서도 담배 도입과 함께 끽연을 둘러싼 위해성 논란이 뜨겁게 달아올랐다. 처음으로 담배에 세금을 부과한 영국의 제임스 1세는 "끽연이라고 하는 추접스러운 신유행은 눈에 나쁘고 코에 좋지 않으며, 뇌에 유해하고 폐에 위험한 습관이다. 뿐만 아니라 거기에서 피어오르는 악취 나는 검은 연기는 바닥없는 구멍에서 내뿜는 무서운 지옥의 연기와 매우 비슷하다"라고 했다.

많은 나라에서는 흡연을 하는 사람에게 사형, 추방, 채찍질, 투옥, 벌금 같은 엄한 형벌을 내리기도 했다. 1623년에서 1640년 사이 콘스탄티노플의 술탄 무라드 4세는 담배를 피우면 몸에 말뚝을 박아 죽이고, 코로 냄새를 맡는 사람은 현행범으로 체포했다. 러시아의 표트르 3세는 담배를 피우는 자의 코를 자르라는 명령을 내렸으며, 그래도 또 피울 때는 머리를 베어버리라고 명했다.

1952년 미국의 월간지 『리더스 다이제스트Reader's Digest』는 "담배 때문에 암이 생긴다"는 표지 문구를 내세웠다. 실제로 담배가 암을 유발한다는 사실이 밝혀지면서 각국 정부는 대처 방안을 마련하기 시작했다. 영국 의학연구위원회Medical Research Council는 1957년과 1959년 각각 두 가지 보고를 발표해 끽연이 폐암에 의한 사망의 원인이며, 기관지염을 불러일으킨

smokers make poor swimmers.

ash.

금연 포스터. 때때로 어린아이들이 담배를 삼키는 사고가 발생하는데, 담배 한 개비는 어린아이를 죽일 수 있을 정도의 독성을 지니고 있어 삼키면 강력한 독약이 된다. 흡연은 생식기능에도 악영향을 끼친다.

다고 규정했다. 결국 담배에 대한 유해성 논란은 이로써 사실상 종지부를 찍는다.

담배에는 알칼로이드의 일종인 니코틴이 들어 있다. 이 물질은 머리가 멍할 때는 신경을 각성시키고, 초조할 때는 마음을 진정시키는 효과가 있다. 이는 니코틴이 신경섬유 말단의 시냅스에서 신경전달물질인 아세틸콜린 수용체와 결합하기 때문이다. 이를 통해 자율신경을 흥분시키지만, 그 뒤에는 아세틸콜린 수용체와 결합한 채 신호가 전달되는 것을 계속 차단하며 진정작용을 한다.

니코틴은 청산칼리만큼 강한 독극물이다. 프랑스의 생리학자 클로드

베르나르Claude Bernard는 고양이의 다리에 상처를 낸 후 그 부위에 니코틴 두 방울을 떨어뜨렸더니 고양이가 경련을 일으키며 죽었다고 보고했다. 또 영국의 식물학자 니컬러스 컬페퍼는 담배를 증류해서 뽑은 기름으로 고양이를 죽일 수 있다고 밝혔다. 근대 일기문학을 개척한 작가 새뮤얼 피프스Samuel Pepys는 1665년 5월 3일에 쓴 일기에서 "플로렌스 공작이 만든 독으로 고양이가 죽는 모습을 보았다. (……) 담배 기름 역시 같은 효과를 나타냈다"고 기록했다.

니코틴에 중독되면 호흡이 거칠어지고 혈압이 상승하며, 현기증과 시청각 장애, 정신착란을 경험한다. 이런 증세가 진행되면 혈압이 내려가고 호흡곤란이나 실신, 경련이 나타난다. 만성중독 증상으로는 위염, 소화관궤양, 신경과민, 기억력쇠퇴 등이 있고, 폐, 기관지, 인후부에 암을 유발하기도 한다.

담배에는 니코틴 이외에도 발암물질인 벤조피렌benzopyrene을 비롯한 다양한 물질들로 구성된 타르tar라는 유해 성분도 들어 있다. 때때로 어린아이들이 담배를 먹는 사고가 발생하는데, 담배 한 개비에는 어린아이를 죽음에 이르게 할 만큼 충분한 독성이 있어 삼키면 강력한 독약이 된다. 한때 일본에서는 아이들이 담배꽁초를 삼키는 사고가 연간 5000건에 달했다고 한다. 담배꽁초가 더욱 문제인 것은 축적된 니코틴이 위와 장에서 쉽게 용해되기 때문이다. 담배꽁초가 담긴 음료수를 어린아이가 마시면 특히 위험하다.

흔히 독소가 함유된 물질을 먹으면 토한 뒤에 물을 마시게 한다. 하지만 담배는 이와 달리, 물이나 우유를 마시면 오히려 더 위험해진다. 이는

피에르 오귀스트 르느와르의 〈신문을 읽고 있는 모네〉. 파이프를 문 채 그림을 그리는 모습으로 유명한 프랑스 인상주의 화가 클로드 모네는 지나친 흡연으로 인한 폐암으로 사망했다.

니코틴이 수분에 용해되면 흡수가 빨라지기 때문이다. 그래서 담배를 먹은 아이에게는 아무것도 먹여서는 안 된다. 다만 담배 액을 마셨다면 이미 니코틴이 액체로 용해된 상태니 물이나 우유를 마셔서 희석시키고 토하게 하는 것이 좋다.

1850년 벨기에에서는 한 백작이 부인과 함께 담배에서 추출한 니코틴으로 부인의 오빠를 살해하는 사건이 발생했다. 백작은 독살을 꾸미기 위해 정원 한구석에서 담배를 기르며 잎을 삶은 액체를 반복해서 증류해 무색투명한 액체를 만들었다. 백작은 화학교수에게 담뱃잎에서 니코틴을 추출하는 방법도 배웠다. 그러나 백작과 부인은 독극물 관련 학자들의 끈질긴 노력으로 결국 법의 심판을 받았다. 이를 계기로 니코틴을 독살에 사용할 경우 결코 빠져나갈 수 없다는 사실이 널리 알려졌다.

이처럼 담배는 다양한 평가를 받는 식물이다. 이를 보면 유독물질을

꽃담배 꽃. 담배와 비슷한 꽃담배는 브라질 원산 인공배배종으로, 1957년 우리나라에 도입됐다. 잎을 비롯해 겉모양이 담배와 비슷하지만 크기가 훨씬 작다. 원줄기와 가지 끝에 백색, 황색, 연분홍색 또는 자주색 꽃이 핀다. 2011년 10월 9일 경기도 여주군 해여림 식물원에서 촬영.

함유한 식물은 분명 인간에게 위험한 존재이지만 그 위험성은 어떻게 사용하느냐에 따라 달라질 수 있다.

학명에는 어떤 뜻이?

담배의 속명 'Nicotiana'는 프랑스의 외교관 장 니코의 이름에서 유래했다. 그는 1559년 담배 종자를 처음으로 프랑스에 가져왔다. 종소명 'tabacum'은 담배의 인디언 이름이다.

비슷한 식물(동속 식물)

담배와 비슷한 식물로 꽃담배가 있다. 꽃담배는 브라질 원산 인공교배종으로 1957년 우리나라에 도입됐다. 약 1미터 크기로 자라며 잎 모양은 담배와 비슷하지만 크기가 훨씬 작다. 원줄기와 가지 끝에 흰색, 노란색, 연분홍색 또는 자주색 꽃이 핀다.

독살의 세계사

독살은 과거 권력을 쟁취하고 유지하기 위해 많은 사람들이 애용했던 정적 제거 수단이었다. 폭군으로 유명한 네로 황제의 어머니 아그리피나(Julia Agrippina Minor)와 중국 역사상 유일한 여성 황제인 당나라의 측천무후(則天武后)는 아들을 황제 자리에 앉히기 위해 남편과 주변 인물을 독살했다. 조선 왕의 25퍼센트가 독살로 죽었다는 이야기도 있다. 최근에는 미국의 CIA가 쿠바의 카스트로를 제거하기 위해 수차례에 걸쳐 암살 계획을 세웠다는 사실이 드러났다.

고대 이집트에서는 왕후들이 독으로 몸을 단련한 처녀를 적에게 선물로 보내는 관습이 있었다. 알렉산드로스 대왕도 인도 태수에게 이 같은 방법으로 위협을 받았다. 또 마르코 폴로는 『동방견문록東方見聞錄』에서 러시아 남부의 카스피 해 근처에 암살 수법을 교육하는 '암살자의 계곡'이 있다고 기록했다.

독살이 각광을 받았던 이유는 과거 과학이나 의학이 발달하지 못했기 때문이다. 그래서 살해 의혹이 있어도 사인을 명확하게 밝히지 못한 채 역사 속에 묻힌 경우가 허다했다. 특히 음료에 독을 타거나 바늘 같은 도구에 독을 묻혀 피부에 찌르는 방법을 쓰면 여성이나 노인처럼 힘이 약한 사람들도 쉽게 남을 살해할 수 있었다. 또 직접 대면하지 않고도 적을 제압할 수 있었다. 더욱이 운이 좋으면 자연사나 급사로 넘어가기도 하고, 때론 악마의 소행이나 주술 때문이라고 책임을 전가하면 그만이었다.

이렇듯 독살에 대한 두려움이 만연하면서 조선시대에는 임금이 쓰는 수저로 독을 빨리 감지하는 은수저만 사용했다. 이것으로도 부족해 임금이 음식을 들기 전에 미리 한 번씩 맛을 보는 관리까지 뒀다. 그래도 조선 왕들의 독살 의혹이 적지 않았다는 것은 아이러니가 아닐 수 없다.

꼭두서니

학명_ *Rubia akane* Nakai(꼭두서닛과)
다른 이름(이명)_ 꼭두선이, 가삼자리
일명_ アカネ
특징_ 여러해살이덩굴식물. 길이 1m
개화_ 7~8월(연한 노란색, 지름 3.5~4mm)
결실_ 8~9월(검은색, 지름 0.3~0.5cm)
분포_ 전국 각지
주요 독성물질_ 루베리트린산(ruberythric acid),
알리자린(alizarin), 루시딘(lucidine), 루비아딘(rubiadin) 등

노을빛 색상은 붉은색 염료 중 '으뜸'

광물성 합성염료가 개발된 후 쓰임새가 크게 위축됐던 천연염색을 되살리려는 움직임이 최근 들어 부쩍 활발해졌다. 안전과 건강에 대한 관심이 높아진데다 천연염료가 내는 고유의 색상에는 화학염료가 흉내낼 수 없는 자연스러운 매력이 고스란히 묻어나기 때문이다.

우리나라는 예로부터 염색 공예가 발달했다. 신라와 고려시대에는 염색을 맡은 장인과 관청을 별도로 두기도 했다. 특히 신라시대에는 꼭두서니 염색 기술이 상당히 뛰어났다. 꼭두서니 뿌리로 만든 염색 원료는 근세까지 이어져올 정도로 유명했다. 꼭두서니로 종이를 물들이면 마치 붉은 노을빛이 젖어드는 것처럼 아름다웠다. 과거 꼭두서니에서 채취한

꼭두서니 잎과 줄기, 꽃. 꼭두서니는 한방에서 강장, 발한, 하열, 이뇨, 지혈을 다스리는 약재로 광범위하게
사용했다. 황달의 치료제로 소개되기도 했다. 목욕재로도 쓰였는데, 타박상의 통증을 가라앉혀준다고 한다.
2011년 9월 13일 충남 당진시 아미산에서 촬영.

붉은 염료는 주로 무명이나 가죽을 염색할 때 사용했다. 고대 페르시아
나 이집트에서는 고귀하고 덕 있는 사람들이 입는 옷을 붉은색으로 물들
였다고 한다.

  알렉산드로스 대왕이 이끌었던 군대는 군복이 붉은색이었는데, 이것
도 꼭두서니로 물들인 것이다. 영국의 헨리 2세도 법령으로 군복을 붉게
염색할 때 이 염료를 사용하도록 했다. 프랑스의 왕 루이 필리프도 프랑
스군 장병의 바지와 군모에 색을 넣을 때 꼭두서니를 쓰게 했다. 붉은색
만큼 적에게 위압감을 주는 색도 없으니 군복을 붉은색으로 물들인 전통
은 어찌 보면 당연하다.

꼭두서니 뿌리. 최근 안전과 건강에 대한 관심이 많 꼭두서니로 염색한 실. 붉은색은 과거 단조로운 생활
아지면서 천연염료가 각광받고 있다. 꼭두서니 뿌 에 변화를 가져다주는 활력소로, 또 토속신앙의 주술
리에서 추출한 염료로 물들인 붉은색은 빛깔이 아 적 의미로 많이 쓰였다. 붉은색의 활용도가 높아질수
주 곱다. 2011년 9월 28일 인천시 용유도에서 촬영. 록 꼭두서니의 역할도 덩달아 커졌다.

붉은색은 고대의 단조로운 생활에 변화를 가져다주는 활력소이기도 했
다. 또 토속신앙에서 주술적 의미를 드러내는 색으로 가장 많이 쓰였다.

조선시대에는 붉은색을 활용한 문화가 크게 발달했다. 1750년대에 궁
중 복식을 분석한 자료를 보면 전체 1400여 건 가운데 붉은색 계통이
915건으로 절반을 넘어섰다. 적어도 궁중에서만큼은 붉은색의 시대라
칭할 만했다. 붉은색의 활용도가 높아질수록 붉은색 염료의 대표주자인
꼭두서니의 역할이 덩달아 커졌음은 불을 보듯 자명한 사실이다.

그런가 하면 꼭두서니는 색다른 용도로 주목을 받았다. 조선시대 법의
학 서적인 『증수무원록언해^{增修無冤錄諺解}』에는 "간혹 범인이 사체를 부검하
는 관원을 매수해 꼭두서니와 같은 풀을 식초에 담갔다가 상처에 바르기
도 한다"는 내용이 나온다. 이렇게 하면 상흔이 사라지기 때문이다.

전국의 산기슭이나 산골짜기에서 흔히 볼 수 있는 꼭두서니는 여러해
살이 덩굴식물로 과산룡^{過山龍}, 모수^{茅蒐}, 천초^{茜草}라는 이름으로 불렸다.

꼭두서니의 가시. 꼭두서니 줄기에는 짧은 가시가 촘촘하게 달려 있어 조심하지 않으면 상처를 입기 십상이다. 그래서 소를 비롯한 초식동물들도 입에 대길 꺼려한다. 2011년 10월 9일 경기도 여주군 해여림식물원에서 촬영.

꼭두서니의 어린잎. 꼭두서니의 어린잎과 순은 데쳐서 흐르는 물에 잘 우려낸 다음 나물로 무쳐먹기도 한다. 그러나 독성이 강하기 때문에 먹지 않는 것이 좋다. 2009년 9월 6일 경기도 성남시 분당중앙공원에서 촬영.

네모난 줄기에 심장형 잎 네 개가 돌려난다. 꽃은 7~8월에 연한 노란색으로 피며, 열매는 8~9월에 검게 익는다. 줄기에는 짧은 가시가 촘촘하게 달려 있어 맨손으로 건드리면 가시에 찔려 상처를 입기 십상이다. 그래서 소나 다른 초식동물들도 입에 대지 않는다.

햄과 소시지에 천연색소로 사용하기도
동물실험에서 신장암 유발 확인

한방에서 꼭두서니는 강장, 발한, 하혈, 이뇨, 지혈을 다스리는 약재로 썼다. 억균, 진해, 거담 작용은 물론 항암효과도 크다고 알려졌다. 특히 신장과 방광의 결석을 용해하는 용도로 광범위하게 사용됐고, 황달 치료제로도 쓰였다. 뿌리, 열매, 줄기는 목욕재로 쓰였는데, 이 물에 목욕을 하면 타박상이 가라앉는다고 한다. 꼭두서니를 신경초라 부르기도 하는

꼭두서니 꽃. 7~8월에 피는 꼭두서니 꽃은 지름이 0.4밀리미터 정도로 아주 작기 때문에 눈에 잘 띄지 않는다. 하지만 자세히 들여다보면 앙증맞은 모습을 확인할 수 있다. 2010년 8월 21일 강원도 원주시 치악산에서 촬영.

꼭두서니 열매. 꼭두서니에는 신장암과 간암을 일으키는 물질이 들어 있다. 특히 유전자에 직접 작용할 가능성이 높아 식품첨가물로 사용하는 것은 위험하다. 2011년 10월 9일 경북 포항시 하옥리에서 촬영.

데 뿌리를 캐어 소주에 담가뒀다가 마시면 신경통에 좋다는 소문 때문이다. 또 뿌리를 잘게 썰어 감초를 조금 넣어 차 대용으로 마시면 피로회복에도 효과가 있다. 봄에는 어린잎과 순을 뜯어다 나물로 무쳐먹기도 한다. 쓴 기운이 있어 데쳐서 흐르는 물에 우려낸 후 조리를 했고, 기름에 튀기거나 볶아서 쓴맛을 없애기도 했다.

꼭두서니는 햄, 소시지, 어묵, 베이컨, 과자, 음료에 붉은색을 내는 발색제로 첨가되는 천연색소로도 쓰였다. 내광성과 내열성이 우수하며 단백질에 대한 염착성도 좋다. 이 색소는 최근까지 양갱제품과 사탕에도 쓰였다.

그러나 꼭두서니 추출물을 식용으로 사용하는 국가는 일본과 한국, 중국 등 주로 동아시아 지역 국가들에 한정돼 있다. 미국과 유럽에서는 이것을 식품첨가물로 인정하지 않는다. 학계에서는 그동안 이 색소가 신장암과 간암을 불러올 수 있고, 특히 유전자에 직접 작용할 가능성이 높다는 지적을 했다.

실제 일본 국립식품의약품위생연구소는 서양꼭두서니*Rubia tinctorum* 색소의 발암성에 대한 동물실험을 진행해, 이 색소가 신장암을 유발한다는 연구 결과를 후생성에 보고했다. 연구소는 104주에 걸쳐 실험용 쥐 100마리에 대한 발암성과 독성 테스트를 진행했다. 그 결과 꼭두서니 색소가 5퍼센트 들어간 사료를 먹인 실험용 쥐의 신장에서 악성 종양을 발견했다.

이 때문에 우리나라 식품의약품안전처도 꼭두서니 색소의 제조와 사용, 유통을 중단하도록 조치하는 한편, 보관품은 수입자가 자진 회수해

처리하도록 했다. 또 꼭두서니가 재료인 천초근과 제제에 대한 사용을 제한하고 이 품목의 제조, 수입, 출하를 막았다. 국내 연구 결과 한약재로 수입되는 중국꼭두서니*Rubia cordifolia*도 서양꼭두서니와 마찬가지로 유전독성을 유발하는 것으로 나타났다.

꼭두서니에는 루베리트린산, 알리자린, 루시딘, 루비아딘 같은 독성 성분이 들어 있다. 이들 물질은 모두 유전독성이 있다.

『곤충기*Souvenirs entomologiques*』로 유명한 프랑스의 곤충학자 파브르는『식물기*La Plante*』에서 꼭두서니에 남다른 감정을 드러냈다. 그는 "꼭두서니는 신이 창조하신 대로라면 단 한 개의 뿌리로 족하다. 잔가지는 곧바로 설 힘은 없지만 다른 나무숲에 의지해 뿌리 하나만으로 줄기를 지탱할 수 있다. 그런데 꼭두서니의 뿌리에는 값비싼 빨간색 염료를 만들 수 있는 재료가 들어 있다. 그래서 사람들은 그 뿌리를 늘리려고 궁리한다. 사람들은 꼭두서니 밑동을 북돋아준다. 가엾은 꼭두서니는 흙속에 묻힌다. 하지만 실업가에게 연민의 정 같은 것은 없다"고 썼다. 꼭두서니는 인간에게 큰 도움을 주는 식물이다. 하지만 파브르는 그 때문에 꼭두서니가 거꾸로 수난을 당하는 사실을 꼬집은 것이다. 생물 산업을 이끄는 사람들이라면 한 번쯤 되새겨볼 일이다.

학명에는 어떤 뜻이?

꼭두서니의 속명 '*Rubia*'는 라틴어 'ruber(붉은)'에서 유래했다. 뿌리의 빛깔과 여기에서 채취하는 염료를 의미한다. 종소명 '*akane*'는 일본명 '아카나(붉은채소)'에서 유래했다. 서양꼭두서니의 종소명 '*tinctorum*'은

'tinctor(염색소의)'라는 말로, 뿌리가 붉은 염색에 쓰이는 것을 뜻한다.

비슷한 식물(동속 식물)

우리나라에 서식하는 꼭두서니속^{Rubia} 식물에는 꼭두서니를 비롯해 가지꼭두서니, 갈퀴꼭두서니, 너도꼭두서니, 덤불꼭두서니, 민꼭두서니, 우단꼭두서니, 큰꼭두서니 등 여덟 종이 있다. 잎의 개수와 모양 등으로 구분한다.

갈퀴꼭두서니. 줄기에 있는 네 개의 모 위에 갈고리와 같은 작은 가시가 있으며 마디마다 5~9장의 길쭉한 타원형 잎이 둥글게 배열되어 있다. 2011년 5월 6일 경북 포항시 기청산식물원에서 촬영.

은방울꽃

학명_ *Convallaria keiskei* Miq.(백합과)
다른 이름(이명)_ 비비추, 초롱꽃, 영란
영명_ lily of the valley
일명_ スズラン
특징_ 여러해살이풀, 높이 30~40cm
개화_ 4~5월(흰색, 길이 6~8mm)
결실_ 6~7월(붉은색, 지름 6mm)
분포_ 전국 각처 산지
주요 독성물질_ 콘발라마린(convallamarin), 콘발라린(convallarin) 등

청초함으로 죽음의 그림자 감춘 독초

넓고 시원한 타원형 잎사귀. 휘어진 줄기에 한 줄로 나란히 매달린 앙증맞은 방울 모양의 하얀 꽃. 은방울꽃은 높이가 30~40센티미터 정도이다. 크기가 작은데다 넓은잎 속에 숨어서 꽃을 찾기는 힘들지만 누구나 한번 보면 그 매력에 푹 빠지게 하는 마성을 지녔다. 많은 이들의 사랑을 받고 있음을 방증하듯 은방울꽃은 다양한 별명을 갖고 있다.

일본에서는 영란鈴蘭, 곧 방울난초라는 이름을 쓰고 있다. 한국 사람이나 일본 사람이나 공통적으로 방울을 연상하는 듯하다. 초옥령草玉鈴, 녹령초鹿鈴草도 방울과 관련된 이름이다. 잎의 모양이 박새 또는 여로 같기

독일 화가 미하엘 빌만(Michael Leopold Lukas Willmann)의 〈야곱의 꿈이 있는 풍경〉. 프랑스에서는 작고 하얀 꽃이 아래에서 위를 향해 피어 있기 때문에 은방울꽃을 '천국의 사다리'나 '야곱의 사다리'라고 부른다.

도 해서 여로화藜蘆花나 소여로小藜蘆로 불리기도 했다.

일본에서는 또한 '당신의 그림자 풀君影草'이라는 이름도 갖고 있다. 프랑스에서는 작고 하얀 꽃이 밑에서 위를 향해 피어 있기 때문에 '천국의 사다리' 혹은 '야곱의 사다리'라고 부른다. '요정들의 찻잔'이라는 이름도 있다. 밤새도록 포도주를 마시며 춤추던 작은 요정들이 아침이 밝아오자 깜짝 놀라 찻잔을 이 식물에 그냥 걸어두고 사라졌다는 전설에서 나온 이름이다.

은방울꽃 원료로 만든 향수. 은방울꽃은 향기가 짙어 일찍부터 향수로 사용됐다. 이 꽃을 '향수초'나 '향수화'라고 하는 것도 이 때문이다. 16세기 중엽에는 독일산 은방울꽃에서 뽑은 추출물이 '황금의 물'이라 불리며 아주 비싼 값에 팔렸다.

은방울꽃의 꽃. 일본에서도 '영란', 곧 '방울난초'라는 이름을 쓴다. 한국 사람이나 일본 사람이나 공통적으로 방울을 연상했다. 초옥령과 녹령초도 방울과 관련된 이름이다. 2011년 5월 19일 경기도 포천시 평강식물원에서 촬영.

크리스트교에서는 좋은 향기가 나고 청초한 순백을 지녔기 때문에 은방울꽃을 '성모마리아 꽃'으로 여긴다. 프랑스에서는 '성모마리아의 눈물larmes de ste Marie'이라고 부른다.

그런가 하면 영국, 프랑스, 독일 등지에서는 은방울꽃을 '오월의 꽃May Flower'이라고 부르기도 했다. 꽃이 피는 계절을 반영한 별명이다. 프랑스에서는 5월 1일에 은방울꽃을 보내면 그 사람에게 행운이 온다는 이야기가 오래전부터 전해내려온다. 그래서 이날이 다가오면 젊은이들이 가까운 산이나 숲으로 가서 은방울꽃을 꺾어다가 꽃다발을 만들어 길을 가는 사람들에게 건넸다고 한다.

은방울꽃이 자라는 곳과 꽃의 특징을 살린 영어 이름은 골짜기의 백합을 뜻하는 'lily of the valley'다. 속명Convallaria 또한 라틴어 con-vallis(계곡 사이)에서 유래했다. 하지만 'lily of the valley'를 뜻 그대로 골짜기의 백합이라고 번역한다면 적절치 않고, 은방울꽃이라고 정확하게 번역해

서양에서 인문주의 시대 의사들은 자신들의 직업을 상징하는 식물로 은방울꽃을 선택했다. 이는 강심제인 은방울꽃이 당시 중요한 약재였기 때문으로, 그들은 이 식물을 '세상의 치유'라 불렀다. 2010년 5월 25일 경기도 성남시 분당중앙공원에서 촬영.

은방울꽃 열매. 사랑스럽고 가녀린 모습과 달리 은방울꽃은 독성물질을 품고 있어 먹지 않는 것이 현명한 선택이다. 일본의 드라마에서는 은방울꽃을 이용한 독살과 관련된 내용을 쉽게 접할 수 있다. 2011년 10월 2일 강원도 평창군 한국자생식물원에서 촬영.

야 한다. 백합과 은방울꽃은 분명히 다른 꽃이기 때문이다. 샤론의 장미 rose of sharon나 연못의 백합water lily이 각각 장미나 백합이 아닌 무궁화와 수련인 것과 같은 이치다. 하루살이 백합day lily도 백합이 아닌 원추리다. 비록 영란과 초옥란이라는 별명에 난蘭이라는 글자가 붙어 있지만 은방울꽃은 난초 종류가 아닌 백합과 풀이다. 문주란이나 군자란 역시 수선화과에 속하니 난초 종류가 아님을 알 수 있다. 다만 난이라는 표현에서 꽃의 고상함과 아름다움을 짐작할 수 있을 따름이다.

은방울꽃은 향기가 짙어 일찍부터 향수로 사용됐다. 이 꽃을 '향수초香水草'나 '향수화香水花'라고 부르는 것도 이 때문이다. 프랑스에서는 은방울꽃을 'muguet'이라 하는데, 이는 사향을 뜻하는 'musc'에서 유래한 말이다.

추출액 '황금의 물'은 다양한 질환 치료제
강심배당체 함유로 복용시 중독 위험이

16세기 중엽에는 독일산 은방울꽃에서 뽑은 추출물이 '황금의 물aqua aurea'이라고 부를 정도로 비싼 값에 팔렸다. 그래서 원예용으로 많이 가꾸었다. 이 황금수를 상처가 난 곳에 바르면 감쪽같이 나을 뿐만 아니라 통풍, 뇌졸중, 류머티즘에도 효과가 있고, 사랑하는 이성에게 뿌리면 상대방이 곧 끌려오게 된다는 이야기도 전해진다.

인문주의 시대를 살았던 서구 의사들은 자신들의 직업을 상징하는 식물로 은방울꽃을 선택했다. 이는 강심제인 은방울꽃이 당시 중요한 약재였기 때문이다. 그들은 이 식물을 '세상의 치유salus mundi'라 불렀다.

일부 지방에서는 이른 봄 은방울꽃의 어린잎을 뜯어다가 데친 후 흐르는 물에 하루 이상 담가서 충분히 우려낸 다음 나물로 무쳐먹는다. 그러나 은방울꽃은 콘발라마린, 콘발라린 같은 강심배당체를 품고 있어 먹지 않는 편이 안전하다.

강심배당체에 중독되면 식욕감퇴, 타액과다분비, 메스꺼움, 구토 등 소화기 계통의 중독 증상이 나타나며, 심하면 메스꺼움, 두통, 두근거림 등 순환기 계통의 중독 증상이 나타난다. 자칫하면 죽음에 이를 수도 있다. 일본 드라마를 보면 은방울꽃을 이용한 독살사건을 쉽게 접할 수 있다.

은방울꽃과 비슷한 유럽 종의 식물인 종소명 '*majalis*'에는 라틴어의 '거세당한 돼지' '남성적 정력을 상실한 인간'이라는 의미가 들어 있다. 유독식물이라 돼지가 이 풀을 먹고 생식능력이 저하되거나 상실되기 때문에 붙여진 이름이라는 설도 있다. 은방울꽃이 원예용으로 각광을 받으면서도 강인한 생명력을 유지하는 것은 독성 때문에 소나 말과 같은 초식동물의 먹이가 되지 않은 까닭이라고 풀이할 수 있다.

헷갈리면 위험해요

은방울꽃과 산마늘은 비슷한 모양 때문에 헷갈리기 쉽다. 실제 어린 싹이 나물로 먹는 산마늘과 비슷하기 때문에 오인을 해서 중독사고가 발생하는 일도 빈번하다. 군대에서 훈련 도중 은방울꽃을 산마늘로 착각해 뜯어먹은 병사가 병원으로 후송됐다는 이야기도 입에서 입으로 전

산마늘. 은방울꽃과 산마늘은 비슷한 모양 때문에 헷갈리기 쉽다. 2011년 5월 22일 서울시 홍릉수목원에서 촬영.

은방울꽃의 어린순. 2009년 4월 24일 경기도 남양주시 축령산에서 촬영.

해진다.

봄에 새순이 돋을 때 산마늘은 줄기마다 제각기 한 개의 잎이 나오는데, 은방울꽃은 줄기 한 개에서 두세 개의 잎이 갈라진다. 산마늘의 잎은 둥글고 편평한 반면에 은방울꽃은 길고 골이 깊다. 산마늘에 비해 은방울꽃은 잎자루가 가늘고 길며, 잎끝이 뾰족하다. 산마늘은 비늘줄기가 발달해 있다. 그래도 구별이 잘 안 되면 잎을 찢어서 냄새를 맡아보면 된다. 산마늘에서 마늘 향이 난다. 은방울꽃의 새싹은 같은 백합과 식물인 둥굴레, 풀솜대 등과도 모양이 유사하기 때문에 주의해야 한다.

학명에는 어떤 뜻이?

은방울꽃의 속명 'Convallaria'는 라틴어 'con-vallis(계곡 사이)'에서 유래했다. 계곡에서 잘 생육한다는 뜻이다. 또 라틴어 'convallis(골짜기)'

와 'leirion(백합)'의 합성어로, '산골짜기의 백합화'란 뜻으로 해석된다. 영어의 'lily of the valley'는 속명을 그대로 번역한 것이다. 종소명 '*keiskei, keiskeanus*'는 일본 메이지시대 초기의 식물학자 이름 이토 게이스케^{伊藤}^{圭介}에서 나왔다. 꽃말은 '순결' '다시 찾은 행복'이다.

삼

학명_ *Cannabis sativa* L.(삼과)
다른 이름(이명)_ 대마
영명_ marijuana, indian hemp
일명_ アサ
특징_ 중앙아시아 원산, 1년생 초본, 암수딴그루, 높이 1~2.5m
개화_ 7~8월(연한 녹색)
결실_ 8월(짙은 회색)
분포_ 재배 또는 야생
주요 독성물질_ 테트라하이드로카나비놀(THC, tetrahydrocannabinol), 무스카린(muscarine)

중국의 명의 화타가 수술할 때 진통제로 사용

마 또는 대마로 불리는 삼은 재배 역사가 매우 오래된 작물 중 하나다. 삼은 삼베를 짜거나 그물, 모기장, 천막 등을 만드는 재료이다. 삼의 섬유질은 매우 질겨서 로프나 농산물을 담는 포대로도 쓴다.

대마는 또 종이의 재료인 펄프로도 이용됐는데, 19세기까지 세계 종이 생산의 75퍼센트를 차지했다. 미국 역사에서 가장 유명한 문서인 「독립선언문」은 벤저민 프랭클린^{Benjamin Franklin}의 제지 공장에서 생산된 마지에 인쇄됐다.

삼의 껍질을 벗겨낸 속대를 '겨릅대'나 '계릅' 또는 '마골麻骨'이라고 한다. 겨릅대는 초가지붕을 엮을 때 작은 뼈대로 사용했으며, 토벽 외얽이로도 썼다. 겨릅대는 튼튼할 뿐만 아니라 속이 비어 있어 단열은 물론 습도 조절까지 해줬다.

씨앗에 함유된 기름은 버터나 치즈의 재료로 활용된다. 이 기름에는 인간에게 기초적인 고단백 영양분과 필수아미노산 여덟 가지가 들어 있다. 암, 심장질환, 담석증, 각종 열병은 물론 건조성 피부염 등으로부터 우리 신체를 보호하는 면역력을 길러주며, 피부의 자외선 차단력을 배가하는 효과도 있다.

겨릅대. 삼의 껍질을 벗겨낸 속대를 '겨릅대'라고 하는데 초가지붕을 엮을 때 작은 뼈대로, 또 토벽 외엮이로도 썼다. 튼튼하거니와 속이 비어 있어 단열작용은 물론 습도 조절까지 해줬다. 2012년 2월 26일 충남 당진시 농업기술센터에서 촬영.

이미 많은 회사에서는 삼 씨앗 성분 중 건성피부와 모발 보호에 효과가 있는 함유물을 활용해 삼베비누와 샴푸를 상품화했다. 삼베오일 햄버거까지 상품으로 나왔다. 민간에서는 무좀을 치료하는 데 잎을 사용하기도 한다.

자동차 왕 헨리 포드^{Henry Ford}는 삼베기름으로 달릴 수 있는 자동차를 구상하기도 했다.

한방에서는 씨앗을 화마인^{火麻仁}이라고 부르는데 약재로 쓴다. 중국의 한의서『신농본초경^{神農本草經}』에서는 화마인을 허약자나 노인의 변비를 치료하는 데 사용했다는 내용을 찾을 수 있다. 마취, 이뇨, 지혈에도 효능이 있다.

베틀. 마 또는 대마로 불리는 삼은 삼베를 짜거나 그물이나 천막을 만드는 재료로 요긴한 자원이다. 2011년
10월 26일 서울시 종로구 국립민속박물관에서 촬영.

중국에서는 기원전 15세기 무렵부터 류머티즘과 통풍으로 인한 통증
을 완화하는 진정제로 활용했다. 중국의 명의 화타가 수술을 할 때 삼을
진통제로 사용했다고 한다.

삼은 또 녹내장 환자의 안압을 감소시키는 효과도 있다. 녹내장은 서
둘러 치료하지 않으면 압력이 증가해 결국 실명하게 된다.

서양의 의사들 또한 과거 삼의 잎과 씨를 진정제나 수면제로 사용했으
며, 씨에서 추출한 기름은 곪은 부위를 완화하는 한편 피부를 통해 체내
에 침투한 이물질을 뽑아내는 고약으로 사용하기도 했다.

영국 빅토리아 여왕의 주치의가 대마초를 가리켜 '귀중한 명약 중의
하나'라며 여왕의 생리통 완화제로 처방했다는 기록이 있다. 삼을 진통

삼 잎. 중국에서는 삼을 류머티즘과 통풍으로 인한 통증을 완화하는 진정제로 활용했다. 중국 명의 화타가 수술할 때 진통제로 사용했다고 한다. 2012년 8월 4일 전북 전주시 한국도로공사수목원에서 촬영.

제로 사용했던 그리스의 외과의사 디오스코리데스Pedanius Dioskorides 또한 정력제로서의 효능과 식욕 촉진제로서의 역할을 높이 평가하는 한편 "눈 앞에 유령과 기분을 좋게 만드는 환영들을 나타나게 하는 마력을 지니고 있다"고 말하기도 했다.

하지만 부작용도 컸다. 그리스 의학의 성과를 집대성한 갈레노스Claudios Galenos는 "지나치게 많이 복용하면 뇌를 손상시킬 수도 있다"라고 경계했다. 19세기 무렵에는 삼을 채취하는 사람들이 이따금씩 이해하기 어려운 이상한 증세에 시달린다는 사실이 알려지면서 삼의 부작용에 대해 주목했다.

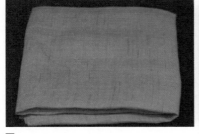 

삼베는 무더운 여름을 시원하게 해주는 재료다. 최근 천연섬유에 대한 관심이 높아지면서 친환경적인 소재를 찾는 움직임이 일고 있다. 2011년 10월 7일 서울시 종로구 짚풀생활사박물관에서 촬영.

삼 씨앗. 한방에서는 삼의 씨앗을 화마인이라고 해서 약재로 쓰는데, 변비와 머리카락이 나지 않을 때 효과가 있다고 한다. 2012년 2월 26일 충남 당진시 농업기술센터에서 촬영.

대표적인 환각물질인 THC 함유
정자 수 감소와 운동력 저하 유발

삼을 일컬어 마리화나라고도 한다. 이는 포르투갈어 'Mariguango(취하게 만드는 것)'가 와전돼 생긴 말이다. 삼 암그루의 말린 잎과 꽃이 피는 꼭대기 부위를 잘게 썰어 담배처럼 말아서 피운다. 법적 규제 물질인 마리화나는 술에 취한 느낌, 행복감, 억제력 감소, 충동적 행동, 집중력 감소, 두려움, 근심, 환각 증상 등을 불러일으킨다. 또 사고력과 주의력이 떨어지는 비현실감과 망상, 흥분 같은 증상이 두드러지고, 시간과 공간에 대한 감각을 변화시키며 시각신경과 운동신경에 장애를 일으킨다.

상습적으로 마리화나를 피우는 사람들에게서 나타나는 가장 심각한 증상은 기억력 감퇴다. 신경병 학자 스튜어트 박사는 5년 동안 대마초를 피운 28세의 건축 하청업자를 진찰하면서 마리화나가 갖는 폐해를 세상에 알렸다. 그 하청업자는 도면(청사진)을 들여다보고 공사장 일꾼들에게

삼 씨앗을 원료로 한 미용제품. 삼 씨앗 성분 중 건성피부와 모발 보호에 효과가 있는 함유물을 활용해 삼 베비누와 삼푸가 나왔다.

지시를 하러 가서는 무슨 말을 하려 했는지 금방 까먹는 버릇이 생겼고, 결국 일을 그만둘 수밖에 없었다. 마리화나를 흡연하면 심박동수 증가, 충혈, 입과 목이 마르는 갈증 따위를 경험한다. 장기간 사용하면 간장 장애, 뇌 기능 손상, 상기도 질환, 유전적 결손이 뒤따른다.

더욱이 마리화나는 성생활에도 영향을 끼친다. 외국에서 6~7년 동안 대마초를 피운 18~30세 남자 300명을 대상으로 성생활 연구를 실시한 결과 그들의 성생활은 정상인에 비해 횟수도 적고 쾌감의 절정에 달하는 일이 거의 없는 것으로 나타났다. 또 5년 이상 대마초를 피운 남자 환자들 가운데 20~30퍼센트가 성교 불능을 호소했다. 대마초를 많이 피우면 남자의 정자 수가 감소하고 정자의 운동력도 떨어진다는 사실도 밝혀졌다.

삼 꽃. 마리화나 흡연자는 신체상에서도 심박동수의 증가, 눈의 충혈, 입과 목이 마르는 갈증 등을 경험하며, 장기간 복용하면 간장 장애, 뇌 기능 손상, 상기도 질환, 유전적 결손이 생긴다. 2011년 8월 20일 전북 전주시 한국도로공사수목원에서 촬영.

특히 미국 캘리포니아의 한 연구소에서는 원숭이에게 대마초를 섞은 건포도 과자를 3년간 매일 먹였는데, 그 결과 대마초를 먹은 원숭이 중 44퍼센트가 죽거나 죽어가는 새끼를 낳았다. 반면 대마초를 먹지 않은 정상적인 원숭이들의 출산 손실은 12퍼센트에 불과했다고 한다.

암살자assassin란 말은 '대마초hashish를 복용한 사람'이란 뜻의 아라비아어 'hashshash'에서 유래했다. 이는 결코 우연이 아니다. 마리화나에 포함된 정신활성물질인 테트라하이드로카나비놀THC은 진정, 최면약제다. 심지어 소량의 THC라 할지라도 근육은 모두 멀쩡한데도 각 근육간 조화 장애로 운동을 제대로 할 수 없는 운동실조를 유발한다. 시간관념도 교란한다. THC를 지속적으로 남용하면 정신운동 및 내분비 기능 장애, 면역력 감소에 따른 저항력 저하가 일어날 수 있고 정신적 의존성이 생긴다. 정신분열증과 같은 중독성 정신병을 일으키기도 한다. 삼에는 THC 뿐만 아니라 무스카린도 들어 있는데, 이 성분을 대량 투여할 경우 오심, 구토, 설사, 경련, 혼수 등을 일으키는 콜린성 중독이 나타날 수 있다.

미국에서는 삼의 함유물을 이용해 암치료용 의약품을 개발하고 후천 성면역결핍증(에이즈) 예방용 의약품도 개발하는 중이다. 이와 관련해 일 각에서는 화학요법 때 나타나는 구토를 멈추게 하고 에이즈 환자에게 식 욕을 되찾게 해주려면 마리화나를 의약용으로 사용할 수 있는 길을 넓혀 야 한다는 주장도 나온다. 삼이 관절염, 에이즈, 말기 암의 통증을 완화 해주고, 다발성경화증 환자의 근육경직을 덜어줄 수 있다는 것이다. 그 러나 법적 규제 물질인 만큼 반대론자들의 반발도 만만찮다. 현재 대마 초는 합법적인 의료용에 한해 일부 사용된다.

학명에는 어떤 뜻이?

삼의 속명 'Cannabis'는 그리스의 고명이며, 삼의 페르시아명 'kanb' 에서 유래했다. 종소명 'sativa, sativum, sativus'는 '재배한'이란 뜻이다. 삼의 줄기는 튼튼한 밧줄로 만들어 사용할 수 있기 때문에 '필수품'이란 꽃말이, 또한 옛날에는 그 밧줄을 사형대에 썼기 때문에 '운명'이란 꽃말 이 생겨났다.

대마초 합법화 논란

동서양을 막론하고 대마초의 합법화 내지는 비범죄화 논쟁이 뜨겁다. 국내에서는 연예인들이 중심이 돼 합법화를 주장하고 또 헌법 소원을 내기도 했다. 이같은 논란의 발단은 법으로 금지된 대마초가 합법적인 담배나 알코올보다 유해성이 낮다는 데서 출발한다. 실제 술은 코카인과 헤로인 등과 같은 수준의 위험성을 지니고 있으며, 담배 또한 대마초보다 더 해롭다는 연구결과가 나와 있다.

한편 대마초는 화학요법으로 암을 치료할 때 나타나는 구토를 멈추게 하고, 녹내장 환자의 안압을 감소시키며, 말기 암의 통증을 완화해주는 효과도 있다. 그래서 대마초를 의료 목적으로 사용하는 것을 두고 그 허용 여부가 논란이 되고 있다.

나아가 중독성과 유해성이 상대적으로 적고 사회적으로 큰 위험이 없으니 대마초를 아예 합법화하자는 주장도 나왔다. 연성마약을 양성화하는 대신 학교교육을 통해 그 폐해를 어릴 적부터 주입하는 편이 낫다는 것이다.

대마의 의료 및 미용 효과뿐만 아니라 친환경적인 섬유 및 펄프 대체제로서의 활용 가치에 주목해 산업용 재배를 허용해야 한다는 목소리도 나온다.

그러나 반대론자들은 대마초가 헤로인이나 코카인에 비해 약하지만 중독성과 유해성을 가진 만큼 합법화해서는 안 된다고 강변한다. 교육을 통해 대마초의 폐해를 아무리 강조하더라도 법으로 금지해서 거둘 수 있는 예방효과에는 미치지 못한다는 설명이다.

알코올은 오랜 기간 법의 테두리에서 하나의 문화로 자리잡은 만큼 이를 제지하는 것이 쉽지 않다. 역사적으로 봐도 금주법은 모두 실효를 거두지 못했다. 담배는 조금 다른 것 같다. 최근 들어 담배 제조와 판매를 금지해야 한다는 주장이 꾸준하게 거론되고 있다. 국가가 담배를 제조, 수입, 판매하는 담배사업법이 헌법에 보장된 국민의 건강권 등을 침해할 소지가 있다는 내용의 헌법 소원이 제기되기도 했다. 흡연권이 우선이냐, 혐연권이 우선이냐는 논쟁도 그런 맥락에서 이해할 수 있을 것이다.

쐐기풀

학명_ *Urtica thunbergiana* Siebold & Zucc.(쐐기풀과)
다른 이름(이명)_ 애기쐐기풀
영명_ nettle
일명_ イラクサ
특징_ 여러해살이풀, 높이 40~150cm
개화_ 7~8월(녹백색)
결실_ 8~10월(녹색)
분포_ 중부 이남, 산야
주요 독성물질_ 히스타민(histamine), 아세트산(acetic acid), 개미산(formic acid) 등

살모사처럼 공격하는 날카롭고 독을 품은 가시

산속을 걷다보면 누구나 피부에 상처가 나는 경험을 하기 마련이다. 찔레꽃이나 산딸기 가시에 찔리기도 하고, 날카로운 억새 잎에 베이기도 한다. 그래서 여름철 산행을 할 때면 소매가 짧은 옷이나 반바지를 긴 옷으로 갈아입으라는 충고를 듣는다.

그런데 쐐기풀은 다른 식물과 달리 그 존재를 알아채기 어렵다. 그래서 피부에 닿아 통증을 느끼고 나서야 뒤늦게 위험성을 깨닫는다. 쐐기풀의 잎과 줄기에는 수천 개에 달하는 가시가 있다. 이 가시에 닿으면 쐐기(나방)에 쏘인 것처럼 따끔거린다는 뜻에서 이름이 유래했다. 영어 이름 네틀nettle 또한 바늘이란 뜻의 'needle'에서 파생된 말이다.

쐐기풀은 따가운 가시 때문에 잔악함과 사악함을 상징한다. 북유럽의 신화에는 이 가시를 번개로 비유해 '전신電神, Thor의 풀'이라 했다. 화덕에 태우면 벼락이 떨어지는 것을 막아준다고 해서 주술에 이용하기도 했다. 타이완의 원주민인 고산족高山族은 성년식 때 쐐기풀 같은 독초를 신체에 바른다고 한다.

쐐기풀의 가시가 공격하는 원리는 살모사와도 무척 닮았다. 움츠렸던 똬리를 풀며 용수철처럼 득달같이 달려들어 피부에 독액을 주입한다. 순식간에 일어나기 때문에 방어할 겨를도 없다.

쐐기풀 가시의 뾰족한 끝부분은 규산질화돼 있어 단단하고 까칠까칠하며 잘 부러진다. 그래서 살짝 건드리기만 해도 돌기가 떨어져나가고 날카롭게 부러진 끝부분이 남아 주사기 바늘처럼 쉽게 피부 속으로 파고들어 독을 퍼뜨린다. 마치 종이가 모세관현상에 의해 만년필에 담긴 잉크를 빨아당기듯 독액이 피부에 주입되는 것이다.

쐐기풀의 공격을 받으면 당장 피부가 벌겋게 부어오르며 발열과 함께 통증을 동반한다. 무엇보다 가려워서 견딜 수 없게 된다. 이 같은 증상은 일종의 호르몬 물질인 히스타민과 개미산, 아세트산 때문이다.

의복, 천막, 돛대 등을 만드는 섬유식물
피부에 닿으면 염증을 일으키며 위 손상

히스타민은 기관지나 자궁 같은 평활근을 수축시키는 작용을 한다. 기관지가 수축되면 호흡이 어렵고 기침을 할 수밖에 없다. 이 물질은 모세

쐐기풀 줄기와 잎. 쐐기풀 가시의 빈 속에는 독액이 그득 들어 있다. 쐐기풀에 접촉하면 피부를 뚫고 들어간 가시의 끝부분이 잘려나가면서 독액이 상처를 통해 흘러들어간다. 2011년 11월 3일 경북 포항시 하옥리(좌), 2009년 9월 2일 강원도 평창군 오대산(우)에서 촬영.

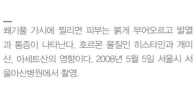
쐐기풀 가시에 찔리면 피부는 붉게 부어오르고 발열과 통증이 나타난다. 호르몬 물질인 히스타민과 개미산, 아세트산의 영향이다. 2008년 5월 5일 서울시 서울아산병원에서 촬영.

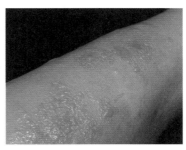

혈관을 확장시켜 혈압을 떨어뜨리기 때문에 양이 지나치면 쇼크에 빠질 수 있다. 또 모세혈관의 투과성이 증가해 안의 내용물이 밖으로 나와 붉은 반점을 만들며 가렵고 화끈거리는 느낌을 준다. 아세트산은 독성이 강해 입이나 피부에 닿으면 염증을 일으키며, 위 등을 손상시키므로 주의해야 한다. 포름산으로도 불리는 개미산은 자극적인 냄새가 있는 무색 액체이다. 피부에 접촉하면 수포가 생긴다.

　포름산은 섭씨 48도 이상에서 자연스럽게 해독이 되기 때문에 따뜻한

물을 수건에 적셔 30초가량 환부에 올려놓으면 가려움증과 붓기가 완화된다. 수건 대신 녹차 티백을 사용해도 좋다. 따뜻한 물에 담그기만 해도 30분에서 1시간 안에 통증이 가라앉는다.

신경의 자극을 근육에 전달하는 물질인 아세틸콜린도 쐐기풀의 가시에서 분비되는 화학물질 중 하나이다. 아세틸콜린에 과량 노출되면 알레르기를 불러올 수 있다.

비록 가까이하기에 껄끄러운 존재로 각인된 식물이지만 쐐기풀은 한방에서 담마蕁麻, 심마蟳麻, 학초蕁草, 학마蝱麻 같은 이름으로 산후 또는 유산 후 자궁이완에 처방했다. 쐐기풀은 모유 분비를 촉진하며 혈당치를 내리는 작용도 한다. 내출혈이나 월경과다를 다스릴 때도 쓰이는데, 코피가 날 때 쐐기풀의 잎을 비벼서 코를 막거나 잘게 썰어서 담배처럼 태워서 코로 들이마시면 지혈이 된다.

그리스의 유명한 의학자인 갈레노스는 사람들에게 쐐기풀의 잎을 피부에 문지를 것을 권했다. 혈액순환이 개선되고 성적 욕구가 증가하며 성 불능을 고친다는 것이 그의 주장이었다.

또 신선한 잎에서 얻은 즙은 뱀에 물렸을 때, 씨는 개에 물렸을 때 유용하다고 한다. 쐐기풀 침출액은 비듬을 없애주는 것은 물론 발모제로도 활용됐다. 쐐기풀을 향미제로 넣은 맥주는 중풍과 류머티즘에 좋다고 해서 즐겨 마시기도 했다.

쐐기풀의 어린잎은 봄에 시금치처럼 조리하거나 샐러드로 먹는다. 중국에서는 끓는 물에 찹쌀과 함께 담가 가루를 만들어 기름에 바삭바삭하게 튀겨먹는다는 기록이 있다.

12세기 티베트 불교의 성인 밀라레파는 동굴 속에서 명상을 하면서 오랫동안 '사툭satuk'이라는 쐐기풀수프를 먹고 살았는데, 나중에는 몸에 난 털까지 쐐기풀처럼 푸르스름해졌다고 한다. 서양에서는 쐐기풀을 '놀라운 잡초' '건강에 좋은 야생 채소'

쐐기풀 섬유. 쐐기풀은 삼이나 아마, 목화가 등장하기 전까지 줄기의 껍질에서 섬유를 뽑아서 천을 만드는 데 쓰는 중요한 섬유식물이었다. 의복을 비롯해 침대보, 천막, 돛대를 만드는 데 이용했다.

등으로 칭송했으며, 누군가 쐐기풀을 무시하면 "신이 차려주신 밥상을 업신여기지 마라"고 힐난했다.

이렇듯 채소로 각광을 받은 쐐기풀이지만 지나치게 많이 복용하면 메스꺼움, 구토, 지속적인 설사 같은 급성 위장염 증상이 나타날 수 있다. 심하면 심박동이 느려지고 혈압이 낮아진다. 이시진의 『본초강목』에서는 "손으로 비벼 물에 넣으면 물고기가 중독돼 죽는다"라고 했다.

쐐기풀은 삼이나 아마, 목화가 등장하기 전까지 줄기의 껍질에서 섬유를 뽑아 의복을 비롯해 침대보, 천막, 돛대 등을 만드는 데 이용한 중요한 섬유식물이었다. 1720년 무렵까지 대규모로 재배돼 한때 십일조까지 부과되던 시절이 있었다. 제일차세계대전 때 독일과 오스트리아에서 목화가 부족해지자 포로의 의복에 쐐기풀 섬유를 15퍼센트나 섞어서 짰다고 한다. 그러나 산업화가 시작되면서 쐐기풀 제품들은 순식간에 목화에 밀려났다.

그런데 최근 독일에서 면화를 원료로 하는 섬유를 대체할 수 있는 쐐

혹쐐기풀 꽃. 쐐기풀이라는 이름이 포함됐지만 혹 쐐기풀은 혹쐐기풀속(Laportea)에 속한다. 2009년 8월 20일 강원도 평창군 선자령에서 촬영.

애기쐐기풀 꽃. 쐐기풀을 지나치게 복용하면 메스꺼움, 구토, 지속적인 설사 등 급성 위장염 증상이 나타나며, 심하면 심박동이 느려지고 혈압이 낮아진다. 2011년 8월 14일 강원도 평창군 월정사에서 촬영.

기풀을 시험 재배하는 데 성공했다고 한다. 쐐기풀의 장점은 해충의 피해가 거의 없으며 산성화된 땅에서도 잘 자란다는 것이다. 최근 들어 천연 옷감에 대한 관심이 높아지고 있는 만큼 쐐기풀에도 주목해야 할 것이다.

학명에는 어떤 뜻이?

쐐기풀의 속명 'Urtica'는 라틴어 'uro(불태우다, 따끔따끔하다)'에서 유래했다. 가시 같은 털에 개미산과 아세트산 같은 유독물질이 있어 찔리면 아프고 쓰라리기 때문이다. 종소명 'thunbergianus, thunbergii'는 스웨덴 식물학자 툰베리C. P. Thunberg의 이름에서 비롯된 이름이다.

비슷한 식물(동속 식물)

우리나라에 서식하는 쐐기풀속Urtica의 식물에는 쐐기풀을 비롯해 가는 잎쐐기풀, 섬쐐기풀, 애기쐐기풀 네 종이 있다. 쐐기풀이라는 이름이 포함됐지만 큰쐐기풀과 혹쐐기풀은 각각 큰쐐기풀속 *Girardinia*과 혹쐐기풀속 *Laportea*에 속한다.

쐐기풀의 따가운 기억

2011년 10월 말 1박 2일 일정으로 한국 10대 오지마을의 하나로 일컬어지는 경북 포항의 도등기마을에 다녀왔다. 꽃과 단풍을 주제로 한 배낭여행 일정을 모두 마치고 인근 하옥마을에서 버스를 기다리던 중 길가에 자리잡은 쐐기풀을 우연히 발견했다. 그런데 안쪽 깊숙이 숨어 있는 꽃을 자세히 살펴보려고 잎을 들춰보다가 그만 쐐기풀 가시에 손가락을 찔리고 말았다. 잎과 줄기에 불쑥불쑥 위협적으로 튀어나온 가시의 악명을 익히 아는지라 각별히 조심했건만, 아차 방심하는 사이에 가시를 건드린 것이다. 덫을 쳐놓고 먹이를 기다린 마수를 피하기는 어려웠다.

꽃 사진을 찍기 위해 수풀이 우거진 곳을 헤집고 다니는 일이 흔하기 때문에 식물 가시에 자주 찔리는 편이지만 쐐기풀에 쏘인 기억은 없었다. 분명 언젠가 경험했을 터이지만 가해자를 분별하지 못했거나, 대수롭지 않게 여겼을 것이다.

찔레꽃이나 산딸기의 가시에 찔리면 따끔하고, 억새풀에 베이면 쓰라림이 밀려온다. 그런데 쐐기풀이 주는 아픔은 확연하게 다르다. 처음에는 단지 약간 따끔한 정도다. 그러나 시간이 흐를수록 녀석이 분비한 독액의 마각이 정체를 드러내기 시작하면서 못 견딜 정도의 고통이 서서히, 그러나 강렬하게 전해진다.

분명 가려운데 어느 곳인지 정확하게 짚을 수 없거나 너무 매워 어찌할 바를 모르는 상황과도 비슷하다. 어떤 사람은 형용할 수 없는 아픔에 시달리다가 더이상 참지 못하고 시냇물에 뛰어들었다고 한다. 게다가 한 시간 이상 극심한 고통이 지속되는 종류도 있다고 하니 생각만 해도 아찔하다. 다행히 내 고통은 10여 분에 그쳤으며, 피부에도 큰 영향이 없었다. 짧은 시간이었지만 다시는 겪고 싶지 않은 경험이었다.

도등기마을에서 지낸 1박 2일의 생태기행은 참으로 인상적이었다. 아마도 영원히 기억에 남을 것이다. 아울러 쐐기풀이 준 따가운 기억도 항상 나를 따라다닐 것 같다.

목화

학명_ *Gossypium indicum*(아욱과)
다른 이름(이명)_ 면화, 미영
영명_ Tree Cotton
일명_ ワタ
특징_ 동아시아 원산, 한해살이풀, 높이 60cm
개화_ 8~9월(백색, 황색, 자주색, 지름 4cm)
결실_ 9~11월(갈색, 지름 3~4cm)
분포_ 재배
주요 독성물질_ 고시폴(gossypol)

의류문화 혁명 이끈 '꽃 중의 꽃'

'꽃은 목화가 제일'이라는 말이 있다. 조선 제21대 임금 영조가 정순왕후를 간택하는 과정에서 유래한 것이다. 굳이 고사를 예로 들지 않더라도 목화는 빼놓을 것이 없는 식물이다. 솜과 무명을 만들 수 있거니와, 무궁화나 접시꽃, 부용처럼 아욱과 식물들이 그렇듯이 예쁘기까지 하니 그야말로 금상첨화가 아닐 수 없다.

고려 공민왕 때 문익점이 원나라에서 목화씨를 반입해 전국적으로 본격적인 대량재배가 가능해지면서 우리의 의생활은 혁명적으로 바뀌었다. 이전에는 지배층만 비단을 사용했을 뿐 백성들은 삼베나 모시 같은 옷감으로 옷을 만들었기 때문에 추운 겨울을 나는 데 문제가 있었다. 그

목화는 무궁화나 접시꽃, 부용처럼 아욱과에 속한다. 2010년 7월 25일 경기도 용인시 한국민속촌에서 촬영.

러다 대량생산이 가능한 목화를 재배하게 됨으로써 값싸고 보온효과도 뛰어난 옷감 제작이 가능해진 것이다.

목화는 면마綿馬, 초면草綿, 면화棉花라고 부르며, 하얗게 터져나오는 것을 '솜' '미영'이라고 한다. 꽃이 진 뒤에 열리는 호두 모양의 푸른색 열매를 '다래'라 일컫는데 달콤하기 때문에 예전에는 아이들이 주전부리로 즐겨 따먹었다. 지그시 깨물면 시원하고 달착지근한 물이 터져나온다. 푸른색 다래가 갈색으로 익어서 네 조각으로 갈라지면 그 속에 하얀 속살이 드러난다. 이것이 바로 솜이다.

흰 솜 속에 박혀 있는 목화의 씨앗을 금화자錦花子라고 한다. 이 씨앗에서 채취한 기름은 식용유와 마가린을 제조하는 데 썼으며 등잔불을 밝힐

목화 열매. 꽃이 진 뒤에 열리는 호두 모양의
푸른색 열매를 '다래'라고 한다. 깨물면 시원
하고 달착지근한 물이 터져나오기 때문에 예
전에는 아이들이 주전부리로 즐겨 따먹었다.
2011년 9월 19일 경기도 여주군 해여림식물
원에서 촬영.

때도 요긴하게 썼다. 불포화지방산 함량이 높아 거품이 풍부하고 오래
지속되는 까닭에 피부를 부드럽게 하는 비누를 만들 수 있다. 더욱이 견
과류의 풍미가 있고 볶거나 소금에 절일 수 있어 식품으로서 가치도 높
다. 콩의 단백질과 달리 먹어도 배에서 가스가 생기지 않는다.

한방에서는 종자木棉子를 치질, 탈항, 대하증 등의 치료에 사용하며, 모
유 분비를 촉진하는 데 이용하기도 했다. 뿌리는 악성 부스럼인 악창의
치료제로, 또 진통제로 활용했다.

덜 익은 열매에는 유독성분 고시폴 함유
중국에선 남성 피임약으로 활용

중국에서는 목화씨에 함유된 고시폴 성분을 남성의 피임약으로 이용
하기도 했다. 그들은 목화에서 짠 기름을 요리에 사용하는 지방의 출생
률이 다른 지역에 비해 극도로 낮을 뿐만 아니라 자녀가 없는 부부가 많
다는 사실에 착안했다. 연구 결과 고시폴이 정자의 성숙도나 활동력을

목화 열매. 고려 공민왕 때 문익점이 원나라에서 가져온 목화씨로 솜의 대량생산이 가능해짐에 따라 값싸고 보온효과가 뛰어난 옷감 제작이 가능해졌다. 2010년 10월 9일 경기도 용인시 한국민속촌에서 촬영.

목화 열매에서 솜 뽑기. 다래가 네 조각으로 갈라지면 그 속에 들어 있는 하얀 솜이 터져나온다. 이 솜에서 의복의 재료가 되는 무명을 뽑아내거나, 그 자체를 이불에 넣어 보온재로 활용한다. 2011년 10월 26일 서울시 종로구 국립민속박물관에서 촬영.

낮추며, 수정을 위해 필요한 정자의 효소를 불활성화하는 것은 물론, 오랫동안 투여하면 비가역적인 불임효과를 유발한다는 것을 알아냈다. 동물실험에서는 고시폴 투여를 중단한 후 정자 생산능력이 곧 회복됐지만 사람의 경우 일반적으로 3개월이 지나서야 수태 능력이 되살아났다.

그러나 고시폴은 독성이 있기 때문에 주의해야 한다. 고시폴은 혈중 칼륨을 위험한 수준까지 낮춰 사람이나 동물의 심장과 간에 큰 해를 입힌다. 과량 복용하거나 장기 복용하면 구토, 설사, 식욕부진, 체중감소, 헤모글로빈 수치 저하 같은 증상이 나타난다. 또한 가축에게 고시폴을 함유한 사료를 오래 급여하면 부종이 생기며 내장기관이나 폐에 염증을 일으킨다. 중독 증상으로는 피로(12퍼센트), 위장장애(7퍼센트), 식욕감퇴(5퍼센트), 현기증(4퍼센트), 구내건조(3퍼센트) 등이 있고, 졸음, 정력감퇴 등이 따른다.

동물실험에서도 호흡곤란, 마비 등의 증상이 확인되기도 했다. 닭에게

부여 능산리 고분에서 출토된 면직물. 문익점의 목화 씨 반입 시점보다 800년이나 앞서 제작된 것이다. 국 내에서 가장 오래된 면직물이지만 당시 목화가 본격 적으로 재배된 것으로 보기는 어렵다.

무명은 실용적인 춘하추동 의복 재료 및 침구, 기타 생활용품 재료로 가장 많이 이용된 직물이다. 2011 년 10월 7일 서울시 종로구 짚풀생활사박물관에서 촬영.

고시폴이 함유된 사료를 먹인 결과 성장, 산란율, 수정률, 부화율 등이 저하하고, 알의 품질 또한 떨어지는 것으로 나타났다. 일부 닭은 사망하기도 했다.

이 같은 독성으로 인해 기름을 짜고 남은 목화 씨앗(박)은 내성이 강한 소의 사료로만 먹일 뿐 사람이나 대부분의 동물들은 식용하지 못한다. 그러나 목화씨는 단백질 함유량이 23퍼센트나 되고 단백질의 품질도 뛰어나기 때문에 가축의 사료나 식품으로 이용하는 방법을 개발하려는 시도가 꾸준히 진행되고 있다. 면화 종자에서 고시폴을 없앨 수만 있다면 면화 종자 전체를 갈아서 팬케이크, 시리얼, 캐러멜 팝콘 같은 음식에 이용하는 것도 가능하다.

그런데 최근 미국의 텍사스 A&M 대학교 연구원들이 고시폴을 전혀 또는 거의 함유하지 않은 목화씨를 생산하는 개량 목화 개발에 성공했다고 한다. 연구팀은 종자에서만 고시폴 유전자를 침묵시키고 잎, 줄기,

꽃, 조직 등에서는 잔존시키는 방법을 찾아냈다고 설명했다.

새로운 목화 개발이 성공적으로 이뤄진다면 영양결핍으로 고생하는 전 세계 후진국 수백만 명에게 중요한 단백질을 제공할 수 있을 것으로 기대를 모으고 있다. 현재 전 세계 80개국에서 연간 4400만 톤의 목화씨를 생산하는데, 이는 매년 5억 명의 사람들을 먹이기에 충분한 양의 단백질에 해당한다.

그런가 하면 미국 미시간 대학교 암센터는 목화씨 기름에서 추출한 화합물이 기존 화학요법을 통해 큰 효과를 발휘하지 못한 두경부암 환자 치료에 도움을 줄 수 있다는 연구결과를 내놓았다. 연구진은 목화씨 추출물인 고시폴이 구강, 인후, 비강, 후두 등의 부위에서 발생한 세포암종 HNSCC에 효과적인 항암제로 개발될 수 있을 것으로 기대했다.

명주를 뽑기 위한 누에는 지금은 약용으로 팔리고, 누에의 먹이인 뽕나무와 열매인 오디는 식품으로 이름을 드높이고 있다. 한때 의류문화에 혁명을 가져다준 최고의 꽃으로 주목을 받은 목화는 지금은 그 명성이 많이 퇴색했다. 그래서 일부 지역에서 관광객을 위해 재배하는 수준에 머물고 있다. 하지만 유독물질인 고시폴 문제를 해결해서 식품으로, 또 약용으로 개발한다면 옛 명성을 되찾을지도 모를 일이다.

학명에는 어떤 뜻이?

목화의 속명 '*Gossypium*'은 목화의 라틴명으로서 부푼 삭과^{蒴果}를 상처난 부위^{gossum}에 비유한 것이다. 종소명 '*indica, indicum*'은 '인도산의'라는 뜻이다. 꽃말은 '뛰어남'이다.

꽃말, 같은 꽃이라도 지역에 따라 다른 의미

꽃에 어떤 의미를 부여한 것이 바로 꽃말이다. 꽃말의 유래는 그리스·로마신화나 전설, 종교적 상징 따위는 물론, 꽃의 모양과 색깔, 향기처럼 이루 헤아릴 수 없을 만큼 다양하다. 대개 봄에 피는 꽃에는 '희망'이나 '행복'을, 가을에 개화하는 식물에는 '과거의 기쁨'이나 '추억'이란 의미를 부여했다. 다양한 꽃말에 따라 장미는 '사랑'과 '아름다움', 백합은 '순결', 올리브는 '평화'를 떠올리게 된다. 수선화는 '자기애'를 뜻하고, 월계수는 '영광'을 상징한다.

일찍이 아라비아 지방에서는 서로의 마음을 꽃으로 표현하는 셀람(Selam)이라는 풍습이 있었으며, 프랑스에서는 여러 꽃을 섞어서 문장을 만들어 편지를 대신하기도 했다.

꽃에 부여되는 상징은 지역과 민족에 따라 다르기 때문에 하나의 꽃이 여러 가지 뜻을 갖거나, 정반대의 의미를 내포하기도 한다. 유럽에서는 노란색을 불길하게 여겨서 노란색 꽃에는 부정적인 꽃말이 붙는다. 그래서 노랑장미는 '질투'나 '무성의', 노랑카네이션은 '경멸'을 뜻한다. 하지만 동양권에서 노란색은 '부귀'와 '행복'을 상징하는 색으로 받아들여진다. 복수초는 서양에서는 '슬픈 추억'이라는 부정적인 꽃말이지만, 동양에서는 '영원한 행복'이라는 상반된 뜻을 지닌다.

하지만 꽃말은 비슷한 문화권 내에서도 조금 다르다. 협죽도는 영국에서 '주의'나 '위험'을 의미하지만, 프랑스에서는 '미'와 '선량'을 상징한다. 또 중국에서 '건강'과 '불굴의 정신'을 뜻하는 동백꽃이 일본에서는 '갑작스러운 죽음'과 결부되기도 한다.

옻나무

학명_ *Rhus verniciflua* Stokes(옻나뭇과)
다른 이름_ 옷나무, 참옻나무
영명_ Varnish Tree, Lacquer Tree, Japanese Lacquer Tree
일명_ ウルシ
특성_ 중국 원산 낙엽활엽소교목, 높이 20m
개화_ 5~6월(황록색, 길이 15~30cm)
결실_ 9~10월(노란색, 지름 6~8mm)
분포_ 재배
주요 독성물질_ 우루시올

'최고의 산나물'이자 소중한 물건을 위한 최고의 보존재료

옻나무는 우리에게 가깝고도 먼 존재다. 생활용품으로, 먹을거리로 즐겨 이용하면서도 항상 '옻이 오를까봐' 지극히 신경이 쓰이는 식물이다. 옻나무 추출물인 옻은 오랜 옛날부터 귀중한 도료로 이용했다. 밥상을 비롯해 가구, 관, 배, 불상, 나아가 각종 무기, 해저 전선, 군함 등 소중하게 오래 가꾸어야 할 물건엔 어김없이 옻칠이 빠지지 않았다. 1998년 일본 나가노에서 열린 동계올림픽에선 금·은·동메달에 옻칠을 한 뒤 유약을 덧칠하고 그 위에 다시 금과 은, 동을 발라 수상자에게 수여했다.

한방에서 옻은 소화를 돕고 피를 맑게 하며 온갖 균을 죽이는 작용을 하며 스님들은 표면에 옻을 칠한 바리를 쓴다. 그래서 공양을 하면서 몸

옻나무. 옻나무에 옷깃을 슬쩍 스치기만 해도 온몸에 붉은 반점이 생기는 피부염이 일어날 수 있다. 옻나무 수액의 독성은 핀 머리끝에 묻힌 한 방울로 옻에 민감한 사람 500명에게 발진을 일으킬 수 있을 만큼 강력하다. 2011년 9월 10일 경기도 성남시 분당중앙공원에서 촬영.

속 기생충을 제거하는 효과를 누리기도 한다.

한방에서는 소변을 잘 나오게 하고 몸을 따뜻하게 하는 약재로 사용한다. 신경통, 관절염, 위장병, 늑막염, 골수염, 갖가지 암 등에도 두루두루 쓰인다. 머리 염색약에도 옻이 들어간다.

봄나물을 먹는 계절이 되면 옻순무침, 옻순튀김, 옻순나물이 식탁에 올라온다. 웬만한 시골에선 옻나무 껍질을 벗겨 옻닭 해먹는 걸 조그마한 잔치로 여길 정도이며, 옻닭이란 간판을 단 식당도 눈에 자주 띌 만큼 인기를 구가하고 있다. 만화가 허영만씨는 『식객』에서 옻나무가 최고의 산나물이라고 칭송하기도 했다. 그런데 전 세계적으로 옻을 먹는 국가는 우리나라밖에 없다고 한다.

옻나무 새순. 옻나무 순은 무침, 튀김 등 다양한 방법
으로 요리해 식탁에 올린다. 또한 옻나무 껍질을 벗
겨 옻닭을 해먹기도 한다. 2011년 5월 22일 서울시 홍
릉수목원에서 촬영.

옻나무 꽃. 옻나무를 태우거나 삶아도 우루시올을
함유한 연기나 증기가 인두 안쪽, 호흡기, 폐, 눈에
발진을 일으킬 수 있다. 2010년 5월 25일 경기도
여주군 해여림식물원에서 촬영.

옻나무를 별미로만 생각해 복용하다간 큰코다치기 십상이다. 옻나무
에 옷깃을 슬쩍 스치기만 해도 온몸에 붉은 반점이 생기는 피부염이 일
어날 수 있다. 옻나무 수액의 독성은 핀 머리끝에 묻힌 한 방울로 옻에
민감한 사람 500명에게 발진을 일으킬 수 있을 만큼 강력하다. 더욱이
옻나무의 부작용은 피부반응뿐만 아니라 신장 등 내장기관에도 영향을
끼친다. 때문에 한방에서는 몸에 열이 있거나 알레르기 체질, 고혈압 환
자가 복용하면 독약이 될 수 있다고 경고한다.

2006년 전남 해남군에서는 협심증을 앓던 한 노인이 옻으로 속병과
두통, 수전증을 고칠 수 있다는 무허가 제조업자의 말을 듣고 옻 추출물
를 구입해 먹었다. 그러나 노인은 고열과 함께 몸이 가려운 증상을 보이
더니 끝내 사망하고 말았다.

옻나무. 옻나무 수액은 한번 건조되고 나면 다시 접촉해도 이상이 없지만 알레르기에 민감한 사람의 경우는 예외다. 옻나무 알레르기를 가진 사람은 은행에 의해서도 같은 증상이 발생할 수 있다. 2011년 9월 10일 경기도 성남시 분당중앙공원(좌), 2011년 5월 22일 서울시 홍릉수목원(우)에서 촬영.

일반인 40퍼센트는 옻이 오를 수 있어
피부염은 물론 신장 등 내장기관에도 부작용

보통 옻닭을 먹은 후 초기 증상이 발생하기까지는 평균 47.7시간이 걸린다. 빠르면 30분 만에 증상이 나타나지만 늦어지면 16일이 지난 후에야 발현하기도 한다. 특히 대부분의 환자들은 옻을 여러 번 복용한 후 증상이 발생하지만, 단 한 번 옻닭을 먹었을 뿐인데도 옻이 오른 경우도 40퍼센트에 이른다.

옻을 유발하는 물질은 우루시올이라는 성분이다. 일반적으로 옻산이라고 한다. 우루시올이 피부에 있는 항원세포에 결합하면 면역반응에 따라 발적, 부종, 구진, 수포를 유발한다. 증상이 심하면 피부 위에 맑은 액

옻나무 껍질. 한방에서 옻은 소변을 잘 나오게 하고 몸을 따뜻하게 하는 약재이다. 신경통, 관절염, 위장병, 늑막염, 골수염, 갖가지 암에 두루두루 쓰인다. 2011년 10월 26일 서울시 종로구 국립민속박물관에서 촬영.

평안남도 대동군 대석암리에서 출토된 칠기그릇 유문칠우(有紋漆盂). 칠기는 동양 특유의 공예품으로 지금도 귀한 그릇의 대명사이다.

체가 가득찬 작은 수포가 지름 1~2밀리미터 크기로 생길 수도 있다.

옻나무를 태우거나 삶는 경우에도 우루시올을 함유한 연기나 증기가 인두 안쪽, 호흡기, 폐, 눈에 발진을 일으킬 수 있다. 따라서 산불이 나서 옻나무가 타는 지역도 위험지대가 된다. 우루시올이 타오르는 연기와 함께 먼지나 재에 실려 떠다니며 우리 몸에 침투하기 때문이다.

옻은 항원성이 강하고, 또 쉽게 제거되지 않아 남편이 옻을 먹고 부인과 성관계를 하면 부인에게도 접촉피부염이 나타날 수 있다. 그러나 수포나 삼출성 물집 안의 액체에는 우루시올이 없으므로, 다른 사람에게 옻 발진을 옮기지 않는다. 피부에서 우루시올만 완전히 씻겨나갔다면 발진부위가 전염성을 갖지는 않는다는 말이다.

한 대학병원과 피부과의원이 1988년 4월부터 2008년 12월까지 옻닭을 먹은 전신성 접촉피부염 환자 147명을 대상으로 분석을 했다. 그랬더니 42.9퍼센트가 건강식품으로, 22.4퍼센트가 위장 질환을 치료하기 위해 옻을 섭취했다고 한다. 그중 대부분의 사람들이 옻닭은 인체에 무해하며 건강을 증진할 것이라 믿었지만 놀랍게도 16.3퍼센트에게서 간 기능 이상이 발견됐다. 특이한 것은 옻닭을 먹고 피해를 본 사람 중 농부(15퍼센트)나 회사원(11.3퍼센트)보다 주부(40퍼센트)가 훨씬 많았다는 점이다.

건강에 대한 지나친 갈망은 위험성마저 무시하게 만들 정도다. 옻독의 위력에 대해서는 모두 알고 있을 만도 한데 애써 무시하는 경향이 있다. 알레르기를 예방하는 부신피질 호르몬이 들어간 약을 먹어가면서까지 옻이 들어간 음식을 먹기도 하니 한국 사람들의 옻 사랑이 유별나다고 하지 않을 수 없다. 옻나무를 먹기 전에는 자신의 결정이 건강에 도움이 될지, 아니면 오히려 피해가 될지 신중한 판단이 필요하다.

옻나무 수액은 일단 건조되고 나면 다시 몸에 접촉해도 이상이 없지만 알레르기에 민감한 사람의 경우는 예외다. 옻나무 알레르기가 있는 사람은 은행에 의해서도 알레르기가 발생할 수 있다는 것을 알아두면 좋다.

학명에는 어떤 뜻이?

옻나무의 속명 ‘*Rhus*’는 그리스 고명 ‘rhous’가 라틴어화된 것이다. 종소명 ‘*verniciflua*’는 ‘바니스(광택이 있는 투명한 피막을 형성하는 도료)가 나는’이란 뜻을 가지고 있다.

개옻나무 꽃. 옻나무뿐만 아니라 옻나무속의 개옻나무와 검양옻나무, 산검양옻나무도 옻나무 피부염의 주원인으로 알려지고 있어 주의해야 한다. 2011년 6월 11일 경기도 성남시 분당중앙공원에서 촬영.

붉나무 잎. 옻나무속에 속하는 붉나무는 가을에 단풍이 붉게 들기 때문에 붙여진 이름이다. 잎자루에 날개가 붙어 있는 것이 옻나무와 다르다. 붉나무는 비교적 옻이 오르지 않는 것으로 알려져 있다. 2011년 10월 9일 경기도 여주군 해여림식물원에서 촬영.

비슷한 식물(동속 식물)

우리나라에는 옻나무와 붉나무 등 여섯 종의 옻나무속*Rhus* 식물이 있다. 1971년 138명을 대상으로 옻나무속 네 종에 대한 과민성 반응에 대한 실험을 벌인 결과 옻나무 35.50퍼센트, 개옻나무 27.35퍼센트, 붉나무 21.01퍼센트, 산검양옻나무 28.26퍼센트의 과민성 발생빈도를 보였다. 옻나무 피부염의 주원인이 우리나라에서는 옻나무와 산검양옻나무인 것이다. 반면 1979년 여섯 종을 대상으로 실시한 한국의 알레르기 접촉피부염의 원인 가능 식물에 대한 역학적 고찰에서는 옻나무와 검양옻나무가 상당히 피부염을 많이 일으키지만 붉나무와 산검양옻나무는 피부염을 일으키는 일이 드물다고 나타났다.

식물독소의 종류

식물이 함유한 독소에는 어떤 것들이 있을까. 많은 사람들은 독이 있는 식물을 굽거나 뜨거운 물에 데치면 독성이 사라질 것이라고 막연히 생각한다. 실제로 나물로 먹는 일부 독초는 이런 과정을 거친다. 이와 정확하게 부합하는 식물의 독소 성분은 단백질이다.

단백질은 작은 분자 몇 백 개가 연결된 거대 분자로, 열을 가하면 구조가 깨지기 때문에 제 기능을 상실한다. 그래서 단백질 성분인 피마자의 리신은 가열하면 독성을 잃는다.

그러나 식물독소를 이루는 성분은 단백질만이 아니다. 알칼로이드, 강심배당체, 청산화합물, 사포닌류, 테르펜류 등 종류가 다양하다. 알칼로이드계인 감자의 솔라닌이나 은행에 함유된 메틸피리독신(MPN)은 아무리 굽거나 끓여도 특성을 잃지 않는다.

독소는 인체에 흡수되면 다양한 증상을 일으키는데, 독이 생물에 작용하는 방식에 따라 신경독, 혈액독, 세포독으로 나눌 수 있다. 신경독은 신경이 뇌와 척수에서 근육으로 신호를 전달하는 것을 방해함으로써 근육을 마비시킨다. 호흡할 때 쓰는 근육이 마비되면 호흡곤란으로 사망하게 된다. 담배의 니코틴과 투구꽃의 아코니틴이 여기에 해당된다. 혈액독은 혈액 속의 적혈구나 모세혈관 벽을 파괴하는 작용을 한다. 도라지에 함유된 사포닌과 디기탈리스에 들어 있는 디기톡신이 이 같은 작용을 한다. 세포독은 세포막을 파괴하거나 독소를 퍼뜨려 에너지대사나 단백질합성을 방해한다. 또한 DNA의 유전정보에 이상을 일으키기도 한다. 고사리의 프타퀼로사이드나 컴프리의 피롤리지딘 알칼로이드는 세포독으로 암을 유발할 수 있다.

그러나 이 같은 분류는 모두 편의상 구분에 불과하며, 하나의 물질이 신경독과 혈액독 모두에 해당하는 경우도 있다.

차나무

학명_ *Camellia sinensis* L. (차나뭇과)
영명_ Tea
일명_ チャノキ
특징_ 중국 원산 상록활엽관목, 높이 4~8m
개화_ 10~11월(흰색, 지름 3~5cm)
결실_ 10~11월(다갈색, 지름 2cm)
분포_ 전국 각처 식재
주요 독성물질_ 카페인

미국 독립혁명의 발단이 된 사건을 일으킨 음료

파릇파릇 새싹이 돋아나는 봄이 되면 전남 보성, 경남 하동을 비롯한 남쪽 지역의 차밭은 싱그러운 연둣빛이 완연해진다. 그야말로 한 폭의 그림이다. 기하학적인 무늬로 수놓인 차밭의 이국적인 정취에 이끌린 관광객들의 발길도 끊이지 않는다. 영화 촬영 장소로도 으뜸이다. 이곳에서 채취해 제조한 차는 전국으로 팔려나가 애호가들의 찻잔에 담긴다.

물 다음으로 가장 널리 소비되는 음료수인 차는 우리나라와 중국, 일본 등 동양에서는 물론, 서양에서도 한때 붐을 일으켰다. 18~19세기 유럽인들은 값싼 맥주와 우물 물보다 차를 더 많이 마셨다고 한다. 아편전쟁은 유럽에서 차 소비가 늘어남에 따라 그 비용을 해결하기 위해 양귀

전남 보성의 녹차밭은 싱그러운 연둣빛이 완연해지면 한 폭의 그림으로 변한다. 기하학적인 무늬로 수놓인 차밭의 이국적인 정취에 이끌려 관광객들의 발길이 끊이지 않는다. 영화 촬영 장소로도 으뜸이다.

비를 재배하면서 시작되었고, 18세기 보스턴 항에서 발생한 '보스턴차사건'도 미국인들의 차 사랑을 단적으로 보여준다.

19세기 영국의 정치가 윌리엄 글래드스턴William Ewart Gladstone은 "당신이 추우면 따뜻하게 해주고, 너무 들뜨면 차분하게 해줄 것이다. 너무 침울해 있으면 분위기를 띄워주고, 너무 흥분돼 있으면 진정시켜줄 것이다"라며 차를 예찬했다.

에드거 앨런 포Edgar Allan Poe와 함께 추리소설의 대가로 꼽히는 영국의 길버트 체스터턴Gilbert K. Chesterton은 "차는 동양적인 것이기는 하지만 적어도 신사의 멋을 간직하고 있다. 코코아는 비열하고 겁쟁이 같다. 코코아는 지저분한 짐승이다"라며 코코아와 비교해 차를 극찬했다. 반면 영국의 급진주의적인 문필가이자 정치가인 윌리엄 코빗William Cobbett은 "강도는 약한 편이지만, 차는 잠시 기분을 들뜨게 했다가 이내 사그러뜨리는 아편과 다를 바가 없다"며 차를 혹평했다.

차나무는 약용으로도 쓰인다. 열매는 다실이라 해서 가래와 천식 치료에 사용한다. 요오드 함량이 높아서 신진대사나 갑상선 내분비질환에도 효과가 있다. 바다에서 멀리 떨어진 심산유곡에 자리잡고 있어 주요 요오드 공급원인 다시마나 미역 같은 해산물이 귀한 사찰에서는 녹차가 이를 대신했다.

서양에서는 발자크^{Honoré de} Balzac나 모니에^{Henri Monnier}의 작품에서 녹차가 소화제나 해독제로 그려졌다. 최근에는 파킨슨병, 당뇨병, 간암의 예방효과가 확인됐다는 연구결과도 나왔다.

너새니얼 커리어(Nathaniel Currier)의 석판화 〈보스턴 항구의 차 약탈Destruction of Tea at Boston Harbor〉. 보스턴차사건을 그렸다. 물 다음으로 가장 널리 소비되는 음료인 차는 서양에서도 한때 붐을 일으키며 불티나게 팔린 적이 있다.

차는 함량이 적기는 하지만 커피와 마찬가지로 알칼로이드 화합물인 카페인을 함유하고 있다. 커피 한 잔에는 보통 100밀리그램 정도, 차에는 40밀리그램 정도의 카페인이 들어 있다. 카페인은 이뇨작용을 부르고 체중 감량을 촉진하며, 진통효과를 증강시킬 뿐만 아니라 소화기계와 순환기계 운동을 원활하게 해준다. 특히 잠을 쫓을 때, 혈압이 낮을 때, 운동 능력을 향상시킬 때 널리 쓰인다. 실제로 집중력이 증가하기 때문에 기억력과 학습효과를 단기적으로 높여줄 수 있다.

없는 에너지를 짜내 사용하기 때문에 더 지쳐

어린이와 임신부는 과다 섭취 자제해야

카페인은 각성효과로 피로를 적게 느끼게 도와줄 뿐 그 자체로 피로에서 회복시키는 것이 아니다. 카페인의 기운을 빌려 에너지를 짜내 사용한 것이므로 이후에는 더 지칠 수 있다. 게다가 너무 많이 섭취하면 오히려 집중력을 떨어뜨려 학습능력에도 나쁜 영향을 끼친다. 카페인에 중독되면 불안, 수면장애, 두통, 구역이나 설사, 가슴 두근거림, 부정맥 등의 부작용도 나타난다. 이런 부작용을 피하기 위해서는 하루 최대 복용량이 1그램을 넘어서는 안 된다. 하루 10그램 이상(커피 100~120잔) 섭취하면 간질발작, 호흡곤란을 일으키는 것은 물론, 심지어 사망할 수도 있다. 급성 치사량은 5~10그램인데, 도핑 금지 목록에도 포함돼 있다. 더욱이 임신 가능성이 있거나 임신부라면 카페인 섭취를 하루 200밀리그램(커피 한 잔) 이내로 제한하는 것이 좋다. 기형을 유발하는 물질의 작용을 강화하고 불임, 자연유산, 저체중아 출산 등의 원인이 될 수 있기 때문이다.

뉴질랜드 크라이스트처치에 있는 한 병원의 소아과 연구진은 아동질병 전문지에 하루에 커피를 네 잔 이상 마시는 여성은 신생아의 조기 사망 위험률을 높인다는 연구결과를 내놓은 바 있다. 1980년 미국 식품의약국은 임신한 여성의 경우 하루 150밀리그램 이상의 카페인을 먹지 말도록 권고했다.

성장기 어린이 또한 카페인에 민감해 신경 및 심장 장애를 유발하며 불안, 두통, 신경과민 등의 부작용이 나타날 수 있다. 카페인이 누적되면 카페인이 다른 음식에 함유돼 있는 칼슘과 철분 흡수를 방해해 성장 발달에 악영향을 끼칠 가능성도 높다.

진한 차에는 타닌산이 비교적 많아 위점막을 수축시키고, 단백질을 응고해 침전시키며, 폐액을 희석시켜 소화기능에 나쁜 영향을 준다. 동시에 많은 타닌산이 비타민 B와 결합해 비타민 B 결핍을 일으킨다.

스님들과 녹차를 즐기는 사람들이 속쓰림 등의 소화기 장애와 어지러

차나무 새순. 찻잎에는 불소가 있어 많이 마시면 불소중독증에 걸릴 우려가 있다. 불소에 중독되면 어린이는 치아가 손상되며, 성인은 온몸이 쑤시고 아픈 증세를 보인다. 심하면 사지가 변형되고 허리가 경직되며, 일어서지 못한다. 2011년 10월 13일 경기도 성남시 신구대학교 식물원에서 촬영.

차나무 꽃. 진한 차에는 타닌산이 비교적 많아 위점막을 수축시키고, 소화기능에 나쁜 영향을 준다. 타닌산이 비타민 B와 결합해 비타민 B 결핍을 일으키기도 한다. 2011년 10월 1일 제주도 한라산에서 촬영.

차나무 열매. 차나무 열매는 요오드 함량이 높아서 신진대사나 갑상선 내분비질환에도 효과가 있는 것으로 알려져 있다. 심산유곡에 위치해 주요 요오드 공급원인 다시마나 미역 등의 해산물을 구하기 힘든 사찰에서는 녹차가 그 역할을 대신했다. 2009년 8월 8일 제주도 한라산에서 촬영.

움증을 호소하는 것은 우연이 아니다. 허준의 『동의보감』에서도 "녹차를 오랫동안 먹으면 기름이 빠져서 여위게 된다"고 경고하고 있다.

찻잎에는 푸린알칼로이드^{purinalkaloid}라고 불리는 테오필린^{theophylline}도 들어 있다. 카페인을 화학적으로 합성할 때 전 단계에서 생성되는 것이 테오필린이다. 카페인과 작용이 거의 비슷한데, 천식 치료제나 이뇨제 등으로 사용한다. 카페인에 비해 각성 작용과 위액분비 작용은 약하고, 강심이나 기관지 이완 및 이뇨 작용은 더 강하다.

중추신경계를 자꾸 흥분시키면 기초대사량이 높아지기 때문에 한때 테오필린을 살빼는 약으로 이용하기도 했다. 그러나 과량 투여하면 불면증과 불안감이 뒤따른다. 부작용으로 두통, 설사, 현운(현훈)^{眩暈} 등이 일

커피나무 열매. 커피는 알칼로이드 화합물인 카페인을 많이 함유하고 있다. 커피의 카페인 함유량은 차의 두 배가 넘는다. 커피 한 잔에는 보통 100밀리그램 정도, 차 한 잔에는 40밀리그램 정도의 카페인이 들어 있다. 2012년 2월 26일 충남 당진시 농업기술센터에서 촬영.

어날 수 있다.

찻잎은 불소도 함유하고 있어 차를 많이 마실 경우 불소중독증에 걸릴 우려도 있다. 실제 티베트 지역의 한 마을을 대상으로 조사한 결과 40세 이상 남녀 74퍼센트와 아동 51퍼센트가 불소중독증에 시달린다는 사실을 확인했다. 특히 이 지역 사찰의 40세 이상 스님들은 차를 마시지 않는 스님 한 명을 제외하고는 모두 불소중독증 환자였다. 매일 마시는 보이전차가 주범이었다.

불소에 중독되면 어린이는 치아 손상을 입고, 성인은 온몸이 쑤시고 아프다. 심해지면 사지가 변형되고 허리가 경직되며, 일어서지 못한다. 또한 백내장, 심장병 같은 질환도 뒤따른다. 천식약이나 진통제, 기침약

동백나무 꽃. 차나무속에 속하는 동백나무는 겨울에 꽃이 피는 식물로 유명하다. 학자에 따라서는 차나무의 속명을 따로 쓰기도 한다. 2011년 3월 13일 경남 거제시 지심도에서 촬영.

을 복용할 때는 특히 카페인이 들어간 커피, 콜라, 초콜릿을 삼가야 한다. 천식약 등에 함유된 에페드린 성분은 카페인과 상극으로, 심장에 부담을 줄 수 있기 때문이다.

학명에는 어떤 뜻이?

차나무의 속명 '*Camellia*'는 17세기경 마닐라에 거주하며 동아시아 식물을 수집한 모라비아(현 체코)의 약제사 겸 선교사 게오르그 조세프 카멜Georg Joseph Kamel의 이름에서 유래된 것이다. 종소명 '*sinensis, sinicus*'는 '중국의'라는 뜻이다. 차나무의 꽃말은 '추억(추억의 향기)'이다.

비슷한 식물(동속 식물)

동백나무속*Camellia*에는 차를 비롯해 동백나무, 애기동백나무, 흰동백나무, 노각나무 등이 있다. 차나무는 동백나무속의 식물이지만 학자에 따라서는 차나무속*Thea*으로 따로 구분하기도 해 오랫동안 논쟁이 됐다. 최근에는 차나무도 동백나무와 같은 속으로 취급하고 있다. 차나무의 속명으로 쓰였던 '*Thea*'는 중국명 'tcha(차)'에서 유래했다.

보스턴차사건(Boston Tea Party)

오늘날 미국인들이 가장 즐기는 음료로 커피가 첫손가락에 꼽히지만 18세기만 해도 커피보다는 차가 각광을 받았다. 미국에서 폭발적인 인기를 누렸던 차의 지위가 커피에 돌아간 데는 그만한 이유가 있다.

1773년 4월, 당시 횡행한 차의 밀무역 때문에 큰 손해를 입은 영국은 미국 식민지 상인의 차 밀무역을 금지하는 한편 영국 동인도회사에 차 무역 독점권을 부여하는 관세법을 시행했다. 또한 미국에 수출하는 차에는 25퍼센트에 달하는 세금을 부과했다. 이에 미국 식민지의 주민들은 강하게 반발했지만 동인도회사는 이를 무시하고 보스턴 항구로 차를 싣고 들어왔다.

그러자 1773년 12월 16일 밤 반(反)영 급진파의 주동으로 모호크족 복장을 한 주민 50여 명이 선박 두 척을 습격해 차 342상자를 부수고 1만 5000파운드의 차를 바다에 내던졌다. 바로 보스턴차사건이다.

이후 뉴욕과 필라델피아, 찰스턴 등지에서도 보스턴차사건과 유사한 저항운동이 일어났다. 애국심이 강한 여인들은 다과회에서 차를 빼기도 했다. 이 사건은 영국과 식민지 미국 사이 무력 충돌의 도화선으로 작용했을 뿐만 아니라 결국 미국 독립혁명의 직접적인 발단이 됐다.

독물질이라도 양을 더하거나 줄이면 약이 된다

초와 독초는 양날의 검이다

지양의 차이일뿐 독초가 곧 약초이고 약초가 곧 독초인 셈이다

유독성분도 사용하기에 따라서는 약이 될 수 있다

5부

야생만이 아니라
우리 주변에도
숨어 있는 독초

더하거나 줄이면 약이 된다

맹독물질이라도 양을 더하거나 줄이면 약이 된다

맹독물질이라도 양을

단지 양의 차이일뿐 독초가 곧 약초이고 약초가 곧 독초인 셈이다

약으로 쓰는 물질도 일정량을 초과하면 생명을 위협하는 독이 된다

약초와 독초는 양날의 검이다

등대풀

학명_ *Euphorbia helioscopia* L. (대극과)
다른 이름(이명)_ 등대대극, 등대초
영명_ Sun Euphorbia
일명_ トウダイクサ
특징_ 두해살이풀, 높이 25~33cm
개화_ 5월(황록색, 지름 2mm)
결실_ 8~9월(갈색, 길이 3mm)
분포_ 경기도 이남(주로 해안)
주요 독성물질_ 포볼(phorbol), 인게놀(ingenol)

먹이를 노리는 동물의 눈 모양을 닮은 '악마의 우유'

등대풀은 경기도 이남의 풀밭이나 길가 등지에서 자라는, 별로 특별할 것 없어 보이는 식물이다. 이른 봄에 피는 꽃들이 자신의 존재감을 드러내려는 듯 앞다퉈 화려한 색깔로 치장하는 반면 등대풀은 꽃조차 풀빛이니 눈에 잘 띄지도 않는다.

그렇지만 자세히 들여다보면 잘 드러나지 않는 매력을 확인할 수 있다. 여러 대의 꽃차례가 줄기 윗부분에 모여 있는 모양은 이름 그대로 밤바다를 밝혀주는 등대를 닮았다. 등잔을 얹어놓는 기구인 등경(등경걸이)과 유사해 '등경燈檠'이라고도 한다.

등대풀의 종소명 '*helioscopia*'는 '태양을 좋아하는 유익한 식물'이라는 뜻으로, 영어 이름 'sun euphorbia' 또한 태양에서 비롯됐다. 흡사 먹이를 노리는 동물의 눈처럼 생긴 꽃 모양을 보면 왜 등대풀의 명칭이 빛과 관련이 있는지 쉽게 납득할 수 있다. 주로 해안에 자라는 특성 또한 등대풀이란 이름을 더욱 두드러지게 한다.

등대풀의 생약명은 '택칠澤漆'이다. 잎줄기는 꽃이 필 때 채취해 데쳐서 말려 약재로 쓴다. 예로부터 가래를 가라앉히고 각종 염증을 치료하는 데 이용했다. 회충, 촌충 등 몸속 기생충을 죽이는 데도 효과를 발휘했다. 특히 씨앗은 민간에서 호열자(콜레라) 치료제로 활용했다. 동물실험에서는 해열작용이 있다고 밝혀지기도 했다. 그런가 하면 몸이 퉁퉁 부어오를 때 가라앉히기 위해 사용했고, 결핵성 임파선염, 골수염, 대장염, 전염성 간염에도 썼다. 대소변이 잘 나오지 않을 때도 유용하게 쓰였다.

일부 지방에서는 봄철에 등대풀의 연한 잎을 따서 나물로 먹기도 한다. 하지만 독성물질을 함유하고 있어 구토, 복통, 설사 및 소화기관 이상을 부를 수 있다.

등대풀의 줄기를 꺾어서 잎을 찢어보면 백색의 유액latex이 나오는데, 이것이 피부에 묻으면 두드러기와 물집이 생길 수 있다. 유액은 점막과 눈, 피부 등에 심각한 자극을 유발하며, 발암성을 나타낸다. 등대풀을 '악마의 우유devil's milk'라 부르는 이유는 이 때문이다. 그 이름만 봐도 독성의 정도를 짐작하기에 충분하다.

등대풀 꽃. 등대풀에 함유된 포볼이라는 물질은 통제 불능한 암의 성장을 유발하기 때문에 동물실험에서 종양 촉진제로 사용된다. 인게놀이라는 물질도 발암 위험인자로 알려져 있다. 2011년 4월 28일 경남 거제도에서 촬영.

대극 뿌리 말린 것. 천남성과나 미나리아재빗과에 속한 식물들 대부분이 독초이듯이 대극과에 포함된 식물 또한 독성이 강하다. 2011년 9월 15일 서울시 제기동 한의약물관에서 촬영.

유독물질 포볼은 동물실험 종양촉진제로 사용
같은 속인 포인세티아의 독성은 오류

등대풀은 강한 독성이 있어서 예로부터 아이를 가진 임부에게는 등대풀을 먹지 말도록 경고했다. 실제 등대풀과 같은 속에 속하는 감수와 대극이 실험용 쥐에 끼치는 영향을 연구한 결과 임신중에 간과 신장에 영향을 줘 임신 유지를 방해하는 것으로 보고되었다. 등대풀에는 포볼이라는 디테르펜 에스테르 화합물이 있는데, 이 물질은 포유동물의 피부를 자극하고 체내에서 독성을 나타내는 것으로 알려져 있다. 특히 많은 생화학적 물질들의 인산화에 관여하는 단백질인산화효소protein kinase C를 활성화한다. 이 효소의 영구적 활성은 통제 불능한 암의 성장을 유발한다. 그 때문에 포볼은 동물실험에서 종양촉진제로 사용된다. 등대풀에 포함

등대풀 잎과 꽃. 등대풀의 잎을 찢으면 흰색 유액이 나온다. 이 유액은 점막과 눈, 피부에 심각한 자극을 유발하며 발암성을 나타낸다. 2011년 5월 7일 제주도 서귀포시 광치기해변에서 촬영.

등대풀 꽃. 일부 지방에서는 봄철에 등대풀의 연한 잎을 나물로 먹기도 한다. 하지만 독성물질을 함유하고 있어 식용을 삼가는 것이 좋다. 2011년 4월 28일 경남 거제도에서 촬영.

된 인게놀이라는 물질도 발암 위험인자로 알려지고 있다.

멕시코불꽃풀로도 불리는 크리스마스의 상징 포인세티아^{E. pulcherrima}는 화려한 색상으로 주목을 끄는 식물이다. 크고 붉은 색깔의 형체는 멀리에서도 어떤 식물인지 금세 알아차릴 수 있을 만큼 독특하다. 흔히 그 붉은 집합체를 꽃으로 인식하기 쉽지만 사실은 잎이나 포엽^{苞葉}으로, 그 사이에 작고 수수한 진짜 꽃들이 따로 숨어 있다.

미국 인디애나 대학교 의대 연구진은 의학저널 『브리티시 메디컬 저널 British Medical Journal』 2008년 12월 호에 널리 알려진 의학적 통념 중 우리가 잘못 알고 있는 것들을 골라 소개했다. 그 가운데 포인세티아에 대한 내용도 나온다. 포인세티아는 입소문이나 일부 문헌에 따르면 독성이 있다고 알려져 있는데, 연구진이 많은 실험을 거듭한 결과 포인세티아가 인간에게 큰 해를 끼치지 않는다는 사실을 확인했다고 지적했다. 그러니까 크리스마스 때 집안에 포인세티아를 장식하는 데 아무 부담을 느끼지 않아도 된다는 것이다.

이보다 앞서 1975년 미국 소비자제품안전위원회는 각종 데이터를 검토한 결과 포인세티아가 무독성이라는 결론을 내린 바 있다. 오하이오 주립대학교 연구원들 또한 쥐를 대상으로 독성을 평가했는데 포인세티아를 과다 투여해도 다른 부작용이 없었다고 발표했다.

포인세티아를 독성식물로 인식한 데는 여러 가지 이유가 있을 테지만 대극과에 포함된 사실도 무시할 수 없다. 천남성과나 미나리아재빗과에 속한 식물 대부분이 독초이듯이, 대극과에 포함된 식물 또한 대부분 독성이 강하기 때문이다.

많은 식물의 경우 독성 자료가 부족하다. 특히 우리나라는 상당 부분 외국 자료를 인용하기 때문에 비슷한 식물의 정보를 이용하는 경우가 많다. 그러나 같은 속에 속하는 식물 사이에도 성분 조성에서 미묘한 차이가 나타난다. 그러다보니 정확하지 못한 정보를 제공할 우려도 크다.

정보의 오류는 크고 작은 피해와 피해자를 양산하기 마련이다. 따라서 피해자를 줄이기 위해서는 더욱 많은 자료를 확보해야 한다. 일부 지역에서는 독초를 나물로 사용한다. 대개 데치고 말리는 과정을 통해 독성물질을 제거한 후 식탁에 오르는 과정을 거친다. 하지만 무턱대고 따라 하기에는 너무나 큰 위험이 있다. 흔하게 먹는 나물에 의한 중독 사례도 빈번한 마당에, 정보가 부족한 식물은 더 말해 무엇하겠는가? 그렇기 때문에 유독식물에 대한 안전의식 고취 교육이 중요하다.

이와 함께 민간요법의 폐해를 근절하기 위해 독성을 제거하는 방법이나 그 기작, 안전성에 대한 좀더 세밀한 분석 작업을 거치고 가이드라인을 제시하는 것도 요구된다.

학명에는 어떤 뜻이?

등대풀의 속명 '*Euphorbia*'는 로마시대에 누미디아의 왕 주바Juba가 그의 주치의 유포르비아Euphorbia를 위해 붙인 이름이다. 그가 처음으로 이 식물을 약으로 이용했다고 한다. 종소명 '*heliscopius*'는 '향일성의'라는 뜻이다.

대극 꽃. 대극과 등대풀은 강한 독성 때문에 예로부터 아이를 가진 임부가 먹어서는 안 된다고 경고했다. 쥐를 대상으로 실시한 실험에서도 임신 유지를 방해하는 것으로 보고됐다. 2011년 6월 28일 서울시 홍릉수목원에서 촬영.

땅빈대. 밭이나 사람들이 잘 다니는 길에서도 흔히 볼 수 있는 대표적인 잡초인 땅빈대는 식물 전체가 땅에 붙어서 자라고 잎도 작아서 붙여진 이름이다. 2010년 경북 상주시 반계리에서 촬영.

애기땅빈대. 대극속에는 대극을 비롯해 개감수, 낭독, 등대풀, 땅빈대, 포인세티아, 설악초 등 20여 종이 있다. 땅빈대와 애기땅빈대는 밭에서 볼 수 있으며, 나머지 식물들은 숲속에서 관찰할 수 있다. 2011년 10월 9일 경기도 여주군 해여림식물원에서 촬영.

포인세티아 꽃. 멕시코불꽃풀로도 불리는 크리스마스의 상징 포인세티아는 흔히 독성이 있다고 알려졌지만, 실제로는 큰 해를 끼치지 않는다. 2011년 10월 9일 서울시 자양동에서 촬영.

비슷한 식물(동속 식물)

대극속*Euphorbia*에는 대극을 비롯해 개감수, 낭독, 등대풀, 땅빈대, 포인세티아, 설악초 등 20여 종이 있다. 땅빈대와 애기땅빈대는 밭에서 볼 수 있으며, 나머지 식물들은 숲속에서 관찰할 수 있다. 포인세티아는 관상용 외래식물이다.

동의나물
◇◇◇◇◇◇◇◇◇◇◇◇◇◇◇◇◇◇◇

학명_ *Caltha palustris* L. var. *palustris*(미나리아재빗과)
다른 이름(이명)_ 참동의나물, 원숭이동의나물, 눈동의나물,
산동의나물, 누은동의나물, 좀동의나물
일명_ ミヤマリウギ
특징_ 여러해살이풀, 높이 60cm
개화_ 4~5월(노란색, 크기 2cm)
결실_ 7~8월(암갈색, 크기 1cm)
분포_ 전국(제주도 제외) 산지 계류의 습지
주요 독성물질_ 사포닌 등

곰취와 헷갈리기 쉽고 이름만 나물인 식물

최근 한 신문에 특이한 기사가 났다. 독자들이 자신들이 알고 있는 상
식과 다르다며 정정보도를 요구하자 해명기사를 낸 것이다. 기사는 대
표적인 산나물인 곰취와 독초인 동의나물에 관한 내용을 다뤘다. 독자들
은 주로 곰취와 동의나물 사진이 뒤바뀐 것 아니냐는 항의를 해왔다. 자
신들이 사는 곳에서는 산에서 뜯어온 곰취로 쌈도 싸먹고 간장에 절여도
먹는데, 헷갈렸다간 큰일나는 것 아니냐는 것이다. 이 문제로 논란을 벌
이다가 부부싸움까지 했다는 독자도 있었다.

논란의 대상인 동의나물은 전국의 고산 중턱 습지나 계곡의 냇가 근처
에 자생하는 우리나라 특산 식물이다. 4~5월 줄기 끝에 한두 개의 긴 꽃

곰취와 동의나물. 흔히 동의나물은 개울이나 도랑가에서 자라고, 곰취는 그늘진 곳에 서식하지만 두 식물이 같은 장소에서 나란히 서식하는 경우도 많다. 사진 왼쪽의 큰 잎은 곰취이고 오른쪽 끝에 있는 잎이 동의나물이다. 2009년 5월 24일 강원도 횡성군 숲체원에서 촬영.

줄기가 뻗고 그 끝에 각각 노란색 꽃을 하나씩 피운다. 꽃잎으로 보이는 것은 꽃받침이다.

동의나물은 마제초馬蹄草나 여제초驢蹄草라고 부른다. 마제는 잎의 모습이 '말의 발굽'을 닮아서 붙여진 이름이며, 여제는 '당나귀의 발굽'을 떠올렸기 때문에 유래된 것이다. 동의나물은 꽃이 만개하기 전 꽃봉오리 모양이 꼭 물동이 같다. 동의나물의 속명 'Caltha'는 그리스어로는 '바구니' '화병', 라틴어로는 '잔'이라는 뜻이다. 수호로水葫蘆라는 이름도 있는데, 역시 꽃의 피기 전 모습이 호로(목이 구부러진 표주박인 호리병박)를 닮았기 때문이다. 물가에서 자라는 동의나물의 특성이기도 하다.

동의나물. 일부 지방에서는 초봄에 동의나물의 새순이 막 올라왔을 때 삶아서 흐르는 물에 48시간 이상 담가뒀다가 묵나물로 사용한다. 하지만 되도록 식용은 피하는 것이 바람직하다. 2009년 4월 27일 경기도 용인시 한택식물원에서 촬영.

새싹에 독이 없다는 생각은 금물

피나물, 요강나물, 물레나물, 고추나물 등도 독초

한방에서는 동의나물의 수염뿌리와 잎, 줄기를 모두 약용한다. 즙을 내어 구토제로 쓰거나, 콜레라와 기관지염을 치료할 때 사용한다. 골절상, 염좌(삔 데), 인대손상, 화상, 피부병에도 신선한 약재를 짓찧어 외용으로 붙여 쓴다.

일부 지방에서는 이른 봄 어린잎을 데쳐 말린 후 일정한 시일이 지난 뒤에 묵나물로 만들어 먹는다. 새순을 삶아서 흐르는 물에 48시간 이상 담가뒀다가 사용한다. 그러나 동의나물은 유독식물이므로 조심하는 것이 좋다.

위에서도 언급했지만 동의나물은 곰취와 모양이 유사하기 때문에 오판에 따른 중독사고가 심심찮게 발생한다. 가족이나 동료와 함께 쌈으로 먹다가 탈이 나는 경우가 대부분이다. 동의나물에 포함된 중독 유발 물질은 베라트린^{veratrin}, 베르베린, 헬레보린^{helleborin}, 아네모닌, 퀘르세틴^{quercetin}, 이소람네틴^{isoramnetin} 따위의 알칼로이드 성분이다. 이들 성분은 수포, 토사, 부종, 구토, 복통, 현훈, 허탈 증세를 유발한다. 서맥을 동반한 쇼크를 일으킨 사례도 보고된다.

동의나물에서는 또 세 종류 이상의 사포닌이 검출된다. 사포닌은 그리스어로 '거품이 일다'라는 의미로, 비누^{soap}의 어원이다. 사포닌은 감초, 도라지, 더덕, 콩 등 500속 이상의 식물에 들어 있는데, 물에 녹여 휘저으면 거품이 일어난다. 한방약에서는 사포닌 성분이 포함된 식물을 강심제나 이뇨제로 쓴다. 최근에는 항암, 항산화, 콜레스테롤 저하효과가 밝

동의나물의 속명은 그리스어로는 '바구니' '화병', 라틴어로는 '잔'이라는 뜻이다. 수호로라는 이름 역시 꽃의 피기 전 모습이 호로를 닮았기 때문에 붙여졌다. 1890년대 짚신을 신고 머리에 물동이를 이고 가는 아낙네 모습. 한국사진사연구소 소장.

혀지면서 생리활성 물질로 각광받고 있다. 또 화장품에도 이용된다.

그러나 과량 투여 시 간과 신장에 악영향을 줄 수 있다. 다량의 사포닌이 함유된 음식물을 복용하면 혈압강하 등의 부작용이 발생할 수 있다. 대부분의 사포닌은 적혈구 안의 헤모글로빈이 혈구 밖으로 탈출하는 용혈작용을 일으킨다. 용혈작용은 적혈구 막 속의 콜레스테롤(콜레스테린)이 사포닌과 강하게 결합해 막구조가 파괴되기 때문에 발생한다.

동의나물은 나물이라는 이름 탓에 식용으로 오인하기 쉽다. 그러나 비록 일부 지역에서 어린잎을 나물로 이용한다고는 해도 이름만 나물일 뿐 독성물질을 함유하고 있어 요리해서 식탁에 올릴 생각은 아예 하지 않는 것이 좋다. 이렇듯 나물이란 이름이 있는데도 독성물질을 함유해 식용식물로 부적합한 식물로는 미나리아재빗과에만 해도 동의나물, 애기동의나물을 비롯해 요강나물, 놋젓가락나물, 왜젓가락나물, 흰왜젓가락나물이 있다. 양귀비과의 피나물과 백합과의 삿갓나물, 물레나물과의 물레나물과 고추나물도 마찬가지로 이름만 믿고 복용하다간 건강을 해치기 십상이다.

곰취 잎(좌), 동의나물 잎(우). 동의나물과 곰취는 헷갈리기 쉽다. 곰취는 잎맥이 깊고 진해서 긴 선 형태를, 동의나물은 중앙에서 방사형으로 옅은 잎맥을 보인다. 곰취의 잎은 부드럽고 약한 털이 있는데, 동의나물의 잎은 털이 없이 매끄러운 느낌이며 약간 윤기가 있어 보인다. 곰취는 잎의 톱니가 깊고 불규칙적으로 갈라지나 동의나물은 얕고 규칙적으로 발달된다. 곰취 잎 사진은 2009년 4월 19일 경기도 용인시 한택식물원에서, 동의나물 잎 사진은 2011년 5월 1일 경기도 포천시 국립수목원에서 촬영.

곰취 꽃(좌)과 동의나물 꽃(우). 곰취는 풍미가 뛰어나기 때문에 참취와 수리취, 단풍취 따위의 취나물 중에서도 각광을 받는 대표주자다. 곰취와 동의나물의 꽃 색깔은 모두 노란색이지만 곰취의 개화기는 여름, 동의나물은 이른 봄이다. 곰취 꽃은 2011년 8월 26일 강원도 태백시 구와우마을에서, 동의나물 꽃은 2011년 4월 9일 서울시 홍릉수목원에서 촬영.

헷갈리면 위험해요

동의나물과 곰취는 어린잎이 둘다 둥근 심장형이어서 헷갈리기 쉽다. 꽃 색깔은 모두 노란색이지만 곰취는 여름에, 동의나물은 이른 봄에 핀다. 곰취는 잎맥이 깊고 진해서 긴 선이지만, 동의나물은 중앙에서 방사형으로 난 옅은 잎맥이다. 곰취 잎은 부드럽고 미약한 털이 있는 반면, 동의나물의 잎은 털이 없이 매끄러운 느낌이며 약간 윤기가 있다. 곰취는 잎의 톱니가 깊게 불규칙적으로 갈라지지만, 동의나물은 규칙적으로 얕게 발달된다.

그러나 위에 열거한 형태적 특성은 두 식물을 간단하게 구별해낼 만큼 뚜렷한 차이를 나타내는 것이 아니다. 그렇기 때문에 이 같은 내용을 근거로 섣불리 판단해선 안 된다. 실제로 관찰해보면 설명한 것과 크게 다른 경우가 허다하다. 간혹 동의나물은 개울가나 도랑가에서 자라고 곰취는 그늘진 곳에 서식한다고 해서 둘을 구별하는 잣대로 삼기도 한다. 그러나 이를 금과옥조처럼 맹신하는 것 또한 금물이다. 현장을 조사하다보면 두 식물이 같은 장소에 나란히 서식하는 경우도 많다.

학명에는 어떤 뜻이?

동의나물의 속명 'Caltha'는 라틴명 'calathos(잔)'에서 전용된 것이다. 종소명 'paludosus, palustris'는 '늪에 사는'이라는 뜻이다.

비슷한 식물(동속 식물)

동의나물과 비슷한 식물로 애기동의나물이 있다. 애기동의나물의 꽃턱잎은 다섯 개이며 윗부분은 둥그스름하고 흰색이며 가장자리는 옅은 붉은색 또는 황갈색이다.

식물의 분포 특성

식물은 종류에 따라 일정한 지역에 제한적으로 서식한다. 식물의 분포지역을 결정하는 요소는 기후, 토양, 지형 등 무기적인 환경과 생물 간의 경쟁, 공존 등과 같은 유기적인 환경이다.

지구상에서는 적도를 중심으로 위도가 높아진다. 이에 따라 열대부터 아열대, 온대, 아한대, 한대가 차례로 나타난다. 저지대에서 고지대로 올라가면서도 식물의 분포 양상은 달라진다.

우리나라는 제주도와 남해안의 상록활엽수림대, 지리산을 중심으로 동서해안을 따라 각각 평택과 울진까지 올라가는 온대남부 낙엽활엽수림대와 중부지방의 대부분을 차지하는 온대중부 낙엽활엽수림대, 그리고 북한의 개마고원 일대 침엽수림대(냉대)로 구분된다.

어떤 식물은 남과 북을 기준으로 서식지가 뚜렷하게 단절되는 현상이 나타난다. 이들 지점을 선으로 연결하면 남한계선(남방한계선)이나 북한계선(북방한계선)이 된다. 제주도의 문주란 자생지, 대청도의 동백나무 자생북한지, 내장산의 굴거리나무 군락은 천연기념물로 지정된 북한계지다.

한국 특산종으로 불리는 미선나무와 금강초롱꽃, 구상나무 같은 식물은 특정 지역에서만 자란다. 이 때문에 이들 식물을 그 지역의 고유종이라고 한다. 또 식물에 따라서는 햇볕이 잘 드는 양지, 수분이 많은 하천이나 연못가를 중심으로 자주 볼 수 있다. 이러한 특정 환경요인에 의해 건생, 습생, 수생, 해안형 등으로 분류한다. 할미꽃이 무덤가에서 자주 발견되는 것은 알칼리성 토양을 좋아해서이며, 진달래나 미국자리공은 반대로 산성 토양에서 잘 자란다.

이 같은 분포 특성을 이용해 식물을 손쉽게 구분하기도 한다. 가령 산나물인 곰취와 독초인 동의나물을 구별할 때는 사는 곳이 각각 산지와 물가라는 점을 활용한다. 꽃이 피는 시기 또한 식물을 구분하는 방법으로 이용된다. 그래서 진달래와 산철쭉을 구별할 때 화기를 논한다.

그러나 이러한 방법은 위험성을 내포하고 있다. 곰취와 동의나물이 같은 장소에서 관찰되고, 진달래와 산철쭉이 같은 시기에 꽃을 피우는 경우도 비일비재하기 때문이다. 식물의 생태 특성을 활용한 구분방법은 어디까지나 참고자료로 활용하는 것이 좋다.

미나리아재비

학명_ *Ranunculus japonicus* Thunb.(미나리아재빗과)
다른 이름(이명)_ 놋동이, 자래초, 바구지
영명_ Japanese Buttercup
일명_ キンポウゲ
특징_ 여러해살이풀, 높이 40~60cm
개화_ 6월(노란색, 지름 12~20mm)
결실_ 8~10월(갈색, 길이 2~2.5mm)
분포_ 전국 각지(습기 있는 양지)
주요 독성물질_ 프로토아네모닌 등

가깝지만 다른 종류를 나타내는 '아재비'

식물 이름에는 사람과 관련한 명칭이 흔하다. 이름만으로 식물에 대한 정보를 쉽게 유추하는 것은 쉽지 않지만, 그 나름대로 특징이 드러나기도 한다. 예를 들어 크기가 작은 것을 표현할 때는 '아기(애기)'란 이름을 썼으며, 작고 예쁜 식물에는 '각시', 작고 흴 때는 '선녀'로 비유했다. '기생'은 화려한 자태를 뽐내는 식물에 붙여졌다. 꽃이 둥글고 매끄러운 모양일 때는 '중의 머리'를 빗대기도 한다. '홀아비'는 꽃대가 하나 있는 식물에 어울린다. 꽃며느리밥풀, 며느리배꼽, 며느리감나무(차풀), 며느리주머니(금낭화) 등 '며느리'가 붙은 이름도 눈에 띈다. 특히 며느리밑씻개는 고부갈등으로 대표되는 인간 생태를 가장 함축적으로 보여준다. 이

미나리. 미나리아재비는 미나리와 아재비가 결합한 형태로, 미나리와 비슷한 식물이란 뜻으로 풀이할 수 있다. 2011년 10월 9일 경기도 여주군 해여림식물원에서 촬영.

미나리아재비. 미나리아재비의 즙이 피부에 묻으면 수포가 돋고 색소침착을 남기는 경우가 있으며, 눈에 들어가면 결막염 증상을 나타낸다. 2010년 6월 2일 강원도 횡성시 숲체원에서 촬영.

식물의 줄기에는 거친 가시가 **빽빽**하게 돋아나는데, 며느리를 밑씻개로 쓰면 좋겠다는 시어머니의 가학적인 바람을 담고 있다. 한편으로는 시집살이의 고달픔과 매서움을 거친 줄기에 비유한 것이라고도 한다.

그런가 하면 아재비라는 이름도 주목을 끈다. 아재비는 현대어에서 아저씨의 낮춤말이지만 본래의 의미는 숙질간을 가리키는 것으로, 아주 가까운 사이를 나타낸다. 그래서 동식물 이름에 쓰이는 아재비는 비슷하지만 다르다는 뜻으로 사용된다. 예를 들어 잔대아재비는 숫잔대의 다른 이름이며, 조팝나무아재비의 경우 나도국수나무의 이명으로 각각 잔대, 조팝나무와 외형이 비슷하다.

미나리아재비는 '미나리+아재비' 형태이기 때문에 미나리와 비슷한 식물이라는 뜻으로 풀이할 수 있다. 그중 미나리는 '미+나리' 형태이다. 미는 물이 변한 말이요, 나리는 풀과 나물이라는 뜻이므로, 종합하면 물에서 자라는 채소라는 뜻이 된다.

그러나 미나리아재비는 외형보다 물을 좋아하는 식물의 습성을 더 많이 반영해 작명한 듯하다. 미나리는 산형과에 속하고 미나리아재비는 미나리아재빗과에 속한다. 그래서 혈통적으로 차이가 두드러질 뿐만 아니라 잎이나 꽃 모양도 확연하게 비교된다.

미나리아재빗과 식물을 대표하는 미나리아재비는 볕이 잘 들고 습기가 있는 산과 들에서 자라는 여러해살이풀이다. 논이나 도랑에서 흔히 볼 수 있다. 꽃은 6월에 짙은 노란색으로 피는데, 꽃잎은 다섯 장이고 수술과 암술은 수가 많다. '놋동'이라는 이름으로도 불리며, 북한에서는 '바구니'란 명칭으로 불린다.

피부 자극 물질이 수포성 병변 유발

신선할수록 피부 반응 유발효과 증대

미나리아재비는 한방에서 뿌리를 제외한 식물체 전부를 '모랑毛茛'이라고 해서 학질, 편두통, 류머티즘성 관절염, 치통 등을 다스리는 데 쓴다. 황달을 치료하고 눈에 낀 백태를 제거한다고 알려져 있다. 식물을 짓찧어서 환부에 붙이거나 삶은 물에 환부를 씻는다.

연한 순은 나물로 먹기도 하지만 미나리아재빗과 식물 대부분이 그렇듯이 이 식물도 독성물질을 포함하고 있기 때문에 조심해야 한다. 민간에서는 독성을 활용해 식물 전체를 살충약으로 사용하기도 했다.

미나리아재비의 즙이 피부에 묻으면 수포가 돋고 색소침착을 남길 수

미나리아재비 꽃. 미나리아재비는 한방에서 뿌리를 제외한 전부를 '모랑'이라고 해서 학질과 두통 등을 다스리는 데 쓴다. 또 황달을 치료하고 눈에 낀 백태를 제거한다. 2009년 5월 15일 제주도 서귀포시 중문관광단지에서 촬영.

미나리아재비는 독성물질을 함유하고 있기 때문에 조심해야 한다. 민간에서는 식물 전체를 살충약으로 사용하기도 했다. 2011년 5월 10일 전북 임실군 입석리에서 촬영.

있다. 눈에 들어가면 결막염 증상을 나타낸다. 또 복통, 설사, 구강 궤양, 구토, 위장염 따위의 증상도 일으킨다. 혈뇨, 다뇨, 배뇨통, 신장장애도 유발한다. 민간에서 관절염에 좋다는 말을 듣고 미나리아재비를 찧어 발랐다가 도포한 부위에 통증과 작열감을 동반한 홍반, 미란, 대수포가 발생해 내원하는 사례가 흔하다.

미나리아재비가 포함된 미나리아재비속*Ranunculus*을 비롯해 미나리아재빗과의 으아리속*Clematis*, 바람꽃속*Anemone* 등에는 라눈쿨린*ranunculin*이라는 물질이 들어 있다. 라눈쿨린은 일반적으로 개화기에 함량이 많아지는데, 식물이 손상되면 프로토아네모닌으로 분해된다. 이 성분은 피부염 및 수포성 병변을 일으키는 것으로 알려졌다. 하지만 자연 상태에서는 불안정한 물질이어서, 자극성이 없는 아네모닌으로 쉽게 바뀌기 때문에 끓이거나 건조, 냉동하면 자극이 사라질 수 있다. 식물이 신선해야만 피부에 반응을 유발하는 것이다.

같은 미나리아재비속으로 미나리아재비와 모양과 특성이 비슷한 개구리자리도 함유 성분이 비슷해 같은 이유로 피해를 입히기도 한다. 피해자의 주요 증상 또한 프로토아네모닌에 의한 접촉피부염이다.

앞에서 알아봤듯이 식물의 이름에 쓰인 아재비라는 명칭은 비슷하다는 뜻을 내포한다. 얼핏 보면 유사하다는 것이다. 그러나 겉보기에 비슷하고 이름 또한 비슷하다고 해서 가까운 사이로 섣불리 단정해서는 안 된다. 탱자아재비는 백량금의 이명으로 꽃잎이 탱자나무와 유사하다는 뜻에서 유래했지만 탱자와는 거리가 멀다. 탱자는 귤이나 오렌지 등이 포함된 운향과이며, 백량금은 자금우과의 식물이다. 수련아재비는 자라

개구리미나리. 미나리아재비의 속명은 라틴어 'rana(개구리)'에서 유래했다. 수생식물로 개구리가 많은 곳에서 자란다는 뜻이다. 2011년 7월 1일 경기도 포천시 국립수목원에서 촬영.

바위미나리아재비 꽃. 미나리아재비속에는 미나리아재비를 비롯해 개구리갓, 개구리자리, 개구리미나리, 매화마름, 젓가락나물 등 23종의 식물이 있다. 2011년 6월 2일 경기도 포천시 평강식물원에서 촬영.

풀(자라풀과)의 다른 이름인데, 수련(수련과)과는 제법 차이가 두드러진다.

　독초를 먹고 발생하는 사고의 상당수는 얼핏 보고 판단해서 빚어지는 경우가 많다. 때에 따라서는 '자라 보고 놀란 가슴 솥뚜껑 보고도 놀라'는 자세가 필요하다. 유독식물에 있어서는 신중한 선택만이 생명의 안전을 담보할 수 있다.

학명에는 어떤 뜻이?

　미나리아재비의 속명 'Ranunculus'는 라틴어 'rana(개구리)'에서 유래했다. 수생식물로 개구리가 많은 곳에서 자란다는 뜻이다. 종소명 'japonica, japonicus, japonensis'는 '일본(산)'이라는 뜻이다.

비슷한 식물(동속 식물)

미나리아재비속Ranunculus에는 미나리아재비를 비롯해 개구리갓, 개구리자리, 개구리미나리, 매화마름, 젓가락나물 등 23종의 식물이 있다. 매화마름은 멸종위기식물로 지정해 보호하고 있다.

안쪽부터 암술, 수술, 꽃잎, 꽃받침 순으로 배열된 꽃의 구조

속씨식물의 생식기관을 꽃이라고 지칭하지만, 넓은 뜻으로는 소철류, 은행나무류, 소나무류의 생식기관까지 포함한다.

꽃자루(화경)의 끝을 꽃턱 또는 꽃받이라고 하는데, 여기에 꽃받침, 꽃잎(꽃부리), 수술, 암술이 달린다. 가운데에서 바깥쪽으로 암술, 수술, 꽃잎, 꽃받침 순으로 배열한다. 암술과 수술로 이뤄진 꽃술은 생식에 직접 관계하며, 꽃잎과 꽃받침으로 구성된 화피는 암술과 수술을 보호하는 역할을 한다. 화피, 수술, 암술을 모두 갖춘 꽃을 완전화, 그렇지 않은 꽃을 불완전화라 한다. 또 한 송이 꽃에 암술과 수술을 모두 갖춘 꽃을 양성화(자웅동화), 암술과 수술 중 한 가지만 있는 꽃을 단성화(자웅이화)라고 한다. 수술은 화분(꽃가루)이 들어 있는 꽃밥과 이를 받치는 꽃실(화사)로 이뤄진다. 암술은 밑씨가 들어 있는 씨방과 꽃가루를 받아들이는 암술머리, 그리고 이 둘을 연결하는 암술대로 구성된다.

또 나팔꽃이나 호박꽃처럼 꽃잎이 서로 붙어 있는 것을 통꽃(합판화), 벚꽃이나 배추꽃처럼 꽃잎이 각각 떨어져 있는 것을 갈래꽃(이판화)이라고 한다.

일부 식물의 경우 꽃받침이 꽃잎의 역할을 하는데, 할미꽃과 족도리풀은 자줏빛의 꽃받침(악편)이 꽃잎 모양을 하고 있다. 금꿩의다리도 분홍색 꽃받침과 황금색 꽃밥이 어우러져 화려함을 자랑한다.

산딸나무, 약모밀의 경우 꽃잎처럼 보이는 것은 꽃차례를 받치는 총포로, 꽃은 매우 작고 볼품이 없다. 수국도 꽃보다 총포가 더 화사하다.

암꽃과 수꽃이 같은 그루에 피는 것을 암수한그루, 다른 그루에 피는 것을 암수딴그루라고 한다. 대표적인 암수딴그루 식물은 시금치, 은행나무, 버드나무, 뽕나무, 옻나무, 물푸레나무이다.

바람꽃

학명_ *Anemone narcissiflora* L. (미나리아재빗과)
다른 이름(이명)_ 조선바람꽃
일명_ ハクサンイチゲ
특징_ 다년생 초본 높이 20~40cm
개화_ 6~8월(흰색, 길이 2~4cm)
결실_ 9~10월(길이 6~7mm, 폭 5mm)
분포_ 중부 이북 고산지대
주요 독성물질_ 아네모닌, 아네모놀(anemonol) 등

바람의 신의 사랑 때문에 꽃이 된 아네모네

봄소식은 바람을 타고 온다. 온 세상을 새하얗게 뒤덮었던 눈이 봄바람을 맞고 서서히 녹아내릴 때쯤이면 산과 들에는 꿩의바람꽃을 비롯한 바람꽃 종류가 얼음을 녹이며 눈보다 흰 꽃망울을 피워올린다. 소금 빛으로 들녘에 무리지어 핀 바람꽃 군락이 바람에 산들산들 흔들거리면 몽환적인 분위기에 빠져들기 십상이다.

이름에서 유추할 수 있듯 바람꽃이란 이름은 잎이나 꽃의 모양이 매우 가늘어 바람에 쉽게 산들거리는 데서 유래했다. 바람이 불 때가 아니면 결코 꽃을 피우지 않기 때문이라고도 한다. 실제 사는 곳도 바람이 부는 숲속 양지바른 곳이다. 바람꽃의 속명*Anemone* 또한 그리스어의

'anemos(바람)'가 어원이며, 영어 이름도 우리나라와 마찬가지로 바람꽃^{wind-flower}이다.

꿩의바람꽃의 꽃. 꿩의바람꽃을 비롯한 바람꽃속 식물은 독성이 있기 때문에 조심해야 한다. 2010년 4월 11일 강원도 평창군 오대산에서 촬영.

바람꽃은 종류가 다양하고 모양도 가지각색이어서 전 세계에 150여 종이 자란다. 동토의 알래스카 지역부터 열대지방에 이르기까지 거의 모든 대륙에 퍼져 있다. 우리나라에서 관찰되는 종류도 바람꽃을 비롯해 꿩의바람꽃, 숲바람꽃, 들바람꽃, 국화바람꽃, 그늘바람꽃, 쌍둥이바람꽃, 회리바람꽃 등 10여 종이 넘는다.

바람꽃 종류는 이른 봄에 핀다고 해서 '봄의 꽃'으로 불리는데, 우리나라에 서식하는 바람꽃 종류 가운데 꿩의바람꽃을 비롯한 11종이 봄이나 늦어도 6월까지는 꽃망울을 터뜨린다. 그러나 정작 바람꽃은 7~8월 무렵 여름에서야 비로소 꽃망울을 터뜨린다. 외래종인 대상화 역시 봄이 아닌 7~10월에 핀다.

그리스신화에는 바람꽃의 유래에 관해 다음과 같은 이야기가 전해진다. 아네모네는 꽃의 여신 플로라의 시녀였다. 플로라의 남편인 바람의 신 제피로스가 아네모네를 사랑하게 되자 이에 질투를 느낀 플로라는 아

존 윌리엄 워터하우스의 〈바람꽃Windflowers〉. 그리스신화에서 아네모네는 꽃의 여신 플로라의 시녀다. 플로라의 남편인 바람의 신 제피로스가 아네모네를 사랑하자 이에 질투를 느낀 플로라는 아네모네를 바람꽃으로 만들어버린다.

바람꽃은 꽃이 예쁘기 때문에 생활용품 디자인으로 많이 활용된다. 사진은 냉장고의 디자인에 사용된 바람꽃.

네모네를 쫓아버린다. 그렇지만 바람의 신은 끝까지 포기하지 않고 아네모네와 재회하는 데 성공한다. 그러나 제피로스의 행각을 못마땅하게 여긴 플로라는 아네모네를 한 송이 꽃으로 만들어버리는데, 그 꽃이 바로 바람꽃이다.

독일에서도 똑같은 등장인물에 비슷한 내용의 이야기가 전해진다. 어느 궁전에 봄의 신 플로라와 아네모네라는 소녀가 살고 있었다. 바람의 신 제피로스는 플로라보다는 아네모네를 더 좋아했다. 그러나 플로라는 제피로스가 자신을 사랑하는 것으로 착각해 제피로스가 구혼해오기를 애타게 기다린다. 그러다 결국 제피로스가 자신보다 아네모네를 더 좋아한다는 사실을 알고 충격에 빠진다. 사랑의 포로가 된 플로라는 제피로

바람꽃은 한방에서 류머티즘으로 인한 통증을 치료하고, 종기와 부스럼을 개선하는 약으로 쓴다. 2011년 8월 5일 경기도 포천시 평강식물원에서 촬영.

스의 진심을 알면서도 포기하지 않고 끊임없이 사랑을 갈구한다. 이에 제피로스는 플로라의 애원에 못 이겨 아네모네를 잊기로 결심하고 사랑하는 연인을 바람꽃으로 변모시켰다고 한다.

바람꽃은 형태가 복수초와 비슷하기 때문인지 서로 닮은꼴의 그리스 신화가 전해진다. 신화에서 미의 여신 아프로디테(베누스)는 사냥을 하다 멧돼지에 받혀 죽은 연인 아도니스를 보며 비통한 눈물을 흘리는데 그 눈물이 바람꽃으로 변했다고 한다. 또다른 신화에서는 아프로디테가 아도니스의 시신에 신주神酒를 부었더니 그의 피 속에서 바람꽃의 싹이 돋아났다고 한다.

이와 같은 설화를 바탕으로 영국에서는 바람꽃이 '제피로스의 꽃'이나

'베누스의 꽃'을 상징하게 됐다. 고대 그리스와 로마에서는 바람꽃을 모아서 아프로디테의 제단을 장식했다.

독이 있지만 염소에 해가 없어 '염소의 꽃다발'로 불러
유럽 거지들이 궤양 유발 위해 일부러 쓰기도

우리나라에 자생하는 대부분의 바람꽃 종류는 모두 흰 꽃이 피지만 서양에는 빨간 꽃을 피우는 것도 여럿 있다. 예수가 처형되던 날 저녁, 골고다 언덕에서 자라던 흰빛의 바람꽃에 예수의 피가 떨어져 붉게 물들었다는 이야기도 전해진다. 그래서 이 꽃을 신성시하는 관습이 생겨났다. 그런가 하면 죽은 자에게 바치는 화환을 만들 때 사용하기도 했다.

바람꽃은 죽음, 슬픔, 삶의 덧없음을 뜻한다. 이는 순식간에 져버리는 꽃의 성질과 진홍빛 꽃잎, 그리고 '바람'이라는 이름에 바탕을 둔 것이다.

바람꽃은 한방에서 류머티즘으로 인한 통증을 치료하고, 종기와 부스럼을 개선하는 약으로 쓴다. 부드럽게 빻아 환부에 뿌리거나 기름에 개어 바르기도 한다. 유럽의 민간에서는 부인과에서 월경을 고르게 하는 약으로 썼다.

그러나 바람꽃은 아네모닌과 아네모놀 등 독성물질을 함유하기 때문에 조심해야 한다. 이들 성분은 염소를 제외하고는 심각한 장염을 유발할 수 있다. 그래서 스위스에서는 바람꽃을 '염소의 꽃다발GeiBemaie'이라 부른다. 아네모닌은 프로토아네모닌의 전구물질로, 진정제와 진통약으로 쓰기도 하지만 오심, 구토 및 설사는 물론, 신장을 자극해 혈뇨와 단

홀아비바람꽃의 꽃. 꽃대가 외롭게 하나만 올라온다고 해서 붙은 이름이 홀아비바람꽃이다. 2009년 5월 1일 경기도 남양주시 축령산에서 촬영.

백뇨를 일으킬 수 있다. 아네모놀은 적절히 희석한 후 내복하면 통증을 완화하며, 잘 낫지 않는 궤양에 부식제로 도포하는 경우도 있다. 하지만 자연 상태의 식물을 내복하면 부식성을 나타내고, 외용할 경우 수포와 궤양을 형성한다.

유럽의 거지들은 아네모놀 성분이 함유된 식물을 이용해 자신들의 몸에 궤양을 인위적으로 만들어 동정심을 유발해 동냥을 하는 데 이용했다고 전해진다. 사용방법이 비루하고 어딘가 안타까운 생각도 들지만, 어쨌든 식물의 부작용을 정확하게 이해하고 활용한 사례라고 볼 수 있다.

변산바람꽃은 전북 부안 변산 지역에서 처음 발견된 식물로 한국 특산종이다. 바람꽃이라는 이름을 갖고 있지만 바람꽃과는 속명이 다르다. 2010년 3월 28일 경기도 용인시 한택식물원에서 촬영.

회리바람꽃. 북쪽 지방에서 자라는 회리바람꽃은 5월에 흰색의 꽃이 핀다. 다른 바람꽃 종류에 비해 꽃이 작고 색깔도 선명하지 않아 눈에 잘 띄지 않는다. 2010년 5월 22일 경기도 포천시 광덕산에서 촬영.

세바람꽃의 꽃과 열매. 우리나라에 서식하는 바람꽃 종류는 대부분 봄이나 늦어도 6월까지는 꽃망울을 터뜨린다. 그러나 정작 바람꽃은 여름인 7~8월에 핀다. 2011년 8월 3일 경기도 용인시 한택식물원에서 촬영.

너도바람꽃 열매. 식물에는 나도바람꽃과 너도바람꽃처럼 '나도-'와 '너도-'가 들어가는 이름들이 있다. 2012년 5월 11일 경기도 남양주시 운길산에서 촬영.

나도바람꽃. 세계적으로 우리나라에서만 볼 수 있는 나도바람꽃은 강원도 이북의 산지에서 자라는 식물로 5~6월경 흰색의 꽃이 모여핀다. 2011년 4월 19일 강원도 평창군 오대산에서 촬영.

학명에는 어떤 뜻이?

바람꽃의 속명 'Anemone'는 그리스어로 '바람의 딸'이다. 종소명 'marcissiflora'는 '수선화와 같은'을 의미한다. 꽃말은 '속절없는 사랑' '질투로 인한 희생' '참고 기다림' '기대' '그대를 사랑해' '희박해져가는 욕망' 등이다.

비슷한 식물(동속 식물)

우리나라에는 바람꽃속Anemone에 13종이 있다고 알려져 있다. 대부분 봄에 꽃이 피지만 바람꽃과 대상화는 여름에 꽃이 핀다. 바람꽃은 자생종이며 대상화는 원예종이다. 만주바람꽃, 매화바람꽃, 변산바람꽃은 바람꽃이라는 이름이 들어갔지만 각기 바람꽃과는 다른 속에 포함된다.

나도바람꽃, 너도바람꽃

식물 이름에는 나도바람꽃과 너도바람꽃처럼 '나도-'와 '너도-'가 들어가는 이름들이 있다. 나도바람꽃과 너도바람꽃을 비롯해, 나도밤나무와 너도밤나무, 나도양지꽃과 너도양지꽃은 모두 바람꽃, 밤나무, 양지꽃과 비슷하다는 뜻을 담고 있지만 각기 다른 속에 속한다.

그런데 의미만을 두고 볼 때 둘 사이에는 미묘한 차이가 있다. 즉 '너도'라는 이름이 들어간 경우가 '나도'를 붙인 식물보다 가깝다. '너도'라는 것은 삼자가 봤을 때 비슷하다는 것을, '나도'라는 것은 삼자는 인정하지 않는데 자신만 같다고 주장하는 것으로 볼 수 있기 때문이다. 하지만 너도바람꽃과 나도바람꽃을 비교하면 나도바람꽃의 모양이 너도바람꽃보다 바람꽃과 비슷한 형태를 지녔다.

사위질빵

학명_ *Clematis apiifolia* DC.(미나리아재빗과)
다른 이름(이명)_ 질빵풀
영명_ Aoiifolia Virgin's bower
일명_ ボダンズル
특징_ 낙엽활엽 덩굴성 식물, 길이 3m
개화_ 7~9월(흰색, 지름 13~25mm)
결실_ 9월(갈색, 길이 2~3cm)
분포_ 전국 산야
주요 독성물질_ 프로토아네모닌 등

사위를 아끼는 장모의 마음이 투영된 식물

"가을 아욱국은 사위만 준다"는 속담이 있다. 아욱국이 사람의 몸에 매우 좋다는 뜻이기도 하지만, 이렇게 몸에 좋고 맛있는 것을 특별한 사람에게만 주고 싶은 마음을 비유적으로 이르는 말이다. 백년 손님 사위에 대한 장모의 사랑은 다른 식물의 이름에서도 엿볼 수 있다. 길가에서 흔하게 발견할 수 있는 사위질빵이 그 주인공이다.

대부분의 덩굴식물은 바구니를 엮는 데 사용하거나 끈(질빵)으로 이용한다. 사위질빵 또한 덩굴식물이기 때문에 끈으로 사용할 수 있을 것 같지만 실상은 그렇지 않다. 다른 덩굴들은 질겨서 좀처럼 끊어지지 않지만 사위질빵은 줄기가 굵은데도 어지간한 힘으로 당기기만 해도 견디지

사위질빵 꽃. 사위질빵은 민간에서 잎을 찧은 뒤 고약에 섞어 곪은 종기를 터뜨리는 데 썼다. 2011년 9월 17일 서울시 북한산 우이령에서 촬영.

못하고 두 동강이 나버린다. 사위질빵이란 이름에서 사위에게만은 약한 줄이 끊어지지 않을 정도의 짐만 실어주고 싶은 장모의 심정이 고스란히 묻어난다.

반면 할미밀망(할미질빵)은 할머니가 메는 질빵을 만들 정도로 약한 성질을 가진 덩굴을 가리키고, 이에 비해 사위질빵은 사위가 메는 질빵을 만들 정도로 비교적 튼튼한 성질을 가진 덩굴을 가리킨다고 말하는 이도 있다. 그러나 이는 사위질빵의 특성을 모르는 상태에서 사전적 의미에만 매달려 풀었기 때문에 생긴 오해가 아닐까 하고 생각해본다. 북한에서는 사위질빵을 단순히 질빵풀이라고 부르기도 한다. 끈으로 사용하기 어려운 사위질빵이지만 바구니 같은 생활용품을 제작할 때는 나름대로 그 값

지게와 질빵. 사위질빵은 줄기가 굵지만
어지간한 힘으로 당기기만 해도 견디지 못
하고 두 동강이 나버린다. 2012년 8월 26
일 충북 진천군 구곡리에서 촬영.

어치를 발휘한다.

한방에서는 사위질빵을 여위女萎나 산목통山木通이라고 해서 신경통, 류머티즘, 요통, 통풍에 생약으로 요긴하게 쓴다. 이뇨작용도 뛰어나 신장염으로 인한 부종에도 잘 듣는다. 민간에서는 손발마비나 목구멍에 가시가 걸렸을 때 효험이 있다고 알려져 있으며, 잎을 찧은 뒤 고약에 섞어 곪은 종기를 터뜨리는 데 쓰기도 한다.

나물로 먹지만 독성이 있어 조심해야
어린이, 노인 등 특히 주의해야

사위질빵은 어린순을 나물로도 먹지만 너무 많이 복용하면 위장장애, 두통, 구토, 설사, 식욕감퇴, 사지무력, 부종 따위의 증상이 나타난다. 입안이 붓고 치아가 빠질 수도 있다. 유액이 피부에 닿으면 붉게 부어오르고 물집이 생긴다. 눈에 들어가면 결막염 증상을 유발하기도 한다. 민간에서 관절염에 좋다는 말만 믿고 사위질빵을 찧어서 발랐다가 심한 염증과 부종, 진물이 발생한 경우가 흔하다.

이러한 증상이 나타나는 것은 사위질빵에 라눈쿨린이라는 화학물질이 포함됐기 때문이다. 라눈쿨린은 효소에 의해 프로토아네모닌으로 가

사위질빵 열매. 한방에서는 사위질빵을 신경통, 류머티즘, 요통, 통풍에 생약으로 요긴하게 쓴다. 이뇨작용도 뛰어나 신장염으로 인한 부종에도 잘 듣는다. 2011년 10월 2일 강원도 평창군 한국자생식물원에서 촬영.

사위질빵 꽃봉우리. 산과 들에서 흔하게 자라는 사위질빵은 한여름에 여러 송이의 흰꽃이 모여서 탐스럽게 핀다. 꽃의 하얗게 보이는 부분은 꽃잎이 아니라 꽃받침이다. 2011년 8월 16일 경북 상주시 우하리에서 촬영.

수분해돼 독으로 작용하는데, 일반적으로 개화기에 함유량이 가장 많다. 이 물질은 살균작용을 하며, 피부에 염증을 일으키고 세포를 괴사시키기도 한다.

하지만 불안정한 물질이기 때문에 건조하거나 가열하면 파괴된다. 채취한 뒤에 시간이 흐를수록 사위질빵의 잎에 함유된 유독성분의 양은 줄어든다. 그래서 채취한 사위질빵을 저장해두면서 식용으로 사용하기도 한다.

사위질빵과 비슷한 식물로 으아리가 있다. 어사리, 응아리라고도 부르는 이 식물은 사위질빵과 마찬가지로 전국의 산과 들의 양지 쪽 풀숲에서 자생하는 여러해살이 덩굴식물이다. 다른 나무를 휘감으며 뻗어나간다. 8~9월경에 흰색 꽃이 덩어리째로 피어나며, 가을에 꼬리 모양의 깃털이 달린 씨가 익으면 바람을 타고 새로운 터전을 찾아 비행한다.

으아리 또한 봄에 어린싹을 따서 묵나물로 많이 해먹는다. 그러나 데치는 과정에서 독이 덜 제거되면 마찬가지로 중독될 수 있다. 역시 즙이 피부에 닿으면 붉게 부어오르고 물집이 생긴다.

예전에 어느 마을의 한 노인이 으아리 어린싹을 뜯어다 묵나물로 해먹고는 탈이 났다. 다행히 주위 사람들의 도움으로 급하게 병원으로 가서 생명은 구했다. 의사는 노인에게 독버섯을 먹었냐고 물었고, 노인은 아침에 따서 무쳐놓은 묵나물이 맛있어 너무 많이 먹어 탈이 난 것이라고 말했다. 그러자 의사는 무슨 나물이었냐고 재차 물었고, 노인은 으아리 순을 따다가 먹었노라고 말했다. 의사는 으아리가 유독성 식물이라 탈이 난 것이라고 설명했다. 그 말에 노인은 한두 해 먹은 것도 아니요, 더구

─
큰꽃으아리 꽃. 으아리 즙이 피부에 닿으면 붉게 부어오르고 물집이 생기게 되므로 조심해야 한다. 2011년 5월 6일 경기도 여주군 해여림식물원에서 촬영.

─
할미밀망 꽃. 할미밀망은 할머니가 메는 질빵을 만들 정도로 약한 성질을 가진 덩굴을 가리킨다. 2010년 8월 7일 강원도 원주시 치악산에서 촬영.

으아리 꽃. 사위질빵과 비슷한 식물로 으아리
가 있다. 으아리 또한 봄에 어린싹을 묵나물로
많이 해먹지만 데치는 과정에서 독이 덜 제거
되면 중독될 수 있다. 2012년 5월 26일 경기도
성남시 신구대학교 식물원에서 촬영.

나 혼자만 먹은 것도 아닌데 자신만 문제가 생긴 것을 이해할 수 없다며
의아해했다. 독이 있었다면 식구들이 모두 탈이 나야 하는 게 아니냐는
것이다.

노인의 입장에선 충분히 의문이 들 수 있다. 그러나 탈이 나지 않는다
고 해서 독이 없다고 단정하기에는 무리가 따른다. 유독식물은 조리 과
정에서 독성분이 제거될 수 있지만 그 과정이 불충분하면 언제든지 독성
을 발휘할 수 있다. 복용한 양에 따라 증상의 발현 여부가 결정되기도 한
다. 또 독성이 약한 풀이라도 사람의 나이나 성별, 민감도, 체질에 따라
피해를 입힐 수 있다. 특히 노인이나 아이들에게는 치명적일 수 있다. 노
인이나 어린이가 아니더라도 몸이 정상이 아니면 마찬가지로 독성을 일
으킬 수 있다. 임산부가 피해야 하는 것은 두말할 필요도 없다.

흔히 안전이나 보건에 대한 기준은 보통사람이 아닌 취약층에 초점을
맞춰 엄격하게 적용한다. 독성식물을 판단하는 기준도 마찬가지여서 독
이 적더라도 함부로 먹지 말라고 이야기하는 것이다.

학명에는 어떤 뜻이?

사위질빵의 속명 '*Clematis*'는 그리스어 'clema(어린 가지)'에서 왔다. 길고 유연한 가지로 뻗어가는 특색을 반영한 것이다. 종소명 '*apiifolia*'는 '셀러리 잎 비슷한 모양'이라는 뜻이다.

비슷한 식물(동속 식물)

우리나라에는 22종의 으아리속^{Clematis} 식물이 있다. 이름으로 구분하면 으아리류(으아리, 외대으아리, 조령으아리, 참으아리, 큰꽃으아리), 종덩굴류(종덩굴, 검종덩굴, 구례종덩굴, 세잎종덩굴, 자주종덩굴, 좀종덩굴), 조희풀류(조희풀, 병조희풀, 자주조희풀, 흰조희풀), 사위질빵류(사위질빵, 작은사위질빵, 좀사위질빵, 좁은잎사위질빵), 개버무리, 요강나물, 위령선, 할미밀망 등이다. 중국에서는 위령선^{C. chinensis}을 비롯해 좁은잎사위질빵(면단철선련)^{C. hexapetala}, 으아리(동북철련선)^{C. manshurica}를 '위령선'이라 해서 약용한다. 우리나라에서는 위령선^{C. florida}이라는 식물이 따로 있지만 '으아리 및 동속 근연식물'을 한약재 위령선으로 지목하고 있다. 일본에서는 '위령선^{C. chinesis} 및 동속 근연식물'을 위령선이라 한다.

동물, 인종 간에도 독성 반응 제각각

고대 그리스의 수학자이자 철학자인 피타고라스는 제자들에게 콩을 먹지 못하도록 했다. 채식주의자였던 피타고라스학파 학자들에게 콩은 중요한 단백질 공급원이었을 텐데, 이를 금지한 것은 매우 의아한 일이다. 하지만 잠두(Vicia faba)에 독성반응을 보이는 사람들이 있다는 사실을 알게 되면 의문이 조금은 풀린다.

피타고라스가 살았던 남부 이탈리아 지역과 아프리카의 일부 주민들에게는 드물지만 잠두중독증이 발생했다. G6PD(포도당-6-인산탈수소효소)라는 물질을 만들어내는 데 관여하는 유전자에 이상이 있는 경우 잠두를 먹으면 적혈구가 파괴되는 현상이 나타나 황달 따위의 증상을 보인다.

잠두처럼 독성물질이 모든 동물에게 동일한 방법, 동일한 정도로 효력을 발휘하는 것은 아니다. 한 동물에게 치명적인 독이 다른 종류의 동물에게는 해를 끼치지 않는 경우가 있으며, 발현 강도도 모두 다르게 나타난다.

미치광이풀은 사람에게는 강한 독성을 보이지만 체내에 아트로핀을 분해하는 효소가 많은 토끼는 중독을 일으키지 않는다. 모르핀은 인간이나 개에게 도취작용을 하고 잠들게 한다. 그러나 고양이나 말에게는 반대로 흥분 상태를 초래한다.

사람 사이에서도 종족에 따라 약의 작용에 차이가 있다. 에페드린은 백인에게는 동공을 키우지만, 황인종에게는 그 작용이 약하며, 흑인에게는 거의 작용하지 않는다. 말라리아를 치료할 때 사용하는 프리마킨은 흑인에게 강한 독성을 나타내는 경향이 있으며, 해열 진통제인 아미노피린은 백인에게는 혈구 생성 작용을 방해한다.

백인 사이에서도 눈의 색에 따라 반응이 다르다. 치과에서 이를 갈 때 밝은 색조의 눈을 가진 사람은 아픔에 잘 견디지만 어두운 색조의 눈을 가진 사람은 통증에 약하다는 연구결과가 있다.

독성에 대한 종간 또는 종내 반응의 차이에 대한 원인은 유전적인 소질로 추측되지만 아직도 명확하게 규명되지 않았다.

투구꽃

학명_ *Aconitum jaluense* Kom. subsp. *jaluense*(미나리아재빗과)
다른 이름(이명)_ 선투구꽃, 개싹눈바꽃, 진돌쩌귀, 싹눈바꽃, 세잎돌쩌귀, 그늘돌쩌귀
일명_ コウライブシ
특징_ 여러해살이풀, 높이 1m
개화_ 9월(자주색, 크기 3cm)
결실_ 10월(황갈색, 1~2cm)
분포_ 전국 산지
주요 독성물질_ 아코니틴 등

'독의 꽃' '악마의 뿌리' '살인자' 등으로 불리는 독살의 대명사

2010년 초 영국에서 남녀 한 쌍이 함께 저녁식사를 한 후 극심한 복통을 호소하다 쓰러져 병원으로 옮겨졌다. 여자는 다행히 목숨을 건졌지만 남자는 결혼식을 2주 앞두고 비극을 맞이했다. 수사 결과 범인은 사망한 남자의 옛 여자친구로 밝혀졌다. 이 여성은 남자친구에게 차인 뒤 복수를 결심하는데, 피해자가 새로운 여자와 결혼한다는 소식을 듣자 예비부부가 먹을 음식에 독약을 넣었다. 여자는 독약의 쓴맛을 감추기 위해 일부러 향이 강한 카레를 골랐다고 한다. 독극물로 투구꽃 종류의 식물을 이용한 것으로 확인됐다.

투구꽃은 꽃 모양이 로마 병정이 쓰던 투구와 닮았다고 해서 붙은 이

투구꽃의 꽃. 바꽃이라고도 불리는 투구꽃은 가을철에 화려한 자줏빛 꽃이 피어 아름답지만 사약의 재료로 쓰일 만큼 강한 독성을 지닌 대표적인 독성식물로, 조심해서 다뤄야 한다. 2010년 9월 25일 강원도 횡성군 청태산에서 촬영.

름이다. 일본에서 투구꽃을 가리키는 '토리가부토とりかぶと'란 이름은 춤꾼이나 악인(악사)들이 쓰는 봉황 머리 모양 모자에서 유래했다. 영어로는 '수도사의 두건Monk's hood'이라고 부른다. 투구꽃의 명칭이 모두 모자와 관련이 깊다는 것을 확인할 수 있다.

투구꽃은 강한 독성물질을 함유해 홋카이도 원주민이었던 아이누족은 전통적으로 화살에 이 식물의 독을 발라 새나 짐승을 잡았다. 일본의 고래잡이 어부들도 수세기 동안 투구꽃을 잘게 갈아 만든 가루를 바늘에 발라 사용했다고 한다. 1814년부터 1816년까지 진행된 네팔전쟁 중 구르카 병사들은 투구꽃에서 독을 추출해 영국군이 사용하던 우물을 오염시켰다. 한편 그리스에서는 투구꽃의 뿌리 모양이 전갈의 꼬리와 닮았

영화 〈조선명탐정-각시투구꽃의 비밀〉에서
는 각시투구꽃이 귀한 약재이기 때문에 주
민들의 자립을 위해 이를 재배한다는 내용이
등장한다.

고대 그리스 청동 투구. 투구꽃은 꽃 모양이 로마 병정의
투구와 닮았다고 해서 붙여진 이름이다.

다고 해서 전갈에 물렸을 때 복용하면 독이 사라진다고 믿었다고 한다.

투구꽃을 이르는 명칭은 독성과 관련이 깊다. '독의 꽃' '악마의 뿌리'
'살인자' 등이 그것으로, 일본에서는 '골짜기를 못 건넘'이란 명칭으로 불
렸다. 고대 그리스인은 '독의 여왕'이라 칭했으며, 독일에서는 '악마의 풀'
이라 해서 두려운 존재로 여겼다. 우리나라에서도 왕이 내리는 사약에
투구꽃이 들어갔다고 한다.

투구꽃의 또다른 이름 '계모의 독Stepmother's poison'은 고대 로마시대에 황
제 자리를 놓고 다툼을 벌일 때 투구꽃을 이용해 정적을 암살하는 사건
이 끊이지 않았기 때문에 붙었다. 로마 황제 트라야누스는 자신이 직접
정원에 관상용으로 재배할 정도로 투구꽃을 아꼈지만, 정적의 암살에 너
무 자주 이용되는 사태를 보다못해 마당에 투구꽃을 심는 행위를 금지하
는 법령을 공포했다.

한약재 부자. 부자는 한방에서 강심, 진통, 강장, 흥분, 신진대사 항진 등에 쓰인다.

〈서편제〉의 여주인공은 투구꽃 독으로 실명
복어독과는 서로 반대 작용

이청준의 소설을 원작으로 제작한 영화 〈서편제〉에는 남자 주인공이 소리에 한을 더하기 위해 여동생에게 독약을 먹여 눈을 멀게 하는 장면이 나온다. 이은성의 『소설 동의보감』에서도 허준이 의과시험을 보러 가던 중 중병을 앓는 노인에게 약재를 처방했지만 아들의 부주의로 거의 실명에 이르렀다가 건강을 회복하는 내용이 나온다. 모두 투구꽃의 뿌리랄 수 있는 부자附子를 먹었기 때문에 일어난 일이다. 일본 나라시대에 편찬된 『양로율령養老律令』에는 "부자를 이용해 사람을 살해한 사람은 교수형에 처한다"고 기록되어 있다.

부자는 한방에서 강심, 진통, 강장, 흥분, 신진대사 항진 등에 쓰인다. 하지만 너무 독해 한약재로 사용하는 것을 제한하고 있다. 임신부는 유산할 수 있다. 일본의 유명한 부자 전문가 다쓰노龍野는 자신이 구내염을

투구꽃의 꽃. 투구꽃 종류는 강한 독성물질을 함유하 투구꽃 뿌리. 투구꽃에는 맹독성 알칼로이드인 아
고 있어 훗카이도 원주민이었던 아이누족은 전통적으 코니틴이 들어 있는데, 꽃잎이나 잎도 유독하지만
로 화살에 이 식물의 독을 발라 새나 짐승을 잡았다. 가장 위험한 부분은 뿌리다. 2012년 5월 11일 경기
2009년 8월 29일 강원도 평창군 오대산에서 촬영. 도 남양주시 운길산에서 촬영.

앓았을 때 '진무탕眞武湯'이라는 처방에 부자를 넣어서 복용했는데, 과량
복용한 탓에 눈앞이 캄캄해지면서 빈혈 증상을 느꼈다고 보고했고, 장기
복용 시 실명할 수 있다고 경고했다. 『본초강목』을 일본어로 번역한 시라
이白井라는 일본 학자는 부자가 배합된 '천웅산天雄散'이라는 강장제를 애용
하다가 생명을 잃기도 했다.

홍콩과 중국에서는 류머티즘과 기도감염 치료를 위해서나 강장제로
투구꽃 탕약을 복용했다가 사망한 사례가 있다. 중국에서는 과거 30년간
600명 이상의 사람에게서 부자 중독이 보고되었다.

그런가 하면 벌꿀도 투구꽃 중독을 일으키는 원인이다. 1979년 8월 일
본 아키타 현에서 벌꿀을 먹은 다섯 명이 현기증, 구토 따위의 증상을 보
였다. 그런데 벌꿀에 포함된 화분 가운데 21.6퍼센트가 투구꽃인 것으로

흰투구꽃의 꽃. '계모의 독'은 고대 로마시대에 투구꽃을 이용해 정적을 암살하는 사건이 끊이지 않았기 때문에 붙여진 이름이다. 2009년 9월 26일 강원도 평창군 선자령에서 촬영.

확인됐다.

투구꽃은 이렇듯 위험성을 내포한 식물이지만 어린 새순은 미나리와 이질풀 등 식용 채소와 생김새가 비슷해 착각하기 쉽다. 캘리포니아 주에서 굶주린 하이커들이 투구꽃을 파슬리로 잘못 알고 먹고서 사망한 예가 보고되었으며, 1969년 서바이벌 훈련중이던 프랑스군의 한 부대에서는 열무 뿌리를 닮은 투구꽃 종류를 먹고 전원이 목숨을 잃었다.

투구꽃에는 맹독성의 알칼로이드인 아코니틴이 들어 있다. 꽃잎이나 잎도 유독하지만 가장 위험한 부분은 뿌리다. 뿌리 1~2그램만으로 치명적일 수 있다. 소량의 아코니틴은 진정효과나 강심작용 등 약리작용이 있지만, 과잉 섭취하면 입술 마비와 구토, 경련을 일으키고 지각신경이

노랑투구꽃의 꽃. 투구꽃속은 크게 두 개 군으로 나누는데, 하나는 뿌리가 마늘같이 생기고 매년 새 뿌리로 바뀌는 투구꽃 종류다. 또 하나는 뿌리가 길고 굵으며 매년 같은 뿌리에서 줄기가 돋아나는 진범류다. 2010년 7월 31일 강원도 평창군 한국자생식물원에서 촬영.

마비되며, 호흡이 곤란해져 마침내 질식사한다. 아코니틴은 피부로도 흡수되기 때문에 좌골 신경통이나 류머티즘 치료용 크림과 연고 또는 치통을 가라앉히는 약으로 사용됐다. 그러나 아코니틴은 물이나 바닷물에 녹아 피부로 직접 흡수되는 성질이 있기 때문에 위험성이 높다. 피부에 아코니틴을 바르기만 해도 복용하는 것과 마찬가지의 중독을 일으키는 것이 판명되고 나서는 사용하는 경우가 극히 드물어졌다.

학명에는 어떤 뜻이?

투구꽃의 속명 '*Aconitum*'은 의미가 명확하지 않은 그리스 또는 라틴명이다. 'Acone'은 지명이라고도 한다. 종소명 '*jaluanus, jaluensis*'는 '압록강의'라는 뜻이다. 투구꽃속의 백부자는 멸종위기 식물로 보호받고 있다.

투구꽃과 오두, 부자

우리나라에는 24종의 투구꽃속^{Aconitum} 식물이 서식한다. 크게 두 개 군으로 나누는데, 하나는 뿌리가 마늘같이 생기고 매년 새 뿌리로 바뀌는 투구꽃 종류다. 또하나는 뿌리가 길고 굵으며 매년 같은 뿌리에서 줄기가 돋아나는 진범류다. 진범류 중 줄바꽃은 덩굴이 지며, 진범은 곧추 자란다.

중국 원산 'A. carmichaeli'의 모근^{母根}은 오두 또는 천오, 자근(측근)은 부자라고 한다. 초오는 청부자, 백부자 등을 뺀 나머지 투구꽃속 식물의 덩이뿌리를 총칭하는 것으로, 우리나라와 중국에서 각각 놋젓가락나물과 이삭바꽃을 대표로 기재한다.

투구꽃 독 아코니틴과 복어 독 테트로도톡신

1986년 5월, 일본인 부부가 신혼여행지로 오키나와를 찾았다. 두 사람은 나하의 한 호텔에서 하룻밤을 보냈다. 다음날 신부는 도쿄에서 온 여자 친구들과 함께 이시가 키 섬으로 여행을 떠났으며, 남편은 일 때문에 아내와 친구들을 배웅한 후 오사카로 돌아갔다. 신부와 친구들은 이시가키 섬에 도착해 호텔에 여장을 풀었다. 그런데 신부가 갑자기 심한 구역질과 구토를 하면서 복통과 팔다리 마비를 호소했다. 구급차로 실려가던 중 그녀는 심폐 정지 상태에 빠져 병원에 도착한 후 얼마 지나지 않아 숨을 거뒀다. 사인은 급성 심근경색이었다.

부검 결과, 죽은 아내의 혈액에서 아코니틴이 검출됐다. 살해용의자로 지목된 사람은 남편이었다. 그러나 남편은 투구꽃의 독이 즉효성이 있는데 아내에게 중독 증상이 나타난 것은 자신과 헤어지고 난 한 시간 반 뒤였다며 자신이 아내를 죽이는 것은 불가능하다고 주장했다.

그런데 신부의 혈액을 다시 감정한 결과 아코니틴과는 별개로 복어의 독성분인 테트로도톡신(tetrodotoxin)이 검출됐다. 신부가 투구꽃을 먹고도 한 시간 뒤에야 중독 증상을 보인 것은 복어 독인 테트로도톡신과 투구꽃의 아코니틴이 서로 효과를 줄이는 길항작용을 했기 때문이었다.

아코니틴은 신경세포의 나트륨 통로를 열어서 세포 밖에 있던 나트륨 이온(Na^+)이 세포 안으로 흘러들어가도록 돕는다. 세포 내에서 칼륨의 작용이 억제되기 때문에 심근은 자극에 반응하기 어려워진다. 반면 테트로도톡신은 아코니틴과 정반대로 나트륨 통로를 막아 나트륨 이온이 세포 안으로 들어가지 못하게 한다. 때문에 아코니틴과 테트로도톡신을 함께 투여하면 테트로도톡신이 나트륨 통로를 개방하려는 아코니틴의 작용을 방해해 아코니틴이 신경에 미치는 시간이 늦춰진다.

수사 결과 사건이 일어나기 2년 전부터 용의자가 맹독을 가진 복섬(참복과의 바닷물고기)을 업자로부터 대량으로 구입했다는 사실이 드러났다. 또한 결혼 전에 살던 자신의 아파트에 투구꽃과 복섬, 쥐를 수집한 후, 약국에서 구입한 다양한 약품들을 사용해 독의 추출과 동물실험을 반복했다는 사실도 밝혀졌다.

박새

학명_ *Veratrum oxysepalum* Turcz. Liliaceae(백합과)
다른 이름(이명)_ 묏박새, 넓은잎박새, 꽃박새
일명_ カラバイケイソウ
특징_ 여러해살이풀, 높이 1.5m
개화_ 6~7월(황백색, 25mm)
결실_ 7~8월(갈색, 2~3cm)
분포_ 전국
주요 독성물질_ 베라트룸 알칼로이드(veratrum alkaloid)

산마늘, 비비추와 비슷해 중독사고 많아

울릉도의 식당 어디를 가도 빠지지 않는 반찬이 있다. 지역 특산이라 할 수 있는 '명이菁莫'라는 나물이다. 명이는 식물도감에 울릉산마늘이라 기록된 울릉도 특산식물이다. 겉모습이 산마늘과 비슷하며 마늘이나 부추, 달래처럼 독특한 냄새와 매운맛이 특징이다. 잎과 줄기가 주로 음식 재료로 사용된다. 명이와 산마늘은 최근 많은 이들로부터 인기를 얻고 있어 울릉도와 강원도 지역 음식점에서 어렵지 않게 찾을 수 있다. 그런데 초봄의 산록에서 원추형으로 뾰족하게 밀집해 더부룩하게 올라오는 박새의 싹은 산마늘이나 비비추와 흡사해 이를 먹고 피해를 입는 사고가 끊이지 않는다.

박새 꽃. 옛날에는 사냥꾼들이 동물을 사냥할 때 화살촉에 박새를 비롯한 여로속 식물의 추출물을 바르기도 했다. 2011년 8월 3일 경기도 용인시 한택식물원에서 촬영.

박새 새순. 박새가 피부에 닿으면 피부 및 점막에 심한 통증이 발생하며 재채기와 눈물이 난다. 2011년 4월 9일 서울시 홍릉수목원에서 촬영.

2005년 4월 서울에서 이웃 주민이 가져온 시금치 모양의 산나물을 삶아 함께 쌈으로 먹은 여섯 명이 구토와 복통, 호흡곤란과 저혈압 증세로 병원에 후송돼 치료를 받았다. 이들이 시금치로 오인해 먹었다는 풀은 '박새'였다. 또 2008년 5월에는 강원도 평창에 있는 사찰에서 점심식사를 한 스님과 신도 47명이 심한 구토와 복통 증세를 호소해 인근 다섯 개 병원으로 옮겨져 치료를 받았다. 역시 박새를 산마늘인 줄 알고 먹었기 때문에 탈이 난 것이다. 일본에서는 1995년 5월, 야마나시 현 캠프장에서 취사하던 사람들이 박새 종류를 일월비비추로 잘못 알고 국에 넣어 먹은 뒤 104명 중 95명이 중독되고, 62명이 입원하는 사건이 일어났다. 비비추나 일월비비추의 새싹은 향기가 좋아 튀김이나 나물, 된장국 재료로 쓰지만 얼핏 보면 모양이 박새와 비슷하기 때문에 혼동하기 쉽다.

눈 속에 돋아난 산마늘의 싹. 초봄의 산록에서 원추형으로 밀집해 더부룩하게 올라오는 산마늘의 싹은 박새와 모양이 흡사하므로 채취할 때 주의해야 한다. 2011년 3월 25일 경기도 용인시 한택식물원에서 촬영.

산마늘(명이나물). 울릉도 특산 명이는 식물도감에 울릉산마늘이라 기록된 울릉도 특산식물이다. 겉모습이 산마늘과 비슷하며 독특한 냄새와 매운맛이 특징이다.

베라트룸 알칼로이드 함유, 살충제로도 사용
어설픈 지식과 섣부른 판단이 사고 불러

박새를 비롯해 여로속에 속하는 식물의 독성은 매우 강하다. 민간에서는 독성을 이용해 농업용 살충제를 만들거나 이sucking lice를 없애는 데 이용했을 정도다. 뿌리를 달인 물로 소, 말, 개를 목욕시키면 피부에 기생하는 진드기나 벼룩을 죽일 수 있었다.

박새가 피부에 닿으면 피부 및 점막에 심한 통증이 발생하며 재채기와 눈물이 난다. 박새를 외용제로 장기간 피부에 발라도 중독될 수 있다. 동물실험에서도 양의 사산을 유발하고 선천성 기형을 증가시킨다는 보고가 있다.

옛날에는 사냥꾼들이 동물을 사냥할 때 화살촉에 여로속 식물의 추출물을 발랐다. 이 독성물질을 이용한 살해사건도 비일비재하다. 19세기 스페인에서는 한 여인이 애인과 말다툼을 벌이다 박새의 독을 묻힌 머리

일월비비추. 새싹을 튀김이나 나물, 된
장국의 재료로 이용하는 비비추나 일
월비비추도 잎 모양이 박새와 비슷하기
때문에 주의해야 한다. 2011년 6월 28
일 강원도 평창군 오대산에서 촬영.

핀으로 상대방을 살해하려는 사건이 발생했다. 살해 동기는 결혼을 반대
하는 남자의 태도였다. 살해는 실패했지만 충격적인 것은 이 사건으로
인해 피의자가 애인의 과거 약혼자를 살해했다는 사실이 탄로 난 일이었
다. 피의자는 사랑하는 이의 결혼 소식에 격분해 결혼식장에 침입했고,
독을 감춘 꽃다발을 이용해 신부를 살해했다. 그녀는 연적을 제거함으로
써 사랑을 되찾았지만 남자의 마음을 완전히 사로잡지 못했던 것이다.

2009년에 개봉한 영화 〈애자〉에도 박새가 나온다. 닭이 폐사하자 모
두 조류독감의 영향이 아닌지 의심하고 있는데, 알고 보니 양계장 주인
이 육질이 좋아진다며 사료에 박새를 썰어넣었기 때문이었다. 주인공 애
자의 어머니인 영희는 닭의 먹이통에서 박새를 들어 주인에게 들이밀며

박새 뿌리. 여로속 식물의 독성이 작용하면 서맥,
저혈압, 무호흡 증상 등이 나타난다. 2012년 5월
11일 경기도 남양주시 운길산에서 촬영.

"니놈 육질 좋아지게 박새 풀로 김치 한번 담가줄끄나" 하고 일갈한다.

여로속 식물은 베라트린, 프로토베라트린protoveratrine, 베라트라민
veratramine, 사이클로파민cyclopamine, 제르빈jervine을 비롯해 다양한 알칼로이
드를 함유하고 있다. 이들을 총칭해 베라트룸 알칼로이드라고 한다. 베
라트룸 알칼로이드는 20년 전까지는 본태성 고혈압이나 임신중독증 치
료에 자주 사용된 혈압강하제다. 일본에서도 제품으로 발매돼 사용됐지
만 낮은 치료 지수와 부작용으로 퇴출됐다.

베라트룸 알칼로이드는 아코니틴과 마찬가지로 골격근과 신경 및 심
장 세포의 칼슘과 나트륨에 대한 투과성을 증가시킨다. 이러한 기전으로
베라트룸 알칼로이드가 좌심실 후벽 심장 수용체와 심장 정맥굴의 압력
수용체에 작용해 서맥, 저혈압, 무호흡 증상을 나타내며, 또 신경세포들
의 탈분극을 일으켜 저림이나 구토 증상을 유발한다. 사이클로파민과 제
르빈의 경우 태아의 기형을 유발하는 물질로 보고되기도 했다.

산마늘과 헷갈리는 유독식물에는 박새를 비롯해 여로와 은방울꽃 등

여로 열매. 우리나라에 서식하는 여로속 식물은 12종
이다. 박새와 여로는 서로 비슷하지만 여로의 잎은 박
새보다 폭이 좁다. 2011년 10월 9일 경기도 여주군 해
여림식물원에서 촬영.

여로 싹. 여로와 박새는 모양이 비슷하지만 박새가
여로보다 잎이 넓고 키가 크다. 2011년 4월 9일 서
울시 홍릉수목원에서 촬영.

이 있다. 산마늘은 잎을 찢어서 냄새를 맡으면 마늘과 비슷한 향이 나지
만 다른 식물은 그렇지 않다. 땅에서 캤을 때 인경(비늘줄기)이 있다는 것
도 뚜렷한 차이점이다. 잘 기억해두면 구별하는 데 도움이 될 것이다.

헷갈리면 위험해요

산마늘의 잎은 습기를 머금은 것처럼 부드러운 느낌이지만 박새는 주름
이 있고 거친 느낌이다. 박새와 여로는 서로 비슷하지만 여로의 잎은 박새
보다 폭이 좁다. 산마늘 줄기는 은방울꽃에 비해 상대적으로 굵은 편이다.

비비추나 일월비비추도 잎 모양이 박새와 비슷하기 때문에 주의해야
한다. 더욱이 형태에 대한 설명만으로는 이들 식물을 구분하기 어려운
만큼 직접 채취하려면 현장경험을 바탕으로 정확하게 숙지해야 한다.

산마늘과 박새를 나란히 같이 놓고 보면 의외로 비슷한 구석을 찾기

어렵다. 냄새로도 쉽게 구별할 수 있다. 그런데도 두 식물을 구분하지 못하는 것은 한자리에서 같이 보는 것이 아니라 각기 다른 장소에서 따로 접하기 때문이다. 게다가 식물이 다 자라면 확연하게 구분할 수도 있겠지만 싹만 보일 때는 더욱 구별하기 힘들다.

산마늘을 채취해야겠다고 생각하는 사람들은 머릿속에 그 식물이 박새일 수도 있다는 생각을 아예 하지 않는다. 이것도 사고를 일으키는 요인이다. 박새일 수도 있다는 생각이 든다면 절대로 쉽게 채취하지 못할 것이다. 어설픈 지식과 섣부른 판단이 사고를 부른다는 사실을 명심해야 한다. 어떤 식물에 대해 정확하게 모르면 함부로 먹지 않는 것이 가장 좋은 사고 예방법이다.

학명에는 어떤 뜻이?

박새의 속명 '*Veratrum*'은 라틴어 'verator(예언자)'에서 유래했다. 북유럽에서는 재채기 다음에 하는 말은 진실이라는 속설이 있는데, 이 뿌리에 재채기를 유발하는 성분이 있다. 종소명 '*oxysepalus*'는 '뾰족한 꽃받침잎이 있는'이라는 뜻이다.

비슷한 식물(동속 식물)

우리나라에 서식하는 여로속*Veratrum* 식물은 12종이다. 박새라는 이름이 들어간 식물은 박새를 비롯해 관모박새, 푸른박새가 있고, 여로라는 이름이 들어가는 식물은 여로를 비롯해 긴잎여로, 붉은여로, 삼수여로, 참여로, 파란여로, 푸른여로, 한라여로, 흰여로가 있다.

신문사에 산마늘 사진 제공했다 생긴 항의 소동

몇 년 전 신문사에 사진을 제공했다가 봉변을 당했던 기억이 지금도 생생하다. 서울의 한 중앙일간지에 다니는 친한 후배의 부탁으로 봄나물의 재료가 되는 식물 사진을 여러 장 건네주었는데, 어떤 독자분이 신문에 실린 사진 중 산마늘로 기록된 것이 박새가 아니냐며 문제를 제기했다. 독자의 반응에 당황한 후배가 어떻게 된 것이냐고 다급하게 전화를 걸어왔다. 원망을 담은 목소리에 부랴부랴 신문과 제공한 사진을 다시금 살펴보았다. 하지만 박새와 산마늘의 사진을 아무리 대조해봐도 후배에게 넘긴 사진은 박새가 아닌 산마늘이 틀림없었다. 정확한 날짜까지는 잘 몰라도 사진을 찍은 장소는 명확하게 기억하는지라 후배에게 이것이 박새가 아닌 산마늘이라는 사실을 조목조목 설명해줬다. 아울러 그래도 의문이 풀리지 않으면 그 독자와 직접 통화할 수 있도록 해달라고 말했다. 한바탕 소동이 벌어질 것만 같았지만 문의 전화는 더이상 걸려오지 않았다고 한다.

박새와 산마늘이 뒤바뀔 수 있다는 가능성에 대한 문제제기는 아주 적절했다. 박새를 산마늘이라고 또는 산마늘을 박새라고 확신하는 것은 결코 다르지 않다. 한 경우는 위험하지 않고 다른 한 경우는 위험한 것 아니냐는 반문은 결과론일 뿐이다. "선무당이 사람 잡는다"는 말이 정확하게 맞아떨어지는 경우가 아닐 수 없다. 자신이 산마늘이라고 생각하는 식물이 박새일 수도 있다는 생각이 든다면 절대 쉽게 채취하지 못할 것이다. 꼭 채취해야겠다면 냄새라도 맡아보는 게 위험을 예방할 수 있는 최소한의 대비책이 될 것이다.

붓순나무

학명_ *Illicium anisatum* L. (붓순나뭇과)
다른 이름(이명)_ 붓순, 가시목, 발갓구, 말갈구
영명_ Chinese Anise, Japanese Anise Tree
일명_ シキミ
특징_ 상록활엽소교목, 높이 3~5m
개화_ 2~4월(백록색, 지름 2.5~4cm)
결실_ 9~10월(갈색, 지름 2~2.5cm)
분포_ 제주와 진도, 완도 등 남해안
주요 독성물질_ 아니사틴(anisatin), 일리신(illicin) 등

염주알 재료로 쓰이며 불교와 관계가 깊어

붓순나무는 크고 아름다운 백록색 꽃이 달리고 수피와 잎에서 향기가 뿜어나오기 때문에 여심을 자극하는 매력적인 식물이다. 우리나라에서는 제주도를 비롯해 진도, 완도 등 따뜻한 지역에 자생하기 때문에 중부지방에서는 찾아보기 어렵다. 제주도에서는 2월이 되면 붓순나무가 줄기와 잎자루 사이에서 연한 녹색을 띠는 흰색 꽃봉오리를 터뜨리며 뭇사람을 유혹한다. 백록색 꽃은 푸른빛의 이파리와 어울려 몽환적인 분위기를 연출한다. 꽃의 향기가 좋아 남부지방에서는 정원수나 공원수로 심기에 적합한 나무다. 사원이나 묘지에서도 발견된다.

붓순나무는 '붓+순+나무' 형태로 구성된 이름이다. 즉 순이 나오는

붓순나무 꽃. 붓순나무는 뛰어난 향기를 자랑하는 매력적인 식물이지만 향신료로 사용하지 않는다. 독성물질을 함유하고 있기 때문이다. 2011년 3월 19일 충북 청원군 미동산수목원에서 촬영.

모양이 붓처럼 생긴 데서 유래했다. 꽃봉오리 모양이 붓과 비슷하다고 해서 붙은 이름이라고도 한다. 지방에 따라서 가시목이나 발갓구, 말갈구 따위의 이름으로도 불린다. 가을에 익는 열매 모양은 별이나 바람개비를 닮았으며, 어떻게 보면 꽃만두처럼 생겼다.

　붓순나무는 불교와 관계가 깊은 나무이다. 인도에서 열매의 각진 모습이 연꽃을 닮았다 해서 부처님 앞에 바치면서 인연을 맺었다고 한다. 우리나라 사찰에서도 간혹 식재된 붓순나무를 볼 수 있다. 이러한 풍속은 중국의 영향을 받은 것인데, 인도에서 한반도로 직접 전래됐다는 설도 있다.

　붓순나무는 일본에도 분포한다. 우리나라 승려가 일본에 불교를 전하

붓순나무. 붓순나무의 목재는 촉감이 부드러워 염주알이나 주판알 등의 재료로 쓰인다. 2010년 3월 24일 경기도 성남시 신구대학교 식물원에서 촬영.

붓순나무 꽃. 붓순나무는 뛰어난 향기를 자랑하는 매력적인 식물이지만 짐승들은 이 향기를 싫어해서 산짐승 피해를 막기 위해 붓순나무를 묘지 근처에 심었다고 한다. 2010년 3월 24일 경기도 성남시 신구대학교 식물원에서 촬영.

붓순나무 열매. 붓순나무는 불교와 관계가 깊은 나무로, 우리나라 사찰에서 간혹 볼 수 있다. 2009년 8월 23일 제주도 서귀포시 미로공원에서 촬영.

면서 함께 전파했다는 기록이 있는데, 때로는 인도에서 일본으로 직접 건너간 것으로 보기도 한다.

붓순나무의 목재는 염주알 재료로 요긴하게 쓰인다. 재질의 촉감이 부드러워 한번 만져보면 손에서 쉽게 놓지 못한다. 이래저래 붓순나무는 불교와 뗄 수 없는 긴밀한 관계를 맺고 있는 셈이다.

붓순나무로 양산대나 주판알을 비롯한 여러 가지 세공물을 만들기도 한다. 그러나 목재 공급이 극히 제한돼 있어 널리 쓰이지는 못한다.

붓순나무의 독특한 냄새는 잎을 잘라도, 줄기에서 수피를 벗겨도 퍼져 나온다. 그런데 사람에게는 향기로운 이 냄새가 짐승들에게는 참지 못할 불쾌감을 주는 것으로 알려졌다. 그래서 일부 지방에서는 사람이 죽었을 때 토장을 하면서 산짐승 피해를 막기 위해 붓순나무를 새 묘지 근처에 심거나 꺾어다 꽂아뒀다. 때로는 관 속에 넣어두기도 한다. 민간에서는 해충이 기피하는 특성을 살려 붓순나무 과실을 소나 말의 피부 기생충 구제에 사용했다.

신종 인플루엔자 치료제 원료와 사촌 사이
문헌에 나오는 망초와 붓순나무는 같은 종일까?

붓순나무는 뛰어난 향기를 자랑하는 매력적인 식물이지만 향신료로 사용하지는 않는다. 붓순나무에 유독물질이 들어 있기 때문이다. 식품의약품안전처에서는 붓순나무를 식품의 원료로 사용할 수 없는 식물로 규정한다.

붓순나무를 먹고 중독되면 처음에는 구토, 설사, 현기증을 일으키며 심하면 호흡곤란, 혈압 상승으로 죽을 수도 있다. 이는 아니사틴, 일리신 등 독성물질의 영향 때문이다. 아니사틴은 위통, 위장질환, 설사, 구토 등의 증상을 일으키며 신장, 요도, 소화기에 염증을 불러온다. 심하면 호흡마비와 의식 손실 등으로 사망에 이를 수도 있다. 일리신은 소량으로도 혈액을 응고시키는 작용을 한다.

특히 붓순나무 열매는 중국의 자생식물로 신종 인플루엔자의 치료제인 '타미플루Tamiflu'의 원료가 되는 대회향(팔각회향)*Illicium verum*과 모양이 비슷해 오용에 의한 중독을 유발할 수 있다. 실제로 과거 대회향에 붓순

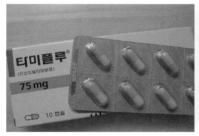

타미플루. 붓순나무 열매와 비슷한 대회향이 신종 인 플루엔자의 치료제인 '타미플루'의 원료이다. 2009년 11월 25일 서울시 서울아산병원에서 촬영.

대회향(팔각회향). 붓순나무 열매는 약재로 쓰이는 타미플루의 원료인 대회향과 모양이 비슷하지만 독성이 있어 오용에 의한 중독에 주의해야 한다.

나무가 혼입된 채 독일에 수출되면서 다수의 중독자가 발생한 일도 있다.

붓순나무는 한자로 흔히 망초莽草라고 한다. 홍만선의 『증보산림경제』에서는 물고기를 기르는 방법을 소개하면서, 붓순나무 심는 행위를 금기 사항으로 지목하고 있다. 물고기를 죽인다는 것이 그 이유다. 이 책에는 또 망초를 태워 연기를 쏘이면 좀벌레가 모두 죽는다고 했다.

『조선왕조실록』 「태종실록」에도 망초 이야기가 나온다. 내용을 보면 태종 16년 사천현의 소요산 아래에 머물던 여섯 명이 독초를 잘못 먹고 죽었다. 나물을 먹은 사람들은 순식간에 황홀해져 정신을 차리지 못하고 귀, 눈, 입, 코에서 피를 흘렸다. 이 독초의 이름은 망초이고, 향명鄕名은 대조채大鳥菜인데, 뿌리는 거여목苜蓿과 같고 줄기는 쑥갓茼菜과 같았다고 한다.

얼핏 보면 두 가지 내용은 모두 독성을 가진 붓순나무에 대한 이야기로 해석할 수 있다. 하지만 자세히 들여다보면 의문이 든다. 먼저 붓순나무를 한자로 망초라고 쓴 점이 석연치 않다. 한약재의 경우 나무이면서도 풀^草이라는 이름이 붙지만 대개 작은 식물에만 해당하는데, 붓순나무는 큰 나무에 속하기 때문에 풀이라는 명칭을 붙이는 게 생경하다. 게다가 『조선왕조실록』에 묘사된 망초의 뿌리와 줄기 형태가 붓순나무와 큰 차이를 나타낸다. 두 식물 모두 붓순나무인지, 아니면 하나라도 붓순나무에 해당하는 것인지, 그렇지 않다면 모두 붓순나무가 아닌지 궁금해질 수밖에 없다.

국어사전에서는 『조선왕조실록』의 내용을 인용하며 망초^{莽草}를 국화과의 망초^{亡草}라고 설명하기도 한다. 하지만 나물로도 먹는 국화과 망초에 대한 자료나 중독사고 기록이 없는 것으로 보아 맞지 않는 듯하다. 옛 문헌에 나오는 망초가 붓순나무인지 알려면 세밀한 연구가 필요할 것으로 보인다.

학명에는 어떤 뜻이?

붓순나무의 속명 'Illicium'은 '유혹하다'는 뜻의 '일리시오^{illicio}'에서 유래했다. 이 나무의 향기가 워낙 특별해 사람을 끌어당기므로 이러한 이름이 붙었다고 한다. 종소명 'anisatum'은 아니스^{Anise}와 같은 향기가 난다는 뜻에서 유래되었다.

비슷한 식물(동속 식물)

붓순나무 열매는 향신료 및 약재로 쓰이는 대회향과 모양이 흡사하다. 그 때문에 둘이 섞여 사고를 일으킨 사례도 있어 주의가 필요하다. 둘을 오인해 과실주로 담가 복용했다가 피해를 보기도 한다. 대회향은 열매가 약간 크고 끝이 둔하지만 붓순나무 과실은 끝이 뾰족하며 눈에 띄게 굽어 있다. 향기 또한 다르기 때문에 구별은 쉽다.

다양한 약재의 원료로 활용되는 독성식물

오랜 역사를 통해 암살 도구로 악명을 떨친 독초가 인류에게 부정적인 영향만 끼친 것은 아니다. "약이 곧 독이요, 독이 곧 약"이라는 말에서 쉽게 짐작할 수 있듯이 그동안 독초를 활용해 약품을 개발한 사례는 이루 헤아릴 수 없다.

흰독말풀에서 추출한 아트로핀은 안과에서 동공을 확대시키는 약으로 사용하며, 미치광이풀에 함유된 스코폴라민은 멀미약으로 애용된다. 또 디기탈리스에 들어 있는 강심배당체인 디기톡신과 디곡신은 심부전 치료에 사용된다. 양귀비에서는 진통제 모르핀을 추출하며, 투구꽃에서 뽑아낸 아코니틴은 매우 강한 독이지만 한방약으로 쓰이기도 했다. 또 미국자리공으로는 에이즈 퇴치 물질을 개발하는 연구가 진행중이며, 목화씨의 독성물질인 고시폴을 항암제로 개발하려는 움직임도 일고 있다.

그러나 독초는 역시 독초다. 부작용의 위험성을 결코 배제할 수 없는 것이다. 담배의 니코틴은 알츠하이머 환자의 기억력 회복과 투렛증후군(tourette's syndrome, 유전성 신경장애) 장애아들의 공격성과 우울증을 줄이는 효과가 있지만 중독현상이 나타날 수 있다. 유럽에서 항암제 개발이 오래전부터 진행되고 있는 겨우살이는 오히려 종양을 유발한다는 보고가 있다. 살구에 함유된 아미그달린은 항암 치료에 사용됐지만 청산 중독에 의한 피해도 속출했다.

독초를 이용한 치료제 개발은 현재 진행형이다. 그 때문에 요즘 들어 중요한 생물자원으로 주목받고 있다. 다만 독초의 효과만을 맹신해 민간요법을 무분별하게 따르면 큰 위험에 직면할 수 있다는 사실을 명심해야 한다.

독미나리

학명_ *Cicuta virosa* L.(산형과)
다른 이름(이명)_ 개발나물아재비
영명_ european water Hemlock(water Hemlock, cowbane)
일명_ ドクゼリ
특징_ 다년초, 높이 1m
개화_ 6~8월(흰색, 길이 3~7cm)
결실_ 8~9월(녹색, 길이 2.5mm)
분포_ 대관령 일대 습지, 군산, 안면도
주요 독성물질_ 주로 뿌리에 시쿠톡신(cicutoxin) 함유

미나리와 비슷하고 대관령 등 일부 지역에서만 서식

독미나리는 주로 강원도 대관령 이북의 물가와 습지에 자생하는 식물로, 우리나라가 분포의 남쪽 한계지역에 해당하는 희귀식물이다. 미나리와 닮은 모양으로 키는 1미터까지 자라고 6~8월에 흰 꽃을 피우며, 개화한 지 30~40일 후면 열매가 익는다. 열매는 녹색의 달걀 모양으로, 길이는 2.5밀리미터 정도다. 전체적으로 털이 없고, 땅속줄기는 녹색이며 굵고 마디가 있다. 마디 사이는 속이 비어 있다. 잎의 가장자리에는 뾰족한 톱니가 있다.

이름에서 알 수 있듯이 독미나리는 대표적인 유독식물이다. 고대 그리스에서 소크라테스를 처형할 때 독미나리를 이용했다는 이야기가 전

독미나리 꽃. 독미나리는 주로 강원도 대관령 이북의 물가와 습지에 자생하는 식물이다. 땅속줄기는 굵고 마디가 있는데, 마디 사이는 속이 비어 있다. 잎 가장자리에는 뾰족한 톱니가 있다. 2011년 7월 1일 서울시 홍릉수목원에서 촬영.

해지기도 한다. 하지만 이 식물은 독미나리가 아니라 나도독미나리다. 번역자가 용어를 잘못 번역한 탓이다. 오늘날 안락사 합법화 캠페인을 벌이는 '헴록 소사이어티Hemlock Society' 또한 독미나리협회라고 번역하고 있는데, 이것도 바로잡을 필요가 있다. 독미나리는 영어로 'european water Hemlockwater Hemlock, cowbane', 나도독미나리는 'hemlock'으로 달리 표기한다. 솔송나무Tsuga sieboldii 또한 'hemlock treehemlock fir, spruce'를 쓰는데, 나도독미나리를 'poison hemlock'으로 구분하기도 한다.

비록 독미나리와 나도독미나리가 같은 산형과(미나릿과)로 이름이 비슷하고 독성이 강하다는 공통점이 있지만 서로 다른 속에 위치할 만큼 작지 않은 차이를 보인다. 독미나리가 한국에 자생하는 희귀식물인 반면

독미나리 새순. 일부 지역에서 독성이 약한 독미나리 어린잎을 먹는데 매우 위험한 행동이다. 2011년 7월 1일 경기도 성남시 신구대학교 식물원에서 촬영.

미나리 꽃. 소크라테스를 처형할 때 이용한 식물은 독미나리가 아닌 나도독미나리이다. 2011년 7월 6일 강원도 평창군 한국자생식물원에서 촬영.

나도독미나리는 최근에 우리나라로 건너온 외래식물이기도 하다. 나도독미나리는 줄기에 난 반점으로도 독미나리와 구별할 수 있다.

한방에서는 독미나리를 한자 그대로 '독근毒芹'이라 하며, 화농성골수염, 통풍, 신경통 등의 치료에 활용한다. 민간에서는 통증을 완화하는 데 사용했던 것으로 알려져 있다. 일부 지역에서 독성이 약한 독미나리 어린잎을 먹기도 하지만 이는 매우 위험한 행동이다. 특히 땅속줄기는 독성이 강해 한 입만 먹어도 사망할 수 있다. 늦겨울과 초봄에 독성이 가장 강하다.

독미나리 잎. 독미나리를 과량 섭취하면 입술에 수포나 혈포가 생긴다. 2011년 7월 6일 강원도 평창군 한국자생식물원에서 촬영.

독미나리 열매. 독미나리의 주요 독성 성분은 시쿠톡신으로, 독미나리를 먹게 되면 몇 분, 늦어도 두 시간 이내에 중독증상이 발생한다. 2011년 10월 2일 강원도 평창군 한국자생식물원에서 촬영.

미나리 꽃과 잎. 독미나리는 보통 미나리에 비해 잎자루에서 갈라진 가지가 더 많고 이파리의 톱니가 더 깊이 패 있으며, 키 또한 훨씬 크다. 2011년 7월 23일 경기도 여주군 해여림식물원에서 촬영.

위험한 독초지만 법으로 보호받는 희귀식물

중독되면 호흡마비로 사망

독미나리에 관한 글을 보면 모양이 비슷하기 때문에 미나리로 오인해 복용하고 중독되는 경우가 종종 일어난다는 내용을 쉽게 찾을 수 있다. 그러나 그에 대한 실제 사건 자료를 찾기는 어렵다. 독미나리 서식 범위가 일부 지역에 한정됐기 때문으로 추측된다. 또한 미나리와 비슷한 모양과 독성을 지닌 식물, 이를테면 개발나물이나 사상자 같은 산형과 식물을 독미나리로 통칭해서 발생한 오류일 가능성도 크다. 독미나리 중독을 구체적으로 정리하는 일이 필요해 보인다.

독미나리를 너무 많이 섭취하면 입술에 수포나 혈포가 발생한다. 나아가 중추신경계에 작용해 심한 경련, 구토, 피부발적, 안면창백 따위의 증상을 일으키고 결국에는 호흡마비로 사망에 이른다.

독미나리의 주요 독성 성분은 시쿠톡신이다. 이 물질에 중독되면 광대버섯에 함유된 유독물질인 무스카린과 비슷한 증상을 나타낸다. 독미나리를 섭식한 뒤에 몇 분, 늦어도 두 시간 이내에 중독증상이 발생하고, 경과가 빠르면 10~20시간 후에 사망할 수 있다.

독미나리는 맹독성 물질을 포함하는 대표적인 독초임에도 환경부에서 멸종위기 야생식물로 지정해 보호하고 있다. 환경부가 지정한 멸종위기 야생식물 64종 가운데에는 독미나리 이외에도 미나리아재빗과의 투구꽃 종류에 속하는 백부자, 세뿔투구꽃, 수선화과의 진노랑상사화, 진달래속의 노랑만병초 등의 독성식물이 포함돼 있다.

독이 있는 위험한 식물을 없애도 모자랄 판에 보호한다는 것이 의아할 수 있겠지만 그럴 만한 이유가 있다. 유독식물이기는 하지만 자연적 또는 인위적 위협 요인으로 개체수가 현저하게 감소해 가까운 장래에 멸종위기에 처할 우려가 있기 때문이다. 식물 한 종이 사라질 경우 그와 관련된 생물도 연쇄적으로 자취를 감출 위기에 놓일 수 있다. 이는 나아가 인간의 환경에도 영향을 끼친다. 식량 확보나 약품 개발 같은 자원 활용 가능성에 비춰볼 때도 멸종위기 식물 보전은 특히 중요하다. 그들이 사라지면 미래의 자원도 함께 물거품이 되고 마는 셈이다.

버드나무에서 추출한 아스피린이나 대회향에서 얻은 타미플루, 열대지방의 키나 cinchona, quina 라는 식물에서 유래한 말라리아 특효약 키니네 quinine 와 같은 다양한 약품이 식물을 기원으로 삼는다. 만약 이들 식물이 빛을 보기도 전에 지구상에서 사라졌다면 특정 질환을 치료할 수 있는 약품이 개발되지 않았거나 그 기간이 상당히 늘어났을 것이다. 물론 그에 따른 피해자도 크게 증가했을 것이다. 경제적인 손실은 두말할 나위가 없다.

세계 각국이 무한한 가능성을 지닌 생물자원 확보에 팔을 걷어붙이고, 또 멸종위기 생물 보전에 투자를 아끼지 않는 데는 그만한 이유가 분명 있는 것이다. 2007년 5월 원주지방환경청은 독미나리 자생지 보호를 위해 토지 소유주와 서식지외보전기관인 한국자생식물원과 함께 '지역 녹색협약'을 체결했다. 협약에 따라 토지 소유주는 야생동식물보호원으로서 독미나리를 지키기 위해 불법채집은 물론 수로와 물웅덩이 등 자생지 서식환경 훼손에 대한 감시와 계도 활동을 적극적으로 전개하고 있다. 그 결과 시민단체인 한국내셔널트러스트는 자생지를 그대로 보전하고 생물자원을 확보하기 위해 민과 관이 서로 양보하고 협력함으로써 멸종위기 식물을 지켜냈다며 이들의 활동을 모범 사례로 선정했다.

학명에는 어떤 뜻이?

독미나리의 속명 '*Cicuta*'는 고대 라틴명으로 '중공中空'이란 뜻이다. 마디 사이가 비어 있는 독미나리의 특성을 반영한 것이다. 종소명 '*virosus*'는 '유독한'이란 의미를 갖는다.

비슷한 식물(동속 식물)

우리나라에는 독미나리와 비슷한 식물로 가는잎독미나리가 자란다. 평안북도 낭림산, 함경남북도 등에 자라는 가는잎독미나리는 독미나리에 비해 잎이 좁은 것이 특징이다.

개발나물 잎. 독미나리를 미나리로 오인해 중독되는 경우가 일어난다고 하지만 실제 사건 자료를 찾기는 어렵다. 미나리와 비슷한 모양을 가지면서 독성을 가진 개발나물이나 사상자 같은 산형과 식물을 독미나리로 통칭해서 발생한 오류일 수도 있다. 2009년 5월 15일 경기도 성남시 분당중앙공원에서 촬영.

    독미나리를 미나리로 잘못 알고 먹었다가 피해를 보는 경우가 종종 발생한다. 독미나리는 보통 미나리에 비해 잎자루에서 갈라진 가지가 더 많고 이파리의 톱니가 더 깊이 패 있으며, 키가 훨씬 크다. 독미나리는 미나리와 모양이 비슷하지만 전체적으로 큰 편이어서 구별된다.

백선

학명_ *Dictamnus dasycarpus* Turcz.(운향과)
다른 이름(이명)_ 자래초, 검화
영명_ Densefruit Pittany
일명_ ハクセン
특징_ 여러해살이풀, 높이 90cm
개화_ 5~6월(흰색 또는 연한 홍색, 지름 2.5cm)
결실_ 7~8월(갈색, 길이 2cm)
분포_ 전국 산지
주요 독성물질_ 딕탐닌(dictamnine) 등

낙태약으로 이용돼던 것이 신비의 영약 봉삼으로 둔갑

1990년대 신문에서는 '전설 속의 산삼' '산삼 중의 산삼'이라는 별명을 가진 봉삼鳳蔘이 발견됐다는 기사를 종종 접할 수 있었다. 당시 봉삼을 발견했다는 사람들은 전날 꿈에 백발신선이 나타났다거나 돌아가신 부모를 만났다고 말하곤 했다. 뜸해지기는 했지만 2000년대에 들어서도 같은 내용의 기사들이 간간이 지면에 등장한다. 기사 내용을 보면 봉삼은 뿌리가 가늘고 길어 봉황처럼 생겼으며, 옛날부터 고산지대에서 수백, 수천 년간 게르마늄germanium을 흡수하면서 자라 불치병을 낫게 하는 영약으로 통한다고 나온다. 희귀할 뿐만 아니라 약효도 뛰어나기 때문에 봉삼은 한 뿌리에 5000만 원에서 1억 원을 호가한다. 어떤 승려는 봉삼을

백선 잎. 백선은 식품이나 건강기능식품의 원료로 도 사용할 수 없다. 뿌리를 낙태약으로 사용했을 만 큼 독성이 강하다. 2011년 10월 13일 경기도 성남시 신구대학교 식물원에서 촬영.

백선 꽃. 백선의 뿌리는 한방에서 류머티즘, 두통, 감 기 및 가려움증을 치료할 목적으로 사용한다. 2011년 5월 2일 서울시 홍릉수목원에서 촬영.

팔아 한 해에 100억 이상을 벌어들였다고도 한다.

봉삼에 대한 기록은 1935년 조선총독부 전매국^{專賣局}이 발간한 『인삼사 ^{人蔘史}』에서 찾을 수 있다. 이 책에서는 봉삼을 "뿌리가 원앙과 봉황의 자 태를 닮은 산삼으로 품질은 극1품에 해당하며, 이를 먹은 사람은 수명을 연장하기 때문에 가치는 만금^{萬金}에 이른다"고 했다.

이렇듯 귀한 영약에 관심을 갖는 것은 인지상정일 터이다. 그렇지만 신문에 보도된 봉삼이 『인삼사』에 기술된 진짜 봉삼일 가능성이 희박하 다는 것이 문제다. 1996년에 무더기로 발견됐다는 봉삼도 산삼의 명성을 이용한 해프닝으로 밝혀진 바 있다. 그렇다면 봉삼이라고 알려져 유통된 식물의 실체는 무엇일까?

주인공은 흔하디흔한 식물인 백선이다. 일확천금의 기대를 품게 해준

인삼. 1990년대 신문에서는 '전설 속의 산삼' '산삼 중의 산삼'이라는 별명을 가진 봉삼이 발견됐다는 기사를 종종 접할 수 있었다. 2011년 6월 4일 경기도 성남시 신구대학교 식물원에서 촬영.

만큼 상당히 귀할 것이라는 생각과는 다르다. 전국 어디서나 자라며 서울 근교 야산에서도 채취할 수 있는 약초다. 향기가 강해 호랑나비 유충이 많이 기생한다.

뿌리는 비린 냄새와 쓴맛이 난다. 백선의 뿌리는 한방에서 류머티즘, 두통, 감기 및 가려움증을 치료할 때 쓴다. 중국에서는 습진 환자의 치료약에 공통적으로 들어가는 원료이다. 백선의 뿌리껍질(백선피)에서 추출한 물질을 채소에 뿌려 진드기를 방지하기도 했다. 민간에서는 해독, 피부병, 황달을 치료하는 데 효능이 있다고 알려져 있다.

이처럼 특별할 것 없는 식물은 뿌리의 외형만 놓고 볼 때 봉황과 생김새가 흡사하다. 그래서 자주 봉삼으로 둔갑해 비싼 가격으로 소비자의 손에 쥐여졌다. 판매상들은 한의과대학에 봉삼으로 속여 기증하는 수법

백선의 꽃과 열매. 민간에서는 강장 목적으로 뿌리를 달인 물을 음료 대용으로 마시다가 탈이 나는 것은 물론, 황달에 좋다며 복용했다가 오히려 황달에 걸려 입원하는 경우도 비일비재하다. 2012년 5월 26일 경기도 성남시 신구대학교 식물원에서 촬영.

백선의 한약재(백선피)도 가끔 문제를 일으킨다. 여드름 치료를 위해 백선피가 함유된 처방을 받아 복용한 환자가 간염으로 입원한 경우도 있다. 2011년 5월 6일 서울시 창경궁에서 촬영.

까지 동원해 구매자를 현혹했다. 그 결과 금전이나 건강상 손해를 본 피해자가 속출했다. 그래서 생약학 서적에는 "백선피의 뿌리를 시중에서 '봉황삼'이라고 해서 비싼 값에 거래하고 있는데, 이것은 위품이자 잘못된 것"이라고 명기하고 있다.

그러나 더 큰 문제는 백선이 섣불리 복용하면 안 되는 위험한 식물이라는 것이다. 옛날에는 뿌리를 낙태약으로 사용했을 만큼 독성이 강하다. 그래서 식품이나 건강기능식품의 원료로도 사용할 수 없다.

백선 뿌리를 달인 물을 마시고 간부전이 오기도
정확한 정보를 선별하는 지혜가 필요

민간에서는 여전히 봉삼을 잘못 복용해 탈이 나는 경우가 종종 발생한다. 강장 목적으로 뿌리를 달인 물을 음료 대용으로 마시다가 탈이 나는 것은 물론, 황달에 좋다며 복용했다가 오히려 황달에 걸려 입원하는 경우도 흔하다.

한약재도 문제가 된다. 여드름 치료를 위해 백선피가 함유된 처방을 받아 복용한 환자에게서 간세포 손상이 생기면 증가하는 아스파르테이트 아미노전이효소serum aspartate transaminase, SAT 수치가 정상인의 7~14배에 달하는 것이 관찰되기도 했다. 이는 백선피를 복용하면 간염이 발생할 수 있다는 사실을 뜻한다. 실제 백선피 함유 처방을 복용한 환자 여섯 명이 간염으로 입원한 경우가 보고됐다. 외국에서는 백선을 복용한 뒤에 간부전이 와서 간이식을 시행했는데 그만 사망한 사례가 보고되었다. 국

내에서도 50대 여성이 백선 뿌리를
달인 물을 마시고 광범위한 간세포
괴사로 인한 간부전으로 진행되어
사망한 사례가 발생했다.

대전 지역의 한 병원에서는 2004
년 1월부터 2009년 7월까지 백선에
의한 독성 간염으로 의심이 돼 입
원치료를 받은 28명을 대상으로 증
상을 분석했다. 그러자 황달이 가
장 많았고(68퍼센트) 피로감(57퍼센
트), 오심(43퍼센트), 식욕부진(43퍼
센트), 복통(25퍼센트), 가려움증(7퍼
센트)과 같은 증세도 관찰됐다. 여

백선 뿌리로 담근 술. 인터넷 포털 사이트에는 백
선을 먹고 각종 암을 비롯해 비염, 폐결핵, 위장
병, 천식, 관절염이 나았다는 광고가 소개되지만
모두 검증되지 않은 내용이다. 2011년 11월 3일 경
북 포항시 하옥리에서 촬영.

자가 18명(64퍼센트)으로 남자 10명(36퍼센트)보다 많았는데, 독성 간염의
발병에서 면역학적 기전이 작용했기 때문이라고 추측된다.

백선에는 알칼로이드계인 딕타민을 비롯해 스킴민skimmin, 오바쿠논
obacunone, 프락시넬론fraxinellone, 콜린choline, 리모넨limonene이 함유되어 있
다. 그중 딕타민은 광독성을 가지고 있을 뿐만 아니라 발암물질로 알려
져 있다.

이처럼 백선에 의한 피해가 큰데도 아직 봉삼에 대한 잘못된 정보가
사라지지 않고 확대 재생산돼 피해자를 낳고 있다. 인터넷 포털 사이트
에는 비염에 특효인 최고의 염증치료제라든가, 간이 나빠 병원에서는 치

료가 불가능하다는 판정을 받았지만 백선 뿌리를 담가 만든 술을 마시고 나았다는 사례가 이따금 소개된다. 전립선에 문제가 있어 소변을 시원하게 보지 못해 약을 복용해도 호전되지 않았는데 봉삼을 구입해 달여먹고 효과를 봤다는 이야기도 나온다. 폐결핵이나 위장병, 천식, 관절염이 나았다는 사람도 있으며, 나아가 위암, 간암, 아토피피부염, 탈모증에 효과가 있다는 내용의 광고도 확산되고 있다.

그러나 이런 내용은 모두 검증되지 않았을 뿐만 아니라 현행 법률을 위반한 것이다. 봉삼으로 위장한 백선을 판매하다 적발됐다는 이야기가 종종 신문을 장식한다는 사실을 명심해야 한다.

인터넷이 발달하면서 다양한 정보가 홍수처럼 쏟아져나온다. 원하는 정보를 어려움 없이 손쉽게 구할 수 있는 시대가 된 것이다. 하지만 역설적으로 인터넷에 드러나는 각종 정보가 제대로 된 것인지 확인하기는 더욱 어려워졌다. 정보를 제대로 판단할 수 있는 혜안이 더욱 필요한 시대가 됐다.

학명에는 어떤 뜻이?

백선의 속명 'Dictamnus'는 고대 그리스명이다. '산에서'란 의미로 이 식물의 생육지를 나타낸다. 종소명 'dasycarpus'는 '거센 털이 있는 열매의'라는 뜻이다. 꽃말은 '방어'다.

비슷한 식물(동속 식물)

잎에 털이 많은 것을 털백선이라고 하며, 함경북도 청진에서 자란다.

햇빛과 반응했을 때 피부질환이 발생하는 광독성 물질

일부 향수나 화장품을 사용한 뒤, 또는 약이나 음식을 먹은 뒤 햇볕을 쬐었을 때 피부에 심각한 해를 입는 현상을 광과민 반응 또는 광독성 반응이라고 한다. 향수에 들어가는 인조 사향, 화장품에 첨가된 어떤 항생물질과 자외선 차단제, 감기약을 비롯한 특이 약물이 대표적인 원인물질이다.

방풍나물이나 셀러리, 미나리, 상추, 레몬 같은 식물은 자외선으로부터 스스로를 보호하기 위해 천연 화학물질을 분비한다. 빛으로 활성화되는 이 물질은 자외선을 받으면 구조가 변해서 알레르기 반응을 일으키는 항체를 형성한다. 이러한 반응은 햇빛에 노출된 뒤 곧바로 나타나기도 하지만 석 달이 지나서야 발생하기도 한다.

광독성 물질들은 비교적 약한 자외선에도 활성화되기 때문에 피부가 빛에 민감하게 반응하며, 일시적으로 강렬한 햇빛을 받았을 때는 피부가 심하게 타거나 눈이 따가워진다. 또한 약한 알레르기 반응이나 두드러기가 나타나기도 한다. 물집이 생기고 진물이 나는 등 여러 가지 급성질환이 발생한다.

더욱이 장기간 햇빛에 노출되면 피부가 빨리 노화하고 알레르기 반응이 심해진다. 특히 바를 경우 대개 피부에만 이상을 일으키지만 먹게 되면 백내장, 혈관 손상, 면역체계 약화, 피부암, 유전자 변이 등 만성질환이 나타난다.

하얀 피부일수록 빛에 민감하지만 구릿빛 피부를 지닌 사람도 햇빛에 의한 만성 피부염을 앓는 경우가 많다. 다만 광독성 물질은 우리 몸에 들어온다고 하더라도 대부분 독성을 발휘하기 전에 간에서 먼저 중화된다.

한번 잘못 알려진 정보는 되돌리기 어려워

2012년 독초에 관한 자료를 정리하던 중 백선을 재료로 담근 술 사진이 필요해 고향 후배에게 사진을 찍어서 메일로 전송해달라고 부탁했다. 시골에서는 집집마다 하나 씩은 봉삼주라는 이름으로 술을 담근다는 사실을 알고 있었던 까닭이다. 후배는 집 주변에서 손쉽게 봉삼주를 찾아냈다. 다만 만족할 만한 사진을 얻지는 못했다.

그로부터 얼마 지나지 않아 경북 포항의 한 식당에서 봉삼주 파는 것을 보았다. 식당 벽에는 봉삼의 효능을 자세하게 적어놓은 종이가 붙어 있었다. 내용을 보니 "봉삼은 산삼보다 원기 회복력과 저항력이 크며, 억균작용을 하므로 육체 속의 모든 염증이 쉽게 사라진다" "봉삼은 사람이 섭취하면 몸속에서 산소를 다량 공급해주는 역할을 하므로 성인병, 암과 같은 난치병을 치유해주는 성분이 있다"는 설명이었다. 또 인삼 과 산삼을 비교할 수 없듯이 재배수입 백선과 한국의 자연산 전통 봉삼을 비교할 수 없다는 내용도 있었다. 물론 이 봉삼주는 봉삼이 아닌 백선으로 담근 것이었다.

짝퉁 산삼인 백선이 왜곡된 정보 때문에 산삼보다 좋은 약효를 지닌 약재로 자리매 김했음을 보여주는 단적인 사례가 아닐 수 없다.

그런가 하면 2013년 4월 충남 당진에서 실시한 야생화 해설에서는 봉삼주(백선주)로 피해를 입었다는 이야기가 속출했다. 한 분은 이웃 사람이 봉삼주를 버리기에 왜 그 아 까운 것을 버리느냐고 물었는데, 그 술을 마신 뒤 탈이 났기 때문이라는 대답이 돌아왔 다고 말했다. 또 한 분도 주변에서 술을 마시고 입원한 사례가 있었다고 들려줬다.

최근 들어 백선 피해에 대한 자료가 쏟아져나오는데, 실제로는 그보다 더 심각하다 는 것을 짐작할 수 있었다. 한번 잘못 알려진 정보는 암세포처럼 곳곳으로 퍼져나간 다. 문제는 그렇게 퍼져나간 정보를 정정하기란 더욱 어렵다는 사실이다.

자리공

학명_ *Phytolacca esculenta* VanHoutte(자리공과)

다른 이름(이명)_ 상륙, 장녹

영명_ Indian Poke

일명_ ヤマゴボウ

특징_ 다년생 초본, 키 1~1.3m

개화_ 5~7월(회색 5~12cm)

결실_ 9~10월(흑자색, 5~12cm)

분포_ 전국(귀화식물)

주요 독성물질_ 피톨락카톡신(phytolaccatoxin) 등

미국과 유럽에서 가장 널리 쓰는 야생 채소

1990년대 초 미국자리공은 우리나라 자연생태계를 파괴하는 위험한 존재로 보도되면서 유명해졌다. 당시 온 국민들은 이 식물을 제거하느라 동분서주했지만 아직도 미국자리공이 생태계를 파괴하는지에 대해서는 의견이 분분하다.

귀화식물인 미국자리공과 같은 속인 자리공은 자생식물이다. 민간에서 줄기가 투명하고 빨리 큰다고 해서 '물나무'라고 부른다. 식물의 크기가 크고 줄기가 단단해서 물나무라고는 하지만 나무가 아닌 풀이다.

옛날에는 자리공의 자줏빛 열매를 따서 손톱에 물을 들이기도 했으며, 무명의 염료로도 사용했다. 또 전을 붉게 물들일 때도 썼다. 서양에서는

자리공. 한의학 서적에는 자리공에 독성이 있어 낙태를 위해 사용했다고 기록되어 있다. 뿌리의 독성이 가장 강하고 잎, 줄기, 열매의 순서로 약해진다. 2011년 5월 28일 전북 전주시 반월동에서 촬영.

미국자리공을 와인이나 팬케이크를 만들 때 특유의 색상을 입히는 첨가제로 썼다. 열매에서 짠 즙액을 병에 담아두고 잉크로 쓰기도 했는데, 미국 「독립선언서」가 황화철과 몰식자(벌레혹) 및 자리공 열매의 즙으로 만든 잉크로 쓰인 것이라는 사실은 유명하다.

민간에서 자리공의 뿌리 부분은 류머티즘성 관절염 환자의 통증 해소 및 부종을 치료하기 위해 이용했다. 속앓이나 가슴 결린 사람들이 몸보신으로 닭이나 오리를 잡아서 고아먹을 때 들어가는 것도 자리공 뿌리였다.

한방에서는 뿌리를 신장, 간경변, 부종, 이뇨에 처방했다. 그러나 너무 많이 투여하면 오히려 소변량이 감소한다. 기침을 멎게 하고 가래를 삭이는 효능도 있다. 말린 뿌리는 장속 기생충을 제거하는 데 활용했다.

자리공 꽃. 자리공은 민간에서 줄기가 투명하고 빨리 큰다고 해서 '물나무'라고 부른다. 그러나 나무가 아닌 풀이다. 2011년 8월 15일 경기도 성남시 불곡산에서 촬영.

미국자리공 꽃. 한의학 서적에는 자리공에 독이 있어 태아를 떨어뜨리는 데 썼다고 했다. 2011년 9월 12일 충남 당진시 두산리에서 촬영.

미국자리공은 외국에서 가짓garget이라는 이름과 피전베리pigeonberry, 잉크베리inkberry란 별명도 갖고 있다. 미국 남부 지방에서는 포크샐러드poke salad라고 부른다. 샐러드라는 이름에서 알 수 있듯이 미국자리공은 채소로 이용되는데, 미국과 유럽에서 매우 널리 이용하는 야생 채소 중 하나다. 미국의 초기 이민자들부터 식용이 시작되었고, 지금도 미국 남부 지방에서는 어린순을 채소로 판다. 어린싹을 살짝 데쳐 무쳐먹기도 하고, 데친 후 햇볕에 말려 묵나물로 사용한다. 인디애나 지방 사람들은 미국자리공을 튀겨먹는다. 새순으로는 피클을 만들 수 있다. 열매로는 포도주처럼 술을 담그기도 한다.

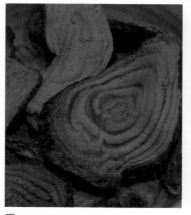

미국자리공 한약재 상륙. 한방에서 자리공 뿌리
는 신장, 간경변, 부종, 이뇨 등에 처방하기도 했
다. 기침을 멎게 하고 가래를 삭이는 효능도 있다.
2011년 9월 15일 서울시 제기동 한의약박물관에서
촬영.

미국자리공 뿌리. 자리공 뿌리를 먹으면 메스꺼움,
구토, 설사, 어지럼증, 두통 등의 증상이 나타난다.
2011년 9월 28일 인천시 용유도에서 촬영.

미국자리공 열매. 자리공의 자줏빛 열매를 따서 손톱
에 물을 들이기도 했으며, 전을 붉게 물들일 때도 썼
다. 2011년 9월 25일 서울시 홍릉수목원에서 촬영.

자리공 잎 말린 것. 민간에서는 자리공의 어린 순을
잘라 끓는 물에 데친 후 말려서 나물로 먹기도 한다.
2013년 5월 14일 전북 남원시 지리산 뱀사골의 한
식당에서 촬영.

두 번 데치고도 중독사고 발생해

외래종 미국자리공은 한때 생태계 파괴범이라는 누명

자리공은 독성이 있어 독성분을 충분히 제거하지 않으면 구토와 하리(설사)를 일으킬 수 있기 때문에 주의해야 한다. 중국 송나라 때 당신미가 쓴 『증류본초』와 명나라 시대 의학자 이천李梴이 지은 『의학입문醫學入門』 같은 한의학 서적에는 자리공에 독이 있어 태아를 떨어뜨리는 데 썼다고 했다. 독성의 강도는 뿌리가 가장 크고, 잎, 줄기, 열매 순으로 작아진다. 성숙 단계에 이르면 잎의 독성은 강해지지만 열매의 독성은 상대적으로 약해진다.

자리공 뿌리를 먹으면 20분에서 5시간 후 열이 오르고 맥박이 빨라지며, 혈압이 조금 높아지면서 메스꺼움, 구토, 설사, 어지럼증, 두통 등의 증상이 나타난다. 심하면 말이 불분명해지고 정신이 혼미해진다. 한 번에 많은 양을 먹었을 때는 호흡이 느려지고 혈압이 떨어지며 심근마비로 사망할 수 있다.

자리공을 끓여서 물이나 허브티로 마시면 중독이 될 수 있다. 일본에서는 집 근처에서 뽑은 미국자리공 잎을 주스로 마시다가, 또 뿌리를 절이거나 데쳐먹다가, 열매를 과실주로 담가 마시다가 탈이 난 사례가 여러 차례 보고됐다. 또다른 나라에서 자리공 열매를 먹은 다섯 살 난 여아의 사망 사례도 나왔고, 고양이에게 1킬로그램당 10그램을 투여했는데 네 마리 중 두 마리가 이틀 이내에 사망했다는 실험결과도 있다.

우리나라에서는 산행 도중 길가에 있던 자리공을 우엉 뿌리나 더덕으로 잘못 알고 복용했다가 사고를 당한 사례가 있다. 또 관절통을 다스리

더덕 뿌리. 길가에 자란 자리공을 우엉 뿌리나 더덕으로 잘못 알고 복용했다가 사고를 당하는 경우가 종종 있다. 2012년 5월 19일 경기도 양평군 동오리에서 촬영.

려고 미국자리공 잎을 끓이지 않고 쌈으로 먹었다가 탈이 난 노인도 있고, 허리가 아파서 미국자리공 뿌리를 갈아 우유에 타서 마셨다가 입원한 예도 있다. 자리공 뿌리를 칡뿌리로 잘못 알고 섭취했다가 병원에서 치료를 받은 어린이도 있다. 뿌리가 비대하고 덩어리를 형성하기 때문에 마로 잘못 알고 먹은 사람들이 중독되기도 했다.

　최근에는 자리공을 복용한 환자에게서 혈압강하 및 사구체 여과기능 감소, 그리고 유독성분에 의한 직접적인 신세뇨관 괴사에 따른 급성신부전증이 보고됐다. 자리공에 포함된 피톨라카톡신은 혈관중추를 자극하고 신장 혈류를 증가시킴으로써 이뇨효과를 나타낸다. 특히 중추성 신경독으로 경련을 유발할 수 있으며, 심장 기능을 떨어뜨린다. 또 피톨락카

마. 미국자리공의 뿌리가 비대하기 때문에 마로 잘못 알고 먹어서 중독되기도 한다. 2012년 5월 19일 경기도 양평군 동오리에서 촬영.

칡뿌리. 자리공 뿌리를 칡뿌리로 오인해 섭취했다가 병원에서 치료를 받은 사례가 많다. 2012년 6월 24일 경북 상주시 반계리에서 촬영.

게닌phytolaccagenin이라는 트리테르페노이드 사포닌triterpenoid saponin은 강한 소화관 자극작용을 하는데, 중증 중독에서는 발한, 호흡억제, 혈압저하, 실신, 경련, 출혈성 위염, 토혈을 일으킬 수 있다.

　미국에서는 미국자리공의 잎을 샐러드로 먹고 26명이 중독 증상을 보인 사례가 있는데 이 경우 두 번 데친 것을 먹었지만 탈이 났다. 그 때문에 식품학자들은 뿌리, 열매, 씨앗, 성숙한 줄기와 잎 모두 유독하고, 자리공의 어떤 부위도 사람이나 동물에게 먹어서는 안 된다고 경고한다. 끓이는 것이 독을 줄이기는 하지만 완전히 제거하지는 못한다는 것이 그 이유다.

학명에는 어떤 뜻이?

　자리공의 속명 'Phytolacca'는 그리스어 'phyton(식물)'과 중세 라틴어 'lacca(심홍색 안료)'의 합성어로, 열매에 심홍색 즙액이 있다. 종소명 'esculentus'는 '식용의'라는 뜻이다.

—
섬자리공 꽃. 울릉도에서 자라는 섬자리공은 자리공과 비슷하지만 꽃차례에 잔돌기가 있으며 꽃밥이 흰색
으로 연한 홍색의 자리공과 다르다. 2002년 8월 1일 경북 울릉도에서 촬영.

비슷한 식물(동속 식물)

우리나라에는 자생식물인 자리공과 한국 특산으로 울릉도에서 자라는
섬자리공, 외래종인 미국자리공 등의 자리공속*Phytolacca* 식물이 서식한다.
흰 꽃이 나는 자리공은 꽃대가 곧추서며 열매도 위로 선 채 열린다. 붉은
색 꽃이 나는 자리공은 꽃대가 옆으로 서며, 열매가 익으면 더 늘거나 밑
으로 처진다. 섬자리공의 열매에는 둥근 줄무늬가 있다.

쥐방울덩굴

학명_ *Aristolochia contorta* Bunge(쥐방울덩굴과)
다른 이름(이명)_ 쥐방울, 마도령, 까치오줌요강, 방울풀
영명_ Northern Dutchmanspipe
일명_ ウマノスズクサ
특징_ 여러해살이 덩굴식물, 길이 1.5~2m
개화_ 7~8월(녹자색, 길이 4cm)
결실_ 10월(갈색, 길이 3~5cm)
분포_ 전국 산야 또는 숲 가장자리
주요 독성물질_ 아리스톨로크산(aristolochic acid), 벤조푸란 톡솔(benzofuran toxol)

꽃의 색소폰 모양은 수분을 하기 위한 생존 전략

쥐방울덩굴은 우리나라 야산이나 숲 가장자리, 학교 생울타리 담장 등 어디서나 쉽게 볼 수 있는 덩굴식물이다. 더 많은 햇빛을 받기 위해 다른 나무의 줄기를 타고 기어오르는 특성이 있다. 여름에 녹자색으로 피는 꽃은 색소폰과 유사한 모양이어서, 작은 구멍에서 멜로디가 흘러나올 것만 같은 착각에 빠진다. 쥐방울덩굴이 색소폰 모양 꽃을 피우는 데는 그 나름대로 이유가 있다.

쥐방울덩굴의 수분은 아주 작은 벌이나 파리 종류의 곤충이 도와준다. 곤충이 꽃 통 속으로 들어오면 안쪽의 부드러운 털이 뻣뻣하게 굳어져 중매자가 밖으로 빠져나가지 못하게 막는다. 그러나 2~3일이 지나 수정

쥐방울덩굴 꽃. 옛날 사람들은 쥐방울덩굴의 꼬부라진 꽃에서 태아의 모양을, 굵어진 밑부분에서는 자궁을 연상하면서 이 식물이 해산을 돕는다고 생각했다. 2011년 7월 17일 서울시 홍릉수목원에서 촬영.

이 이뤄지면 털의 길이가 짧아지고 방향도 안쪽에서 바깥쪽으로 바뀌면서 곤충이 밖으로 빠져나갈 수 있도록 돕는다. 비록 생존을 위한 전략일지라도 곤충을 잡아먹는 식충식물이나 수분 매개자를 가두는 천남성과도 비교된다.

쥐방울덩굴은 다른 나무의 줄기를 감고 높은 곳까지 올라가서 열매를 맺기 때문에 바람을 타고 씨앗을 멀리 날려보낼 수 있는 장점이 있다. 가느다란 실에 매달린 여섯 개의 조각으로 갈라진 쥐방울덩굴의 반구형 열매는 낙하산을 떠올리게 한다. 어린이들의 호기심을 자극하기에 충분한

단풍나무 열매. 쥐방울덩굴은 다른 나무의 줄기를 감고 높은 곳까지 올라가서 열매를 맺고 씨앗을 멀리 날려보낸다. 단풍나무 씨앗에서 비행기의 양날 프로펠러나 바람개비를 연상할 수 있다. 2011년 10월 13일 경기도 성남시 신구대학교 식물원에서 촬영.

낙하산 모형. 쥐방울덩굴 열매는 밑부분이 여섯 개로 갈라지는데, 과경의 가는 실에 매달려 있는 모습은 낙하산을 떠올리게 한다.

쥐방울덩굴 열매. 열매 크기는 지름 3~5센티미터 정도로 쥐방울이란 이름이 어울리지 않을 만큼 크다. 2011년 4월 24일 경기도 가평군 칼봉산에서 촬영.

놀이 재료다. 이뿐만 아니라 비행기의 양날 프로펠러나 바람개비를 연상할 수 있는 단풍나무 씨앗, 그리고 우산과 닮은 박주가리와 민들레 씨앗도 재미있는 놀이 재료다.

그런데 열매의 크기를 보면 지름 3~5센티미터 정도여서 쥐방울이란 표현이 어울리지 않을 정도로 커다랗다. 한자어는 마두령馬兜鈴으로 말방울을 뜻하니 쥐방울과 묘한 대조를 이룬다. 바라보는 시각에 따라 크기도 다르게 인식한다는 사실을 짐작할 수 있다.

한방에서는 쥐방울덩굴의 뿌리를 청목향靑木香이라 해서 이뇨, 통경 및 해독제로 쓰며, 열매는 진정 및 거담제로 사용한다. 특히 호흡기질환과 관계가 깊은 백일해와 만성 기관지염을 치료하는 데 큰 도움이 된다. 최근에는 고혈압과 당뇨 치료효과가 인구에 회자된다. 민간요법으로 뱀독과 벌레에 쏘였을 때 잎과 미숙과未熟果를 찧어 붙이기도 한다.

쥐방울덩굴은 줄기와 잎을 만지면 고약한 냄새가 난다. 이를 보면 독성물질을 함유하고 있다는 사실을 어느 정도 짐작할 수 있다. 실제 쥐방울덩굴을 너무 많이 복용하면 혼수, 지각마비, 혈압강하 따위의 증상이 나타난다.

쥐방울덩굴 섭취한 젖소의 우유 마셔도 중독 위험
링컨의 어머니도 우유병 때문에 사망

쥐방울덩굴을 뜯어먹은 젖소에서 나온 우유를 마시면 일명 '우유병milk sickness'이라는 질환을 앓을 수 있다. 이것은 쥐방울덩굴에 들어 있는 벤조

푸란 톡솔이라는 유독성 페놀 화합물 때문이다.

미국의 제16대 대통령 에이브러햄 링컨은 그의 나이 아홉 살 때 어머니를 여의었는데, 쥐방울덩굴을 먹은 소에서 짠 우유를 마신 것이 원인으로 알려져 있다. 집이 너무 가난해 목초지조차 없었기 때문에 젖소를 방목해 키웠는데, 숲속에 자라는 쥐방울덩굴을 뜯어먹어 몸속에 유독물질을 축적했던 것이다. 링컨의 어머니가 숨을 거두기 전에 그녀와 같이 살았던 숙모와 숙부도 역시 우유병으로 세상을 떠났다고 한다.

한편 1990년대 초반 벨기에 브뤼셀의 한 체중 감량 클리닉에서는 중국약재와 서구 의약품을 혼합해 제조한 살 빼는 약을 1000여 명의 환자에게 판매했다. 그런데 이 약을 복용한 환자 가운데 70명은 신장 기능을 완전히 상실했고, 50명은 심각한 급성 진행성 신부전이 발생했다. 원인은 다이어트 한약제제에 들어간 중국산 광방기廣防己, *Aristolochia fangchi* 때문으로 밝혀졌다. 이후 두 해가 지난 1994년에는 이들 환자 가운데 상당수가 방광암 및 요도상피암에 걸린 것으로 확인됐다. 신장질환의 발생 원인으로는 아리스톨로크산^^이 지목됐다. 이 물질은 광방기와 같은 속에 포함된 쥐방울덩굴의 뿌리와 열매, 잎, 씨에도 들어 있다. AA는 항염증효과를 목적으로 1970년대까지 널리 사용되었다. 그러나 돌연변이 유발 및 발암 원인 물질로 알려지면서 1980년대 후반부터 이미 사용이 금지됐다. 과량의 AA를 반복적으로 투여하면 유산 및 저체중 태아 출산 같은 생식독성을 유발할 수 있으며, 또한 생식기능에 장애를 줄 수 있는 것으로 알려지고 있다.

전 세계적으로 AA를 포함한 식품에 대한 논란과 함께 그 위해성이 밝혀지면서 미국 식품의약국은 2000년부터 AA 성분을 함유한 건강보조식품 수입을 금지했다. 우리나라도 2005년 6월 식품의약품안전처가 AA 성분을 함유한 쥐방울덩굴과 식물의 부위가 한약재로 쓰이는 청목향과 마두령 및 이들 한약재들이 포함된 한약제제의 제조, 수입, 사용을 금지했다. 또한 『한약(생약)규격집』에서 이들 약재에 대한 항목을 삭제하고 시중에 유통되고 있는 이들 한약재를 전량 수거해 폐기토록 했다.

학명에는 어떤 뜻이?

쥐방울덩굴의 속명 'Aristolochia'는 그리스어 'aristos(가장 좋은)'와 'lochia(출산)'의 합성어이다. 꼬부라진 꽃의 형태를 태아의 모양과 같이 생각하고 굵어진 밑부분을 자궁에 비유하면서 해산을 돕는다고 생각했다. 고대에는 산부인과에서 사용했다고 한다. 종소명 'contortus'는 '꼬인' '회선의'라는 뜻이다.

비슷한 식물(동속 식물)

우리나라에 서식하는 쥐방울덩굴속 Aristolochia 식물로는 쥐방울덩굴과 등칡이 있다. 등칡은 칡과 같은 덩굴 형태이기 때문에 붙은 이름이다.

AA 성분은 쥐방울과에 속하는 한약재 마두령, 광방기, 청목향, 관목통에 함유된 성분으로 알려져 있다. 한약재 마두령의 기원식물은 우리나라의 경우 쥐방울덩굴, 중국과 일본의 약전에서는 마두령 A. debillis과 북마두령(쥐방울덩굴) 두 종을 모두 쓰며, 열매를 약재로 사용한다. 청목향은 우리나라에서는 쥐방울덩굴, 중국에서는 마두령의 뿌리를 일컫는다. 광방

등칡 꽃(좌)와 등칡 잎(우). 우리나라에 서식하는 쥐방울덩굴속 식물로는 쥐방울덩굴과 등칡이 있다. 등칡은 칡과 같은 덩굴 형태이기 때문에 붙여진 이름이다. 각각 2010년 5월 14일 경기도 여주군 해여림식물원(좌)과, 2010년 5월 14일 강원도 정선군 고양리(우)에서 촬영.

기는 국내에 서식하지 않고 중국의 광둥 성과 광시 성에 분포한다. 관목

통은 등칡의 한자어다.

반하
~~~~~~~~

학명_ *Pinellia ternata* (Thunb.) Breitenb.(천남성과)
다른 이름(이명)_ 끼무릇, 과무웃, 며느리복쟁이, 꿩의무릇, 꿩의밥, 제비구슬, 꿩의물구지
영명_ Crow-dipper
일명_ カラスピシャク, ハンゲ
특징_ 다년초, 화경 높이 20~40cm
개화_ 5~7월(황백색, 길이 6~7cm)
결실_ 8~10월(녹색, 길이 1cm)
분포_ 전국 각지의 들이나 야산
주요 독성물질_ 호모젠티신산(homogentisic acid), 렉틴, 에페드린 등

생존 가능성 극대화시킨 잡초계의 강자

반하는 밭에서 흔히 발견할 수 있는 독특한 모양의 작은 식물이다. 6월경에 5~10센티미터 정도의 가늘고 긴 꽃대가 솟아나오고 그 끝에 통처럼 생긴 길쭉한 꽃이 초록빛을 띤 흰색으로 핀다. 영어 이름crow-dipper에서는 반하의 꽃 모양을 까마귀 국자로 비유했다. 수꽃은 위쪽에, 암꽃은 아래쪽에 피는데, 열매가 완전히 익으면 연한 녹색을 띤 붉은색이 된다.

반하半夏라는 명칭은 한여름, 즉 여름을 반으로 가르는 시기에 난다고 해서 붙었다. 또는 하지夏至를 전후해 여름철에 잎이 반쯤 줄어든다는 뜻에서 유래했다고도 한다. 흔히 끼무릇이라고 하며 과무웃, 며느리복쟁이, 꿩의무릇, 꿩의밥, 제비구슬, 꿩의물구지 등 지방에 따라 부르는 이

반하 꽃. 『동의보감』에는 반하가 임산부에게는 태를 떨어뜨리게 하므로 쓰는 것을 삼가야 하는 약이라고 적혀 있다. 2009년 5월 9일 경기도 가평군 유명산에서 촬영.

름도 가지가지다.

반하는 땅속에 알을 만들어 자손을 잇는다. 잎끝에 주아라 부르는 작은 알 모양 번식 도구가 있다. 게다가 비상시를 대비해 줄기 가운데도 혹처럼 생긴 부속체를 붙이고 있다. 다양한 번식 경로를 열어둠으로써 자손의 생존 가능성을 좀더 높인 전략의 결과물이다. 농민들의 손에 사정없이 뽑혀나가면서도 끈질긴 생명력을 유지하는 비결이기도 하다.

대부분 식물의 꽃은 좋은 향기로 나비나 벌, 등에를 불러모으지만 반하는 다르다. 썩은 고기에서 풍기는 냄새로 곤충을 유혹한다.

반하의 꽃은 아래에 위치한 암꽃이 먼저 핀다. 냄새를 맡고 찾아온 곤충은 반하 꽃 속으로 들어가 수정을 돕는다. 이때 출구가 없기 때문에 곤

반하 구경. 반하는 땅속에 알을 만들며 자손을 잇는데, 잎끝에 주아라 부르는 작은 알 모양의 번식도구도 함께 준비한다. 2011년 9월 12일 충남 당진시 죽동리에서 촬영.

충은 꽃 속에 갇힌다. 그러나 수꽃이 필 때 암꽃이 맞닿은 아래쪽으로 좁은 틈이 생긴다. 파리는 이 틈으로 탈출을 시도하는데, 생존을 위해 몸부림을 치는 까닭에 파리 몸에는 꽃가루가 잔뜩 묻는다. 우여곡절 끝에 반하의 꽃에서 빠져나온 파리는 또다른 반하를 찾아 감금되고 탈출하는 과정을 반복한다. 이 과정에서 수술의 꽃가루를 암꽃에 묻히게 된다.

그런데 반하와 비슷한 구조인 천남성은 피도 눈물도 없는 잔인함을 보여준다. 반하가 꽃 하나에 수꽃과 암꽃을 갖는 데 비해 반하의 사촌뻘이라 할 수 있는 천남성은 각기 독립된 수 그루와 암 그루가 존재한다. 수꽃에는 반하처럼 작은 출구가 있어서 파리가 도망칠 수 있다. 하지만 이어 방문한 암꽃에는 출구가 없어 그곳에서 생을 마감하게 된다. 자신의 생존을 위해 인질을 희생시키는 천남성의 비정함을 엿볼 수 있다.

반하 한약재. 반하는 구역질을 멈추는 작용을 하기 때문에 임산부의 입덧 약으로도 쓰였다. 그러나 독성이 있어 함부로 사용하면 위험하다. 2011년 9월 15일 서울시 제기동 한의약박물관에서 촬영.

적혈구 응집 단백질 렉틴 함유
다이어트 보조제에 들어간 독성물질 에페드린

반하는 7~8월에 충분히 성장한 지름 1센티미터 정도의 둥근 구경을 채취해 껍질을 벗기고 건조해 약용한다. 예전에는 제법 값이 나가는 약재였기 때문에 농가 주부들이 반하를 보면 주머니에 갈무리해뒀다가 약재상에 팔아 비상금을 마련했다.

반하는 한방에서 노이로제로 인해 스트레스를 느낄 때나 소화 및 식욕부진에 쓰이며, 기침을 다스리고 가래를 삭이는 약재로 귀중한 대접을 받는다. 또 잠을 이루지 못할 때 신경을 안정시켜 편히 잘 수 있게 해준다. 민간요법으로는 탈모증에 땅속 덩이줄기와 생강을 함께 넣고 짓찧어 그 즙을 머리에 발랐다. 빠진 머리카락을 새롭게 자라게 하는 것은 물론, 윤기가 나도록 도와주는 약재로 알려져 있다.

구역질을 멈추는 작용을 하기 때문에 임산부의 입덧 약으로도 썼다. 그러나 독성이 있어 함부로 사용하기에는 위험 부담이 크다. 반하는 식품에 사용할 수 없는 원료로, 한약으로만 사용해야 한다.

반하. 반하는 썩은 고기 같은 냄새로 곤충을 유혹한 다. 냄새를 맡고 찾아온 파리는 반하 꽃 속으로 들어 가 수정을 돕는다. 2011년 7월 17일 경기도 성남시 분 당중앙공원에서 촬영.

반하 구경. 반하를 생식하거나 과량 복용하면 입과 인후에 작약감과 수종이 생기고, 목이 쉬어 말이 안 나오거나 미각상실, 오심, 구토 등의 증상이 나타난 다. 2012년 5월 19일 경기도 양평군 동오리에서 촬영.

반하를 생식하거나 지나치게 많이 복용하면 중독 현상이 나타난다. 초기에는 입과 목구멍이 타는 것 같은 느낌과 함께 수종이 생기고, 목이 쉬어 말이 나오지 않거나 미각상실, 오심, 구토 따위의 증상을 겪는다. 중독이 심해지면 호흡곤란, 인두경련, 맥약, 혈압강하가 나타나며, 최후에 이르러서는 사지경련 증상과 호흡중추 마비로 사망하게 된다. 반하를 과용할 경우 신경지능 발육장애를 초래하기도 한다.

허준의 『동의보감』에는 반하가 임산부의 태를 떨어뜨리게 하므로 쓰는 것을 삼가야 하는 약이라고 적혀 있다. 실제로 임신 초기에 유산을 일으키는 것으로 밝혀졌다. 텔레비전 드라마 〈동이〉에서는 장옥정(장희빈)이 반하를 이용해 중전을 시해하려 했다는 누명을 썼다가 동이의 도움으로 누명을 벗는 장면이 나오기도 한다.

반하가 아린 맛을 내는 것은 구
경 속에 포함된 호모겐티신산이란
물질 때문이다. 옥살산 칼슘^{calcium}
^{oxalate} 또한 바늘결정에 의한 점막
자극으로 입안에서 목이 따갑고
아픈 증상을 유발한다.

텔레비전 드라마 〈동이〉 포스터. 드라마에서 장희빈
이 반하를 이용해 중전을 시해하려 했다는 누명을
썼다가 동이의 도움으로 누명을 벗는다.

반하에 포함된 렉틴은 적혈구를
응집시키는 작용을 하는 유독 단
백질로, 세포막 당단백질이나 당지질과 결합함으로써 세포를 한군데
엉키게 하거나 분열시킴으로써 제 역할을 못하게 방해하는 물질이다.

반하에서 검출되는 에페드린은 두통, 불면, 무기력, 어지러움, 구토,
식욕부진, 부정맥, 빈맥, 저혈압, 불안, 공포 등의 부작용을 일으킬 수 있
다. 과량 복용하면 부정맥이나 빈맥 등 심장부작용 발생으로 사망에 이
른다. 미국 식품의약국은 2004년 에페드린이 들어간 제품을 모두 판매
금지했다. 에페드린은 흔히 감기약에 함유된 흥분제 성분으로, 과거 올
림픽에서 선수들이 경기력을 향상하려고 복용했다가 수상 또는 출장 자
격을 박탈당한 사용 금지 물질이다. 특히 분리 추출해서 필로폰 원료로
사용할 수도 있다.

우리나라에서 판매되는 수많은 다이어트 보조제와 다이어트 한약에도
에페드린이 들어 있다. 에페드린이 포함된 약재는 일시적인 식욕억제 효
과를 나타낼 뿐이며, 몸에도 해롭다. 복용을 중단하면 오히려 더 식욕이
증가할 수도 있다는 점을 명심해야 한다.

대반하 꽃과 잎. 우리나라에는 반하와 대반하 두 종의 반하속 식물이 서식한다. 대반하는 남부 도서지방에서 자라는 다년초로, 전체적으로 반하에 비해 크다. 2010년 8월 15일 경기도 용인시 한택식물원에서 촬영.

학명에는 어떤 뜻이?

반하의 속명 '*Pinellia*'는 이탈리아 식물학자의 이름 피넬리[G. V. Pinelli]에서 유래했다. 종소명 '*ternatus*'는 '삼출의' '삼수의'라는 뜻으로 잎이 세 갈래로 갈라진 것을 반영한 것이다.

비슷한 식물(동속 식물)

우리나라에는 반하와 대반하 두 종의 반하속[*Pinellia*] 식물이 서식한다. 대반하는 남부 도서지방에서 자라는 다년초로, 전체적으로 반하보다 크다.

천남성

학명_ *Arisaema amurense* var. *serratum* (Nakai) Kitag.(천남성과)
다른 이름(이명)_ 가새천남성, 청사두초, 톱이아물천남성
영명_ Serrate Amur Jackinthepulpit
특징_ 여러해살이풀, 높이 15~100cm
개화_ 5~7월(녹색, 4~7cm)
결실_ 10월(붉은색, 3~5cm)
분포_ 전국 각지
주요 독성물질_ 호모겐티신산

혀를 날름거리는 뱀의 머리 빼닮은 치명적인 식물

봄부터 가을까지 산에서 자주 만나는 약초 중에 천남성이 있다. 꽃이나 열매, 게다가 잎까지 다른 식물에서 보기 어려운 독특한 생김새다. 4~5월쯤 피는 꽃은 녹색빛이 도는데, 흡사 독사가 고개를 들고 혀를 날름거리는 형상을 하고 있다. 그래서 뱀의 머리를 뜻하는 '사두초蛇頭草'란 이름을 얻었다. 꽃잎이라고 생각하기 쉬운 겉부분은 꽃차례(화서)를 싸고 있는 포로, 그 안에 꽃이 들어 있다. 눈에 쉽게 띌 법한 모습인데도 전체적으로 녹색인 까닭에 주변과 구별이 어려워 정체가 잘 드러나지 않는 것도 신비감을 자아낸다.

『본초강목』에서는 "뿌리가 둥글고 하얀 게 마치 남쪽의 노인성老人星(별

천남성. 산지의 음습한 곳에서 자라는 천남성은 독특한 모양 때문에 화단에 심어 키우는 사람이 늘고 있지만, 독성이 강한 식물이라는 점을 잊지 말아야 한다. 2011년 5월 22일 강원도 횡성군 청태산에서 촬영.

이름)과 같다고 해서 붙은 것으로, 줄여서 '남성南星'이라고 한다"라면서 천남성天南星이란 이름의 기원을 소개한다. 여기서 뿌리는 덩이줄기(괴경)를 일컫는다. 둥근 덩이줄기에 작은 혹이 두세 개 붙은 모양이 호랑이 발바닥과 비슷하다 해서 '호장虎掌'이라고도 부른다.

천남성은 한방에서 통증을 없애고 가래를 삭이며, 이뇨작용이 뛰어난 것으로 통한다. 특히 중풍에 걸려 손발이 마비됐거나 말을 못할 때 쓰면 효과가 있다고 한다. 어린이 간질병, 심한 경련에도 약으로 썼다. 민간에서는 덩이줄기를 찧어 류머티즘이 있는 부위에 붙이거나 곪은 상처에 가루로 뿌린다. 뱀, 곤충에 물렸을 때도 신선한 천남성을 식초에 넣고 짓찧은 다음 환부에 붙인다.

하지만 목숨을 위협할 만큼 독성이 강한 식물이므로 함부로 쓰는 것은

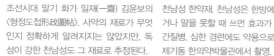

조선시대 말기 화가 일재(一齋) 김윤보의 〈형정도첩形政圖帖〉. 사약의 재료가 무엇인지 정확하게 알려지는 않았지만, 독성이 강한 천남성도 그 재료로 추정된다.

천남성 한약재. 천남성은 한방에서 중풍에 걸려 손발이 마비됐거나 말을 못할 때 쓰면 효과가 있다고 알려지고 있다. 어린이 간질병, 심한 경련에도 약용으로 썼다. 2011년 9월 15일 서울시 제기동 한의약박물관에서 촬영.

너무나 위험하다. 무심히 잎을 따기만 해도 가렵거나 알레르기 반응이 일어나고, 심지어는 물집이 생기는 경우도 있다. 입에 닿기만 해도 몹시 화끈거린다.

특히 가을에 익는 열매는 빨간색 알이 박힌 옥수수처럼 생겼지만 이를 먹었다가는 낭패를 보기 십상이다. 동물들도 이 풀이 맹독성이라는 것을 아는지 천남성을 먹는 일은 피한다. 일부 섬에서 염소를 방목하는 까닭에 식물들이 아무리 큰 피해를 입어도 유독 천남성은 무성하게 자란다.

한의학에서는 천남성의 성질에 대해 '유독'이라고 명기하고 있다. 특히 독성이 강하기 때문에 사약賜藥에 들어간 것으로 알려져 있다. 인디언들은 천남성을 '후회의 풀'이라 부른다. 이 식물의 덩이줄기를 먹고 나면 곧 눈물을 흘리며 후회를 한다는 데서 유래했다.

천남성 열매. 가을에 빨갛게 익는 열매는 옥수수처럼 생겼지만 이를 먹었다가는 낭패를 당하기 십상이다. 2009년 9월 5일 강원도 평창군 한국자생식물원에서 촬영.

염소 방목 섬 지역에는 천남성만 무성
일부 지방에서 중화시켜 복용하지만 위험천만

천남성 종류는 다양한 독성물질을 함유하고 있다. 잎에 함유된 호모겐티신산과 옥살산 칼슘은 토란을 먹었을 때처럼 점막을 자극하고, 아린 맛이 강하게 난다. 옥살산 칼슘은 알레르기 증상처럼 가려움증을 유발한다. 특히 안면, 기도와 복부 장기의 부종을 유발하며, 심한 경우 호흡장애를 일으켜 사망에 이르게 한다.

천남성은 감수, 부자, 천오, 초오 등과 함께 '중독 우려 품목'으로 규정해 한의사의 엄밀한 진단을 거쳐 처방하도록 하고 있다. 옛날에는 원치 않는 아이를 떼려고 시어머니가 며느리에게 천남성을 억지로 먹이까지 했다고 하니 그 독성을 짐작하고도 남는다. 평소 한약재에 식견이 있던 사람이 갑자기 죽고 싶다는 생각이 들어 자살할 목적으로 천남성을 캐먹고 병원에 입원한 사례도 눈에 띈다.

이렇듯 독성이 강하지만 일부 지방에서는 어린순과 함께 괴경을 오랜 시간 끓여 독성을 제거하고 약으로 썼다. 전북 지방에서는 뿌리를 말려서 가루로 만든 후에 담이 결릴 때 밀가루 반죽에 섞어서 수제비를

천남성. 일부 지방에서는 천남성의 어린순과 함께 괴경을 오랜 시간 끓여 독성을 제거하고 약으로 썼다고 한다. 2009년 4월 27일 경기도 가평군 유명산에서 촬영.

만들어 먹었다고 한다. 수제비로 만들어 끓여먹었기 때문에 천남성의 독성이 중화된 것으로 추정하지만 이 같은 말만 믿고 천남성을 복용하면 위험할 수 있다. 어떤 기작으로 독성을 줄이거나 해독작용을 하는지, 또 실제로 독성을 중화할 수 있는지조차 검증이 되지 않았기 때문이다. 전통적으로 '생강살반하, 남성독生薑殺半夏. 南星毒'이라 해서 생강, 백반, 감초를 이용하면 천남성의 독성을 줄이는 효과를 기대할 수 있다고 하지만, 일부 실험에서는 효과가 없는 것으로 나타났다.

최근 주변의 중년 남성 세 명이 산행을 하다 천남성의 덩이줄기를 캐서 함께 나눠먹었다는 이야기를 들었다. 두 사람은 곧 뱉어내서 큰 화를

면했지만 한 사람은 기어이 삼키는 바람에 병원 중환자실 신세를 졌다. 나중에 알고 보니 맛이 강렬하기 때문에 먹기 힘든데도 몸에 좋은 약이라는 친구의 말을 철석같이 믿고 무리하게 삼켰다고 한다. 사실 천남성을 권한 친구도 천남성에 대해 잘 모르고 있었다. 그런데도 자신은 물론, 친구들의 목숨을 담보로 무모한 행동을 벌였던 것이다.

독초 중독 사례를 보면 박새와 산마늘, 동의나물과 곰취 등 산나물과 구별이 어려운 식물을 먹고 탈이 나는 경우도 있지만, 좀처럼 구별하기 힘든 식물이 아닌데도 채취해 복용하다 사고가 나기도 한다. 산에서 아무리 맛있는 나물이 보이더라도 그 식물이 어떤 것인지 자세히 모르면 채취할 생각을 하지 말아야 한다. 그러한 행동이 어떠한 결과를 가져올지 누구도 알 수 없기 때문이다.

학명에 어떤 뜻이?

천남성의 속명 ‘*Arisaema*’는 *Arum*속 식물인 ‘aris’와 그리스어의 ‘haima(혈액)’의 합성어로 잎에 반점이 있는 데서 유래한 것이다. 종소명 ‘*amurensem, amurensis, amuricus*’는 ‘아무르(헤이룽 강) 지방의’라는 뜻이다. 종소명 ‘*serratus*’는 ‘톱니가 있는’이라는 뜻이다. 꽃말은 ‘비밀’ ‘전화위복’ ‘현혹’ ‘보호’ 등이다.

비슷한 식물(동속 식물)

천남성속*Arisaema*에는 천남성을 비롯해 둥근잎천남성, 섬천남성, 두루미천남성, 무늬천남성, 거문천남성, 큰천남성, 점박이천남성, 눌맥이천

두루미천남성 꽃과 잎. 천남성을 먹으면 안면, 사지, 기도와 복부 장기 부종을 유발하며, 심한 경우 호흡장애를 일으켜 사망에 이를 수 있다. 2011년 5월 22일 서울시 홍릉수목원에서 촬영.

큰천남성 열매. 동물들도 천남성이 맹독성이라는 것을 이미 알고 있는지 다른 풀이 다 없어질 때도 유독 천남성만은 무성하게 번성한다. 2011년 10월 2일 경기도 용인시 한택식물원에서 촬영.

섬남성. 천남성속 식물은 잎의 모양과 개수, 화서와 불염포의 모양과 색깔 등으로 구분한다. 섬남성은 울릉도에 자라는 한국 특산 식물로, 잎에 흰 무늬가 있다. 2009년 10월 18일 경기도 용인시 한택식물원에서 촬영.

남성, 섬남성 등이 있다. 천남성속 식물은 잎의 모양과 개수, 화서와 불
염포의 모양과 색깔로 구분한다. 점박이천남성은 줄기에 얼룩점이 있고,
큰천남성은 세 장의 잎이 양쪽으로 달리며, 두루미천남성은 잎의 수가
많아 두루미를 연상시킨다. 울릉도에 자라는 한국 특산 섬남성은 잎에
흰 무늬가 있다.

투구꽃과 천남성, 사약(賜藥)의 재료?

조선시대를 배경으로 하는 역사극에는 중죄인이 사약을 마시고 죽는 장면이 자주 등장한다. 극적 긴장감을 고조하기 위한 장치로 쓰이는 사약은 왕족이나 사대부의 유교적 사회 신분을 존중해 참살이나 교살하지 않고 신체를 보존해주려는 배려 차원에서 이용했다. 그래서 한자로는 죽이는 약인 사약(死藥)이 아닌 임금이 내리는 사약(賜藥)이다.

내의원에서 비밀리에 제조하는 이 사약의 재료에 대한 명확한 기록은 없다. 다만 부자(附子)와 초오(草烏)를 비롯해 생금(生金), 생꿀(생청), 해란(게의 알), 비상(비소) 등이 쓰였을 것으로 추정할 뿐이다. 이들 약재 가운데 생명을 끊는 역할은 비상과 부자, 초오라고 보면 된다. 천남성도 사약의 재료로 사용됐을 것으로 추측된다.

중국에서는 전설의 새인 짐새의 깃털을 넣어 담근 술을 사약으로 썼다고 하지만 짐새나 술에 들어가는 재료에 대한 실체는 전혀 알려지지 않고 있다.

영화나 드라마를 보면 사약을 먹으면 바로 피를 토하고 죽는 장면이 나온다. 그러나 실제로는 약을 먹고 죽을 때까지 30분 이상의 시간이 걸린다. 그래서 약기운을 발산시켜 죽음에 이르는 시간을 줄이기 위해 약을 먹인 후 뜨거운 방에 눕게 하거나 독한 술을 먹이기도 했다. 부자의 열독이 더욱 강해지도록 인삼을 첨가했다고도 전한다.

역사 기록을 보면 우암(尤庵) 송시열은 두 사발을 마셔도 죽지 않아 항문을 막고 사약을 먹게 함으로써 죽고 난 뒤에도 부릅뜬 눈을 감지 못했다고 한다. 급진 개혁주의자인 조광조는 사약을 마셔도 숨이 끊기지 않아 나졸들이 달려들어 목을 조르려하자 "성상께서 머리를 보전하려 사약을 내렸는데, 어찌 너희가 감히 이러느냐"며 독한 술을 더 마시고 죽었다고 한다.

이 책을 쓰는 도중 주변 사람들에게 책의 내용을 보여줬더니 들려오는 대답은 한결같았다. 독초를 먹을 수 있는 방법은 없느냐는 것이었다. 일반인을 대상으로 야생화 해설을 할 때에도 독초를 안전하게 먹을 수 있는 방법을 가르쳐달라는 요구가 빗발쳤다.

물론 독초를 안전하게 먹을 수 있는 방법이 전혀 없는 것은 아니다. 실제로 독초에서 독성을 제거한 후 음식 재료로 활용하기도 한다. 그러나 이 책을 쓴 목적은 독초를 안전하게 먹을 수 있는 방법을 소개하는 데 있지 않다. 독초를 함부로 먹다가는 큰 사고를 불러올 수 있을 뿐만 아니라 흔하게 식탁에 올라오는 나물에도 중독될 수 있다는 사실을 알림으로써 독성이 있는 식물을 먹을 때는 각별히 조심할 것을 당부하기 위해서다. 그렇다고 무조건 먹지 말자는 것은 아니다. 적어도 독초에 대한 정확한 정보는 알고 나서 먹자는 것이다. 그래야 스스로 중독을 예방하기 위해 조심해서 조리하게 되고, 탈이 났을 때도 신속한 조치를 취할 수 있다.

아울러 중독된 뒤에 섣부른 조치를 취하는 것보다는 병원 의료진의 진단에 맡기는 편이 낫다고 생각해 이 책에서는 정확한 중독 대처법을 소개하지 않았다.

주변에서 고사리나 감자를 먹고 탈이 났다는 사람을 찾기란 매우 드물다. 특히 감자는 독성이 약한 식물이 아닌데도 중독사고가 그리 많지 않다. 이것은 많은 사람들이 감자에 독성이 있다는 사실을 이미 알고 있고, 그래서 중독될 위험성을 미리 차단하기 때문이다.

재밌는 점은 주변의 상당수 남자들은 감자에 독이 있는지조차 모른다는 것이다. 반면 여성들은 감자가 독성을 가지고 있다는 것을 비교적 자세히 알고 있었다. 가족의 건강을 책임지는 주부에게 독성에 대한 정보는 곧 가족의 안전과 직결되기 때문에 당연한 일일지도 모른다.

간혹 아무 풀이나 먹어도 된다고 생각하는 사람들이 있는데, 이는 매우 위험한 행동이다. 중독사고를 일으키는 사람들 대부분은 자신이 먹는 것에만 몰두한 나머지 채취하려는 식물이 당초 자신이 먹으려 했던 대상이 아닐 수 있다는 생각은 물론, 이것이 독초일 수도 있다는 사실을 잊어버린다. 그러다가 자신은 물론 다른 사람에게도 피해를 준다.

어떤 이들은 특정 식물을 질병 예방이나 치료에 좋다며 다른 이들에게 권하기도 한다. 뿐만 아니라 그들은 자신의 경험담이나 주변 사람들로부터 전해들은 이야기를 바탕으로 특정 식물에 대해 안전을 확신하는 발언을 한다. 어떤 사람들은 일부 지역의 사례를 들어 독초를 먹어도 된다고 확신한다.

그들에겐 독초를 끓이고 말리는 과정을 거치면 독이 사라진다는 믿음이 있는 것 같다. 물론 일부 독초의 경우 포제와 같은 과정을 거치면 독성이 일부 제거된다. 그러나 아무리 끓여도 독성이 사라지지 않는 독초도 있다는 점을 간과해서는 안 된다. 모든 독초에 획일적으로 적용할 수 있는 것이 아니다. 식물마다 연령과 사는 환경에 따라 독성물질의 함량이 다르기 때문에 독성의 정도를 섣불리 단정하기 어렵다. 같은 독초라도 어느 지역에서 자라느냐, 언제 채취하느냐에 따라 독성의 크기가 다른 것이다.

자신을 기준으로 삼아 다른 사람도 자신과 똑같이 안전할 것이라고 쉽게 생각하는 것은 절대 금물이다. 식물마다 함량이 다르고, 사람마다 사는 장소가 다르고 나이도 다르기 때문이다. 또 사람마다 내성도 모두 다르다. 어린이나 노약자를 기준으로 건강이나 환경 기준을 정하는 이유를 떠올릴 필요가 있다.

또한 정보 전달 과정에서 잘못 전해지거나 왜곡될 소지가 있다는 점도 고려해야 한다. 어떤 사람은 옻이 오르고 어떤 사람은 옻이 오르지 않는다고 해서 옻을 먹으라고 말할 수는 없는 것이 아닌가. 결코 남의 일이라고 방관할 수는 없는 일이다.

사람에게 저마다의 색깔이 있듯이 이름 없는 풀 하나에도 저마다의 특성이 있다. 독초에도 저마다의 색깔과 특성이 있다. 그러므로 독초의 이름과 모양을 하나하나 알아가는 것도 의미 있는 일이라고 생각한다. 물론 많이 알수록 더욱 겸손해져야 한다는 것은 두말할 나위도 없다. 독초에 있어서는 특히 그러하다. 부디 자신의 건강을 위해 올바른 정보를 선택하는 지혜를 발휘하길 바란다.

Jay M. Arena, *Poisoning*(5th Ed.), Charles C. Thomas Publisher, 1986

Frederick Gillam, 山田 美明(譯),『毒のある美い, 植物 危險な草木の小圖鑑』, 創元社, 2012

掘口博,『危險植物』, 三共出版株式會社, 1965

奧井眞司,『毒草大百科』, 株式會社 データハウス, 2001

中井將善,『毒草100種の見分け方』, (株)金園社, 2001

清水矩宏,『牧草・毒草・雜草・鑑』, 社団法人 畜産技術協會, 2007

Ben-Erik van Wyk(조웅자・한덕룡 공역),『세계의 약용식물』, 신일북스, 2007

J. H. 파브르(정석형 옮김),『파브르 식물기』, 두레, 2003

K. 메데페셀헤르만 외(권세훈 옮김),『화학으로 이루어진 세상』, 에코리브르, 2007

Paul M. Dewick(김진웅 옮김), 『천연의약품』, 신일북스, 2009

Ziment Rotblatt(원장원, 안세영 편역), 『증거에 입각한 생약의학』, 한우리, 2002

內藤裕史(고려의학편집부 역), 『중독백과』, 고려의학, 2005

가라키 히데아키(김길원 감수), 『우리를 병들게 하는 생활 속의 음식·독물 60』, 국일미디어, 2001

강건일, 『이야기 현대약 발견사』, 까치글방, 1997

강신정, 배기환, 심영훈 외, 『알기 쉬운 독초·독버섯』, 식품의약품안전청·농촌진흥청, 2007

권동렬, 『중독우려한약재의 관리방안 연구결과보고서』, 식품의약품안전청, 2007

권순경, 『의약의 세계』, 계축문화사, 1988

김기운·윤상규·정윤석·최상천, 『임상독성학』, 군자출판사, 2006

김동훈, 『식품화학』(전정증보판), 탐구당, 1993

김성중, 『중독백과』, 군자출판사, 1998

김형균 외, 『한약의 약리』, 고려의학, 2000

닉 아놀드(이충호 옮김), 『오싹오싹 무서운 독』, 김영사, 2007

다나카 마치(이동희 옮김), 『약이 되는 독 독이 되는 독』, 전나무숲, 2008

다치키 다카시(김영주 옮김), 『독약의 박물지』, 해나무, 2006

대한 소아알레르기 및 호흡기학회, 『한국의 알레르기 식물 식물추장』, 2001

도봉섭·심학진, 『조선식물도설 유독식물편』, 금룡도서주식회사, 1947

드리 리샤르(윤예니 옮김, 박상규 감수), 『약물 중독』, NUN, 2011

마이클 폴란(이창신 옮김), 『욕망의 식물학』, 서울문화사, 2002

미즈호 레이코(장점숙 옮김), 『독살의 세계사』, 해나무, 2006

배기환, 「생약(한약) 안전관리 연구」, 『알기 쉬운 독초·독버섯' 자료 연구』, 식품의약품안전청, 2006

배기환·박완희·정경수·안병태·이준성, 『한국의 독버섯·독식물』, 교학사, 1997

브라이언 마리너(정태원 옮김), 『독살의 기록』, 이지북, 2007

사이토 가쓰히로(이정은 옮김), 『모르면 독이 되는 독과 약의 비밀』, 아르고나인, 2009

생약학교재편찬위원회, 『생약학』, 동명사, 2006

소배근, 『중국본초도감』1~4권, 여강출판사, 1994

송형익·채기수·김영만·손규목·이웅수, 『현대 식품위생학』, 지구문화사, 2000

스튜어트 리 앨런(정미나 옮김), 『악마의 정원에서』, 생각의 나무, 2005

시부사와 다쓰히코(오근영 옮김), 『독약의 세계사』, 가람기획, 2003

신민교, 『원색 임상본초학』, 남산당, 1986

심상룡, 『약과 인간』, 삶과 꿈, 1997

안덕균, 『임상 한약대도감』, 현암사, 2012

알렉산더 쿠퍼(박민수 옮김) 『신의 독약』1·2, 책세상, 2000

야마모토 히로토(최병철 편역), 『미처 몰랐던 독이 되는 약과 음식』, 넥서스북

스, 2006

우에노 마사히코(박의우 옮김), 『독살』, 살림출판사, 2005

유일재, 「KNTP 독성시험자료(생약재3종)」, 식품의약품안전청, 2008

유태우, 「한방약 부작용의 실상」, 고려수지침학회, 2006

육창수 외, 『한약의 약리 · 성분 · 임상응용』, 계축문화사, 1982

이선동 · 박영철, 『한약독성학』 I · II, 한국학술정보(주), 2012/2012

이시카와 요시미쓰(김정환 옮김), 『독이 되는 채소, 약이 되는 채소』, 대교북스
캔, 2008

이우철, 『한국 식물명의 유래』, 일조각, 2005

이창복, 『대한식물도감』, 향문사, 1985

이창업, 『수의독성학』, 서울대학교출판부, 1993

임경수 · 김원학 · 손창환 · 유승목, 『한국의 독초−식물독성학』, 군자출판사,
2013

정종영 · 한경환, 「한국의 알레르기 접촉피부염」, 대한일차진료학회, 2008

정종호, 『환자의 눈으로 쓴 약 이야기2(순환기호흡기대사증후군)』, 종문화사,
2006

정희곤 · 이상일 · 김영성 · 이극로, 『최신 식품위생학』, 광문각, 1998

제임스 콜만(윤영삼 옮김), 『내추럴리 데인저러스』, 다산초당, 2008

주왕기, 『주왕기 교수의 환각제 이야기』, 신일상사, 1997

태광문화사 편집부, 『함께 먹으면 독이 되는 음식 먹으면 약이 되는 음식』, 태
광문화사, 2000

한국생약학교수협의회 편저,『본초학』, (사)대한약사회, 1994

한대석 · 한덕룡 · 유승조 · 백완숙,『한국 · 중국 · 일본의 생약비교연구』, 한국 의약품수출입협회, 1996

한덕용 · 김종환,『약도 되고 독도 되는 약궁합』, 청산, 1995

한명규,『식품화학』, 형설출판사, 1997

한방약리학 교재편찬위원회,『한방약리학』, 신일북스, 2009

한용봉,『한국야생 식용식물 자원』 I · II, 고려대학교 출판부, 2002/2003

홍문화,『약이냐 독이냐』, 빛과향기, 2005

홍상진,『이야기 보건학』, 보문각, 2009

독을 품은 식물 이야기

ⓒ김원학·임경수·손창환 2014

1판 1쇄 │ 2014년 4월 3일
1판 4쇄 │ 2020년 4월 21일

지은이 김원학 임경수 손창환 │ 펴낸이 염현숙
기획·책임편집 강명효 │ 편집 양재화
디자인 엄자영 이주영 │ 마케팅 정민호 박보람 우상욱 안남영
홍보 김희숙 김상만 오혜림 지문희 우상희 김현지
제작 강신은 김동욱 임현식 │ 제작처 영신사

펴낸곳 (주)문학동네
출판등록 1993년 10월 22일 제406-2003-000045호
주소 10881 경기도 파주시 회동길 210
전자우편 editor@munhak.com │ 대표전화 031)955-8888 │ 팩스 031)955-8855
문의전화 031)955-8895(마케팅), 031)955-2671(편집)
문학동네카페 http://cafe.naver.com/mhdn │ 트위터 @munhakdongne
북클럽문학동네 http://bookclubmunhak.com

ISBN 978-89-546-2442-8 03900

* 이 책의 판권은 지은이와 문학동네에 있습니다.
  이 책 내용의 전부 또는 일부를 재사용하려면 반드시 양측의 서면 동의를 받아야 합니다.
* 이 도서의 국립중앙도서관 출판예정도서목록(CIP)은 서지정보유통지원시스템
  홈페이지(http://seoji.nl.go.kr)와 국가자료종합목록 구축시스템(http://kolis-net.nl.go.kr)에서
  이용하실 수 있습니다. (CIP제어번호: CIP2012014008879)
* 잘못된 책은 구입하신 서점에서 교환해드립니다. 기타 교환 문의: 031) 955-2661, 3580

www.munhak.com